Das Buch

»Friede ist nicht Abwesenheit von Krieg; Friede ist eine Tugend, eine Geisteshaltung, eine Neigung zu Güte, Vertrauen, Gerechtigkeit« – diesen Aphorismus von Spinoza könnte man den in diesem Band porträtierten Liebhabern des Friedens als Motto zuschreiben. Zwar waren es sehr unterschiedliche Motive, die das Engagement dieser Frauen und Männer prägten: religiöse (Abraham Johannes Muste) und humanitäre (Albert Schweitzer), soziale (Alva Myrdal) und politische (Karl Liebknecht). Was sie verband, war der Wille, für den Frieden als Tugend einzutreten, und dieser Wille ist weder an Konfessionen noch an Dogmen gebunden. Und obwohl sie dabei auf Widerstand und Unverständnis stießen, ließen sie sich nicht entmutigen; ihr »schöpferischer Ungehorsam« brachte manche von ihnen, Bertrand Russell zum Beispiel, ins Gefängnis. Mit dem Leben zahlten Martin Luther King oder Oscar Arnulfo Romero für ihre Friedensliebe. Sechzehn Autoren, auch sie sind Anhänger des Friedens, schreiben hier über das Leben und Wirken dieser Vorkämpfer für eine friedliche Welt. Sie schreiben an gegen die Kampagne der Diffamierung der Pazifisten und fordern dazu auf, dieser Kampagne »mit der Kampagne der Diffamierung des Krieges« (Hans Jürgen Schultz im Vorwort) zu begegnen.

D1873581

Der Herausgeber

Hans Jürgen Schultz, 1928 in Hamburg geboren, ist Chefredakteur im Süddeutschen Rundfunk Stuttgart. Er ist Mitglied des PEN-Clubs und Verfasser u.a. folgender Bücher: ›Liebhaber des Lebens‹ (1975), ›Partisanen der Humanität‹ (1984), ›Warum wir schreiben‹ (1988), ›Ich habe versucht zu lieben‹ (1988). Außerdem gab er zahlreiche Sammelwerke heraus, u.a.: ›Psychologie für Nichtpsychologen‹ (1974), ›Sie werden lachen – die Bibel‹ (1975), ›Was der Mensch braucht‹ (1977), ›Mein Judentum‹ (1978), ›Einsamkeit‹ (1980), ›Frauen‹ (1981), ›Vatersein‹ (1982), ›Letzte Tage‹ (1983), ›Trennung‹ (1984), ›Die neuen Alten‹ (1985), ›Kinder haben?‹ (1986), ›Angst‹ (1987), ›Liebespaare‹ (1989).

Liebhaber des Friedens

Herausgegeben von
Hans Jürgen Schultz

Deutscher
Taschenbuch
Verlag

dtv

Diesem Buch liegt eine Sendereihe des Süddeutschen Rundfunks zugrunde

Vom Herausgeber dieses Bandes
sind im Deutschen Taschenbuch Verlag erschienen:
Vatersein (10337)
Mein Judentum (10632)
Letzte Tage (10981)

Gekürzte Ausgabe
1. Auflage August 1989
Deutscher Taschenbuch Verlag GmbH & Co. KG, München
© 1982 Kreuz Verlag, Stuttgart
ISBN 3-7831-0676-1
Umschlaggestaltung: Celestino Piatti
Gesamtherstellung: C. H. Beck'sche Buchdruckerei, Nördlingen
Printed in Germany · ISBN 3-423-11112-7
1 2 3 4 5 6 · 94 93 92 91 90 89

Inhalt

HANS JÜRGEN SCHULTZ
Vorwort

Jeder will Frieden. Heißt das: jeder will »seinen« Frieden? Dann mag die Behauptung stimmen. Aber zufriedengestellt oder zum Frieden bestellt zu sein – das ist ein Unterschied wie Nacht und Tag. Mit dem Frieden ist es wie mit der Freiheit: nur der Friede des andern kann auch meiner sein. Deswegen ist Friede niemals das Ergebnis einer mehr oder minder passiven Sehnsucht, die wir alle in uns tragen, sondern das Ziel einer außerordentlichen Anstrengung, die uns nicht läßt, wie wir sind.

Wollte jeder den Frieden, wir hätten ihn. Krieg ist kein Naturereignis. Er ist von Menschen erfunden worden. Er kann allein von Menschen überwunden werden.

Oder? Haben sich nicht die Gesetzmäßigkeiten, die Kriege herbeiführen, dermaßen verselbständigt, sind sie nicht so eigen- und übermächtig geworden, daß es nur noch Belletristen in den Sinn kommen kann, ihnen mit »Gedanken des Friedens« entgegenwirken zu wollen? Nach Kant, dem Philosophen des Friedens, sind Gedanken »intelligible Taten«. Deswegen ist, was einer denkt, so wichtig wie das, was er tut. Und deswegen ist jede einzelne menschliche Existenz denkend und handelnd beteiligt an jenen Prozessen, die den Krieg oder den Frieden bewirken. Der Friede der Welt und der Friede des Individuums hängen zusammen, sie bedingen sich. Erich Fromm hat unermüdlich betont, daß »richtiges« Leben nicht mehr, wie früher, allein die Erfüllung eines ethischen oder religiösen Gebots darstellt, sondern daß »zum ersten Mal in der Geschichte die physische Fortdauer der Menschheit von einer radikalen Veränderung der Herzen« abhängt. Wollten wir den Frieden anderen (zum Beispiel den Fachleuten) überlassen, so gliche er einem auf Sand gebauten Haus (oder Bunker). Wie der Krieg, so fängt auch der Friede bei jedem von uns an.

Selbstverständlich sind zur Vermeidung von Krieg, zur Gewinnung von Frieden Verhandlungen und Verträge, institutionelle und strategische Vorkehrungen auf höchster Ebene vonnöten. Aber ohne eine veränderte Grundeinstellung der Menschen bleiben sie ohne Realität. Der Tragweite der Einsicht, daß Waffen untauglich geworden sind zur Bereinigung von Konflikten, daß also unblutige Kampfmaßnahmen erfunden und erprobt werden *müssen*, Methoden ihres Austrags, die sich aus den Erfahrungen der Geschichte nicht abrufen und übertragen lassen – der Tragweite dieser Einsicht ist die herkömmliche politische Anthropologie nicht gewachsen. Weil sie ihren »Glauben« an die Unveränderlichkeit des Menschen als Realismus ausgibt, weiß sie Potentiale nicht einzuschätzen oder gar auszuschöpfen. Politik aber hat zu werden, was sie gegenwärtig überhaupt nicht ist: nämlich die Kunst des *Möglichen*. Sie ist zur Exekution von Sachzwängen verkommen. Sie muß indessen – ganz gegen ihre Gewohnheit und das allgemeine Vorurteil – einen durchaus neuartigen Stil von Wunsch-Denken riskieren, muß kühle Phantasie und kühne Nüchternheit miteinander zu verkoppeln lernen, muß – ich zitiere noch einmal Fromm – die »Deterministen« durch »Alternativisten« beschämen und ablösen.

So zu reden, war gewiß zu keiner Zeit abwegig. Doch heute zittern wir, wenn wir das sagen. Die Menschheit befindet sich in akuter Lebensgefahr. Ihre Selbstvernichtung ist nicht nur vorstellbar, sondern wahrscheinlich. Uns ist ein Ultimatum gestellt: schaffen wir den Krieg nicht ab, schafft er uns ab. Wie lang die Frist währt, weiß niemand. Wir halten diese wahnsinnige Zuspitzung, diese Steigerung von einem Krieg als Massenmord zu einem Krieg als »overkill«, allein durch Beschwichtigungen aus. Informationen, die die tatsächliche Lage der Welt- und Wettrüstung an den Tag brächten, würden uns überfordern.

Die *Bedrohung* muß sich als Katastrophe entladen, wenn es uns nicht gelingt, sie umzukehren in eine *Einladung*: Nachdem der Krieg ausfällt, muß uns endlich der Friede einfallen. Menschlichkeit ist zur Lebensbedingung der Menschheit geworden.

Überlegungen und Überzeugungen dieser Art – oft genug belächelt – treffen wir bei allen maßgeblichen pazifistischen Denkern. Ist es Utopie, so zu denken? Oder ist es vielmehr Utopie, *nicht* so zu denken? Bisher erschien eine Welt *ohne* Krieg undenkbar. Jetzt ist eine Welt *mit* Krieg undenkbar geworden. Nur hat unser Denken diese neue Wirklichkeit mit ihrer unbedingten Herausforderung zum Frieden noch nicht eingeholt und erfaßt. Es bleibt uns nicht erspart: wir müssen umdenken. Umdenken jedoch, ja Denken überhaupt, so meint Bertrand Russell, schafft »mehr Angst als sonst irgend etwas auf

Erden«. Denken ist Zweifel, ist Ketzerei, ist Widerstand, ist Ungehorsam. Während Kriege nur funktionieren können in einem verläßlichen System von Anordnung und Gehorsam, ist der »Aufruf zum Ungehorsam« unentbehrliches Element jeder nennenswerten Theorie und Praxis der Gewaltlosigkeit – von Thoreau, Gandhi und King bis hin zu etlichen Anhängern und Mitstreitern heutiger Friedensbewegung in Ost oder West oder Süd oder Nord. Ungehorsam gegenüber todbringenden Dogmen, Idolen und Kommandos ist der erste Schritt zu einem anderen Gehorsam, der nicht blind, sondern hellsichtig, der nicht Unterwerfung, sondern Befreiung ist und zu lebenstiftenden Energien, Konzepten und Aktionen befähigt.

Ihr »schöpferischer Ungehorsam« hat die meisten der in diesem Buch porträtierten »Liebhaber des Friedens« wiederholt hinter Schloß und Riegel gebracht. Ohne den vitalen Wunsch nach politischem Erfolg aufzugeben, waren sie auf politische Verfolgung gefaßt. Aber sie haben damit begonnen, den Kampagnen der Diffamierung, die »pacifici« (das sind: Friedenmacher) in aller Welt hinzunehmen hatten und immer noch haben, ihrerseits mit einer Kampagne zu begegnen: mit der *Kampagne der Diffamierung des Krieges*. Sie ist erst in ihren Anfängen, ist begleitet von Schwierigkeiten und Widersprüchen, aber aufzuhalten bestimmt nicht mehr.

Elisabeth Endres
Bertha von Suttner (1843–1914)

So liest man es in der Bibel: Der Prophet Jesaja verheißt seinem Volk eine bessere Zukunft: »Es wird zur letzten Zeit der Berg, da des Herrn Haus ist, fest stehen, höher als alle Berge, und über alle Hügel erhaben werden; und werden alle Heiden dazu laufen und viele Völker hingehen und sagen: Kommt, laßt uns auf den Berg des Herrn gehen, zum Hause des Gottes Jakobs, daß er uns lehre seine Wege ... Da werden sie ihre Schwerter zu Pflugscharen und ihre Spieße zu Winzermessern machen. Denn es wird kein Volk wider das andre ein Schwert erheben, und wird hinfort nicht mehr kriegen lernen.«

Und bei dem griechischen Komödiendichter Aristophanes, der ein paar Jahrhunderte später als der Prophet lebte, zur Zeit des erbitterten Krieges zwischen den griechischen Städten Sparta und Athen, liest man: Da gibt es einen klug und gut agierenden Bauern in Attika, der auf seine Weise den Frieden mit den Feinden macht; und da gibt es einen Winzer, der sich von Zeus selbst den Frieden ertrotzt, indem er zum Himmel steigt und die zuständige Göttin Eirene, die Herrin des Friedens, befreit. Aristophanes schrieb auch die Komödie ›Lysistrata‹. Listige, lebensfrohe Weiber besiegen das Soldatentum im Mann. Und es gibt manche heitere Sentenz, in der auf die Ähnlichkeit zwischen Pflug und sinnlichem Glück hingewiesen wird. Beides wirkt schöpferisch, lebenserhaltend im Unterschied zu dem bösen, zerstörerischen Schwert.

Wieviel weniger utopisch, wieviel weniger hoffnungsvoll nehmen sich dagegen die Verse des Andreas Gryphius aus, die er 1636, zur Zeit des Dreißigjährigen Krieges, der Deutschland fast vernichtete, niedergeschrieben hat:

> Wir sind ja nunmehr ganz, ja mehr denn ganz verheeret!
> Der frechen Völker Schar, die rasende Posaun,
> Das vom Blut fette Schwert, die donnernde Kartaun
> Hat aller Schweiß und Fleiß und Vorrat aufgezehret.

So beginnt sein Sonett ›Tränen des Vaterlands‹. Wir kennen die Geschichte, müssen uns von Kriegshistorikern nicht belehren lassen. Das Schwert wurde nicht zum Pflug; es wurde zum

Gewehr, später zum Maschinengewehr, zur Handgranate. Immer geschickter wurde man im Handwerk des Mordes. Die Spieße wurden nicht zu Rebmessern, sondern zu Kartaunen, Kanonen, zu Bomben und ... In meiner Jugend, in der Zeit des Zweiten Weltkriegs, flößten uns die Wörter Phosphorbombe, Sprengbombe Schrecken ein. Wer kennt sie heute noch? Man spricht von Atombomben und Neutronenbomben. Man spricht nicht nur davon, man produziert sie.

Aber die Stimmen, die für den Frieden sprechen, sind nicht verstummt. Im Gegenteil, als im neunzehnten Jahrhundert durch die Entwicklung der Industrie und Technik die Möglichkeiten für immer modernere, das heißt besser tötende Waffen geschaffen wurden, gab es auch bei jenen Menschen, die den Frieden liebten, so etwas wie einen qualitativen Wandel. Es waren nicht mehr einzelne Dichter, die sich der Leiden der Bauern und Winzer annahmen, die sich der ihrer Männer beraubten Frauen erbarmten; es waren immer mehr Menschen, die sich auflehnten gegen den staatlich sanktionierten Mord, die sich organisierten. Und es wirkt fast wie eine Bestätigung von Aristophanes' Vision einer antikriegerischen Lysistrata, daß eine Frau am Anfang dieser Bewegung steht: Bertha von Suttner.

Wer war sie? Bertha Sophie Felicita Gräfin Kinsky von Chinic und Tettau wurde am 9. Juni 1843 in Prag geboren. Der Vater war kurz vor ihrer Geburt gestorben. Er hinterließ einen berühmten Namen. Die Kinskys hatten ihrem Land, später dem Hause Habsburg mit wechselnder Intensität gedient oder nicht gedient. Sie befanden sich auf jeden Fall an hervorragender Stelle. Ein Kinsky war während des Dreißigjährigen Krieges zusammen mit Wallenstein ermordet worden. Er scherte sich nicht viel um die Tränen des Vaterlands. Ein anderer Kinsky schlug sich mit Türken herum; aus seinem Nachlaß wurde eine sechsbändige Ausgabe von militärischen Schriften zusammengestellt.

Die Mutter der Bertha Kinsky trug einen Namen, der sehr viel mit Kampf und Kriegsposaunen zu tun hat. Sie war eine geborene von Körner, verwandt mit jenem Theodor Körner, der als Dichter der deutschen Befreiungskriege gegen Napoleon und als deren Opfer in die deutsche Geschichte und Literaturgeschichte einging. Aber der Glanz des vergangenen militärischen Ruhms half der Familie wenig. Die Körners waren nicht so vornehm wie die Kinskys, der Abstand mußte gewahrt bleiben. So entsprach die Jugend der Komtesse Bertha nicht jener

Walzerseligkeit der kaiserlich-königlichen Monarchie, die ohnehin hauptsächlich in den nostalgischen Gemütern der Nachgeborenen existiert. Sie erfuhr manche Demütigung. Dazu hatte ihre Mutter nicht ganz ohne Verschulden Geldsorgen. Man hoffte, wie das bei Mädchen üblich ist, auf die rettende Heirat. Dreimal war Bertha Kinsky verlobt. Mit einem alten bürgerlichen Industriellen, der auf sie abstoßend wirkte und dem sie davonlief. Mit einem Engländer, der sie verließ und sich danach als Schwindler entpuppte: Seine angepriesenen australischen Besitztümer gab es nicht, Bertha war davongekommen. Und dann gab es einen Prinzen, der wie sie ein Außenseiter des Hochadels war. Der junge Wittgenstein war Sänger, wollte in den Vereinigten Staaten auftreten. Auf der Überfahrt nach Amerika erkrankte er und starb.

Die resolute Komtesse nahm ihr Schicksal selbst in die Hand. Sie wurde berufstätig. Als im Jahre 1873 der Baron von Suttner die junge Kinsky als Erzieherin seiner Töchter engagierte, konnte er nicht wissen, daß der Name seiner Familie verbunden mit dem Vornamen der Komtesse Geschichte machen sollte. Wenn er es gewußt hätte, wäre ihm der Verzicht auf die tüchtige Erzieherin vermutlich leichtgefallen. Denn Bertha störte die Ordnung seiner Familie, wie sie später die Ordnung, die weltanschaulichen Spielregeln der Gesellschaft störte. Und auch die der Staaten.

Der jüngste Sohn der Familie Suttner, Arthur Gundaccar, verliebte sich in die attraktive Erzieherin. Ihm machte es wenig aus, daß er sieben Jahre jünger war. Und auch der elterliche Widerstand konnte die Verbindung nicht verhindern. Sicher, es gab turbulente Szenen. Bertha Kinsky reiste einmal nach Paris, um sich von allem zu distanzieren, um eine neue Stellung anzunehmen. Sie arbeitete nur wenige Tage für einen Herrn Alfred Nobel, einen Industriellen aus Schweden, der zehn Jahre vor seiner Bekanntschaft mit Bertha Kinsky das Dynamit erfunden hatte, reich war und Sprengstoffabriken besaß. Daß er nur kurz in Paris war, hatte mit der Tatsache zu tun, daß ihn sein König nach Stockholm zurückrief. Nobel stellte sich gut mit den Fürsten. Denn deren Länder konnten von den technischen und industriellen Möglichkeiten seiner Erfindung profitieren. Und außerdem, machte nicht die bloße Existenz von Dynamit jeden Krieg unmöglich? Dies hat nach dem deutsch-französischen Krieg sogar ein Fürst Bismarck wohlwollend überdacht. Angesichts der ungeheuerlichen Zerstörungskapazität des Sprengstoffs würde keine Macht der zivilisierten Welt den Mut aufbringen, einen Krieg zu entfesseln. Man glaubte doch an die Humanität – oder etwa nicht?

Und dieser Glaube hatte auch etwas mit dem Glauben an die Freiheit des Individuums zu tun. Unter den Begriff Freiheit wurde manches subsumiert, was für uns heute wenig oder nur am Rande damit zu tun hat. Wenn die Komtesse Bertha schließlich im Jahre 1876 den jungen, eben den jüngeren Baron von Suttner heiratete, so fand hier keine bittersüße Romanze ihr Happy End. Hier wurde vielmehr etwas Emanzipatorisches geleistet, ein Stück Herzens-Freiheit erobert. Man würde heute von Selbstverwirklichung sprechen. Das Individuum hat sich für das entschieden, was seiner Neigung entspricht – nicht für das Kalkül der andern, des Adels, der Vorurteile der Gesellschaft.

Aber es gab auch Sorgen. Herr und Frau von Suttner, quasi verstoßen von den Familien, suchten in der Ferne ihr Glück. Sie reisten nach Georgien. Der Baron erhoffte sich eine Anstellung am Hof des Kaisers von Rußland. Die Hoffnung war trügerisch. Freunde unterstützten das Paar. Aber man mußte Geld verdienen. Und welcher Beruf entsprach einer emanzipatorischen Lebensauffassung? Vor allem der des Schriftstellers, der seine Erfahrung, seinen Lebensstil in die Prosa einbringen konnte. Der Adelige wäre ohne diese Möglichkeit zum Abenteurer geworden, zu einer lustigen Gestalt, die zwar das Leben an den Höfen der Potentaten farbig macht, aber die eigene Würde verschenkt.

So begann Baron von Suttner zu schreiben, begann Initiativen einzuleiten, die dem liberalen Geist entsprachen. Der heimatlose Aristokrat wurde zum Intellektuellen, vielleicht gerade deswegen, weil er zwischen den Ordnungen stand. Er war kein Feudalherr, er war kein Bourgeois. Und seine weitaus begabtere, gescheitere Frau eiferte ihm nach. Was Arthur von Suttner schrieb, war aufklärende Unterhaltung, war auch kritische Darstellung der sozialen Verhältnisse. Die wichtigen Magazine wurden Abnehmer seiner Arbeiten und der Arbeiten der Bertha von Suttner.

1885 kehrte das Ehepaar Suttner nach Österreich zurück. Die finanzielle Lage der Familie Suttner hatte sich inzwischen verschlechtert, und so waren zwei gut verdienende Schriftsteller keineswegs mehr schwarze Schafe. Im Gegenteil, man erhoffte sich Unterstützung vor allem für die Erhaltung des Schlosses

Harmannsdorf, das bei Eggenberg in Niederösterreich liegt. Dort wohnten die beiden und schrieben unermüdlich weiter. Für das Gute und Wahre, das man in diesem Zusammenhang, in dieser Zeit nicht konservativ verstehen darf. Sie waren im besten Sinne liberal. Sie setzten sich gegen den Antisemitismus ein, sie waren für die sozialen Reformen, sie stellten die Lehren eines dogmenfreien Christentums der rein empfindenden Herzen ebenso zur Diskussion wie Charles Darwins Theorie der Abstammung des Menschen vom Tier. Es gab eine Zeit in diesem, dem 20. Jahrhundert, in der man sich über den angeblich leeren Idealismus derartiger Schriften mokierte, sich über die primitive Menschenliebe lustig machte. Es gab auch eine Zeit in diesem Jahrhundert in Deutschland, es war ungefähr zwischen 1933 und 1945, in der mancher Sehnsucht verspürte nach jenen humanen Werten, die, modisch oder nicht, literarisch wertvoll oder nicht, für ihn oder seinen Bruder, seinen Mitmenschen, Rettung vor dem Tod bedeuten konnten.

Bertha von Suttner hat sich mit vielen Themen auseinandergesetzt, bis sie auf das Thema stieß, das ganz das ihre wurde, das für sie Verpflichtung hieß, das ihr Ruhm einbrachte und Feindschaft, dessentwegen sie gepriesen und bitter verhöhnt wurde. Es hieß: Friede. Jesaja, der aus den Schwertern Pflüge schmieden wollte, nennt den Menschensohn, den Messias Friede-Fürst. In der Oper ›Aida‹ von Giuseppe Verdi, in der die Chöre auf der Bühne und das Blech im Orchester sich so oft in Kriegs- und Triumphgesängen ergehen, singt am Schluß die Tochter des Pharao, die unglückselige Amneris, das Wort »Pace«, als wollte sie damit alles Leid dieses Tals des Jammers zurücknehmen. Pace – Friede.

In der Saison 1886/87 weilte das Ehepaar Suttner in Paris. Sie trafen Alfred Nobel. Sie wurden mit den Bestrebungen einer Londoner Gesellschaft bekannt gemacht, der International Arbitration and Peace Association, die sich dafür einsetzte, daß Zwistigkeiten zwischen den Nationen nicht dadurch gelöst werden, daß der jugendliche Teil des einen Landes den des andern auf qualvolle Weise zu Tode bringt, sondern dadurch, daß ein Schiedsgericht über den strittigen Punkt sein Urteil fällt.

Es muß so etwas wie eine Initialzündung stattgefunden haben. Bertha von Suttner wurde von der Friedensidee ergriffen, geschüttelt, gepackt. Sie schrieb den Roman, dessen Titel zu einem Motto wurde: ›Die Waffen nieder‹. Er erschien im Jahre

1889. Es war ihr erfolgreichstes Buch. Die Autorin strebte nicht die höchste artifizielle Vollendung an, machte keinem Gustave Flaubert Konkurrenz. Es ging ihr nicht um ein Sprachkunstwerk, in dem sich der poetische Weltgeist noch im letzten Nebensatz breitmacht. Sie wollte wirken! Und ihr Buch hatte auch Wirkung. Die Geschichte liest sich empfindsam. Da gibt es die hübsche Martha von Althaus, die beglückt auf dem hochfeudalen Ball mit dem jungen Husarenoffizier Dotzky tanzt. Die Ehe ist standesgemäß und von der Liebe diktiert. Wer will nicht um das Patschhänderl anhalten? Aber bald darauf will Italien eine Nation werden. Der junge österreichische Husar eilt hin zum Feld der Ehre, das ihm das Haus Habsburg zuteilte. Er fällt 1859 in der Schlacht bei Magenta. Die junge Witwe fängt an nachzudenken und denkt die Sache im Sinn der Autorin zu Ende. Ein unsinniger Krieg ist schuld an ihrem Schmerz. Ihre zweite Ehe ist im besten Sinn des Wortes eine Vernunftehe. Ihr Mann, Friedrich von Tilling, teilt ihre Gesinnung. Dennoch muß er im Jahre 1864 Österreich verteidigen. Denn damals kämpfte Preußen gegen Dänemark. Und jeder deutsch denkende Mensch stand auf seiten Preußens. Wem leuchtet schließlich nicht ein, daß Schleswig »auf ewig deutsch« sein muß?

Im Krieg von 1866 sprach man von der strategischen Begabung des Chefs des preußischen Generalstabs, General von Moltke, der durch einen militärischen Kunstgriff, durch die Vereinigung der Heeresteile durch den Feind hindurch die Schlacht von Königgrätz gewann. Bertha von Suttner läßt ihre Heldin Martha das andere schildern, den Schrecken, den langsamen, qualvollen Tod an der Front und in den improvisierten Krankenhäusern.

Manchmal verläßt sich die Literatin Suttner auf den Effekt der Kolportage. Die Tillings werden durch unglückliche Umstände in den Krieg von 1870/71 hineingezogen. Alles Leid, das mit Kämpfen zusammenhängt, spielt sich in einer Familie ab. Immerhin nimmt auch der heutige Leser vielleicht zum ersten Mal zur Kenntnis, daß nicht allein in der Zeit des Dreißigjährigen Krieges die Pest wütete, sondern daß nach einem kleinen Krieg wie dem von 1866 die Cholera auf entsetzliche Weise Böhmen heimsuchte. Das ist verdrängte Geschichte. Denn was hat uns die Cholera zu interessieren, wenn doch Moltkes militärische Leistung exemplarisch war?

Vielleicht liegt auch darin ein Verdienst der Bertha von Suttner: Sie hat sich keine großen Kriege, die allgemein dem menschlichen Gemüt als Zeiten der Verzweiflung bekannt sind, als thematischen Vorwurf ausgesucht, sondern die alltäglichen Kriege, an die sich die Veteranen gern erinnerten. Wenn sie Veteranen geworden sind, also wenn sie überlebt haben.

Ihr Tendenzroman wurde ein großer Erfolg, in mehrere Sprachen übersetzt. Die Autorin erhielt bewundernde Briefe. Der russische Dichter und Graf Leo Tolstoi hat den Roman am treffendsten eingeordnet, indem er die Verfasserin mit Harriet Beecher-Stowe verglich, die mit ihrem Buch ›Onkel Toms Hütte‹ in den Vereinigten Staaten wohl nicht die Literatur bereicherte, aber ein politisches Klima bestimmte. Es wurde Mode, über die Lage der Negersklaven nachzudenken. Diese Mode trug dazu bei, daß die ebenso grausame wie anachronistische Sklavenhaltung unmöglich wurde – allerdings erst nach einem sehr schlimmen Bürgerkrieg. Kriegerische Auseinandersetzungen scheinen nicht anachronistisch zu werden.

Dabei war das letzte Jahrzehnt des vorigen Jahrhunderts eine gute Zeit für Friedensfreunde. Bertha von Suttners Roman wurde nicht nur gelesen, nicht nur in den Parlamenten zitiert. Es entstanden überall in den Zentren der sogenannten gesitteten Welt Friedensgesellschaften, deren Tendenz durch das Buch verstärkt wurde: in Italien, in Frankreich, in England, in Rußland, wo freilich der Kaiser in Petersburg nur allzu gewandt das Wort Friede aussprach, so daß man nie ganz sicher war, ob er dabei nicht zuerst an irgendeinen russischen Vorteil dachte. Die Friedlichkeit der potentiellen Gegner ist ja sehr angenehm.

1891 wurde in Österreich eine Friedensgesellschaft gegründet, deren Präsidentin Bertha von Suttner war. Seit 1892 gab es in Deutschland eine Friedensgesellschaft. Ins Leben gerufen hatte sie ein sehr junger Journalist aus Wien; er war jüdischer Abstammung und hieß Alfred Hermann Fried. Mit dem ganzen Elan seiner achtzehn Jahre schloß er sich den Ideen der österreichischen Aristokratin an. Er wurde später ihr wichtigster Mitarbeiter und gab nach ihrem Tod ihre journalistischen Arbeiten heraus.

Dem Geist der Zeit entsprach das großartige Testament Alfred Nobels vom Jahre 1895, der eine Stiftung schuf, durch die jedes Jahr die hervorragendsten Frauen und Männer der Wissenschaft und Literatur ausgezeichnet werden sollten. Und auch jener Mann und jene Frau, die sich um den Frieden verdient gemacht haben. Zu den ersten Empfängern dieses Preises gehörte Henri Dunant, der Begründer des Roten Kreuzes. 1905 erhielt ihn Bertha von Suttner.

Das Fin de Siècle war eine nostalgische Zeit. Man erinnerte sich der großen Ideen des 19. Jahrhunderts, die eigentlich aus dem 18. Jahrhundert stammten, der Ideale des Bürgertums. Man liebte die Aufklärung, wie die Romantiker das Mittelalter geliebt haben. Man liebte aber auch die schimmernde Wehr, die eigene Nation, man liebte die Trompeten, die Clairons, die Leute, die Vaterlandsverräter verurteilten. Man war in der Mehrheit.

Aber man war auch in der Minderheit, bei den Friedensfreunden. Bertha von Suttners größte Freude war die Friedenskonferenz in Den Haag, die 1899 stattfand, der 1907 eine zweite folgte. Hier ging es nicht mehr um private Träume. Hier saßen die Vertreter der Nationen zusammen und überlegten sich, wie man durch gezielte Abrüstung Kriege verhindern könnte. Wer den Verlauf der Geschichte kennt, möchte verbittert werden. Daß der deutsche Kaiser Wilhelm II. eine Kriegsflotte aufbaute, ist auch heute noch bekannter, als daß es eine interparlamentarische Union gab, eine Vereinigung von Abgeordneten verschiedener Länder, die sich friedlich besprachen und aus deren Ansätzen später der Völkerbund hervorgehen sollte, und noch später, nach einem Zweiten Weltkrieg, die United Nations Organization – die UNO.

Bertha von Suttner wußte Bescheid über die Schwierigkeiten, die auch sehr viel mit der Presse zu tun hatten. Es waren in vielen Ländern nationale Zeitungen am unseligen Werk. Und zwar keineswegs nur die Zeitungen, die an niedere Instinkte appellierten. »Was die ›Jingo-Presse‹ oder ›nationalistische‹ oder ›gelbe‹ Presse in Verhetzung, in Arroganz, in Grobheit und gefährlicher Aufreizung leistet, das ist bekannt; das ist schon vielfach ... beklagt worden, und davon will ich nicht reden. Aber auch die sogenannte gemäßigte, liberale Presse begünstigt das militärische System auf eine mehr passive, aber darum nicht unwirksamere Weise.« Sie kennt jene Leute, die vor 1914 keineswegs sagen, daß die Engländer und Franzosen Verbrecher sind, die Russen ungewaschen und die Italiener Taschendiebe, die aber doch den jeweiligen Militärhaushalt mit vornehmer Zurückhaltung hinnehmen. Das gehört dazu. Der Herr Minister, der ihn einbringt, ist der Redaktion durch gute Manieren bekannt.

Dagegen schreibt Bertha von Suttner. Zuerst in der eigenen

Zeitschrift ›Die Waffen nieder‹. Der Titel ihres Romans ist schon zum Slogan geworden. Obwohl sie sich immer für die Sozialdemokraten einsetzte, hatten es manche Sozialisten schwer, mit ihr zurechtzukommen. War diese adelige Dame nicht allzuoft Gast bei fürstlichen Menüs; sollten nicht vielleicht auch jene Waffen niedergedrückt werden, die dem Klassenkampf dienten? Bertha von Suttner ließ sich nicht beirren. Sie sah vor sich den Frieden, den sie, die lebensfreudige Frau, wollte. Es war ein Frieden, der sich gegen die Plagen der Zeit behaupten mußte. Zugunsten einer Welt, die Brot und Wein, die das Glück der Liebenden kennt.

Später schrieb Bertha von Suttner in der Zeitschrift ›Friedens-Warte‹, die Alfred Hermann Fried herausgab. Und sie schrieb nicht nur über ihr Hauptthema. Als 1895 in Wien die sogenannte christlich-soziale, in ihrer Aussage vor allem antisemitische Partei des Karl Lueger die Wahl gewann, sprach sie von einer Manifestation des Kriegsgeistes: »Tiefbetrübend für die Freunde des Friedens und der Gerechtigkeit war diese ganze Kampagne, die auch mit den Mitteln des Krieges, nämlich Brutalität und Grausamkeit, ihren Zweck der Rassenverfolgung verfolgt und erreicht hat.«

Sie war im besten Sinn des Wortes rationalistisch. Ihr Witz, ihr Esprit hatte immer ein wenig den Geschmack einer hausbackenen Gedanklichkeit an sich. Aber bedenken wir, hausbakken, das heißt zu Haus gebacken, das heißt von dem Bild in die Wirklichkeit zurückversetzt: Mit den Mitteln des normalen Menschenverstandes, der nicht versteht, daß Juden schlechtere Menschen sind; der nicht versteht, daß man territoriale, ideologische oder auch andere Konflikte durch das Totschlagen junger Burschen, durch das Vernichten von Familien, von Alten aus der Welt schaffen kann. Es ist erschreckend einleuchtend.

Ein neues Jahrhundert brach an. Bertha von Suttner, die Friedensbertha, vor der so ausgiebig gewarnt worden ist, wurde alt. Ihr Mann starb im Jahre 1902. Die Frau fühlte sich einsam, obwohl sie viel Reisen unternahm, viel beobachtete. Sie verhandelte mit amerikanischen Unternehmern, vertraute den Initiativen, die mit dem Flair des Internationalismus ausgestattet waren, den völkerversöhnenden Olympischen Spielen zum Beispiel. In ihren Artikeln hat sie wie jeder Journalist dieser Zeit gern mit Pointen gearbeitet: Die bitterste Pointe freilich war das Jahr ihres Todes: 1914. Sie erlag am 2. Juni dem Magenkrebs. Am 28. Juni wurden in Sarajewo der Thronfolger des habsburgischen Hauses und seine Gattin erschossen. Österreich ließ sich nichts bieten. Ein Krieg begann, der Erste Weltkrieg. Wenn wir das Jahr 1920 schrieben, so könnte ich hier abbrechen, könnte auf die Toten der Marne-Schlacht verweisen und darauf, daß Bertha von Suttners Ideen jetzt jedem einleuchten müssen.

Die Geschichte ging weiter. Wir haben einen Zweiten Weltkrieg erlebt, der notwendig war, um Adolf Hitlers Regime zu stürzen. Wir leben nicht mehr im 19. Jahrhundert. Die Staaten, die sich damals waffenstarrend gegenüberstanden, waren Konkurrenten um die Weltmacht, den Weltmarkt. Aber zwischen ihnen bestand ein ideologischer Konsens.

Heute gibt es Blöcke, Lager, ein östliches, ein westliches. Es gibt die Nord-Süd-Spannungen und die vielen blutigen Kriege, in denen am Rand der Blöcke Konflikte nicht ausgetragen, sondern hineingetragen werden. Es gibt inzwischen Waffen, die diesen Namen nicht mehr verdienen, da sie nichts anderes sind als totale Vernichtungsinstrumente. Und nun wird die Pointe grausam: Diesem Potential an absoluter Tötungsmaschinerie ist es ebenso zu danken wie den liberalen Postulaten der Bertha von Suttner, daß heute keiner mehr freiwillig formuliert: Süß ist es und ehrenvoll, fürs Vaterland zu sterben. Jenem lateinischen Dichter Horaz, der so sprach, sagte der deutsche Dichter Wieland mit Recht nach, daß er selbst beim ersten Treffen floh. Aber es wird heute keine Treffen mehr geben, denen man entfliehen kann.

Natürlich ist das Rettende mit der Gefahr so verbunden, wie die Gefahr mit dem Rettenden. Ernst Bloch hatte recht, als er Hölderlins berühmten Satz variierte. Je weniger man über die Friedensbewegung höhnt, je weniger man sie zur pazifistischen, vaterlandsfeindlichen Spinnerei macht, desto stärker wird das Verlangen werden, sie zu vereinnahmen, sie politisch auszunutzen. Friedenssehnsucht kann mißbraucht und damit zur Waffe werden. Das hat Bertha von Suttner, die liberale Frau, nicht vorausgesehen und nicht gewollt. Sie schuf den Slogan »Die Waffen nieder«. Sie verstand darunter auch die Waffen der jeweiligen (soll ich sagen system-immanenten, soll ich sagen ideologie-immanenten?) Intoleranz.

Wolfgang Sternstein
Mohandas Karamchand Gandhi (1869–1948)

Es gibt ein weitverbreitetes Gandhi-Bild: der Prediger der Gewaltlosigkeit, der an der Spitze der von Natur aus gewaltlosen Inder den ach so demokratischen Engländern die nationale Unabhängigkeit abtrotzte; das spindeldürre, abgezehrte Männchen im Lendentuch, das der Welt Enthaltsamkeit predigte und die Wirtschaftsprobleme eines Subkontinents mit Hilfe des Spinnrades lösen wollte.

Dieses Gandhi-Bild ist eine Karikatur. Es enthält jedoch, wie jede gelungene Karikatur, bei aller Übertreibung ein Körnchen Wahrheit. Dennoch ist an diesem Bild so ziemlich alles schief. Die Inder sind, wie die Geschichte vor, während und nach Gandhi zeigt, nicht von Natur aus gewaltlos. Die Engländer waren Imperialisten, rücksichtslose Ausbeuter, wie die anderen Europäer auch, nur ein wenig cleverer. Sie praktizierten ein System der indirekten Herrschaft in ihren Kolonien, das heißt, sie erzogen sich eine einheimische Bourgeoisie, die ihre Sache besorgte und dafür mit einem Teil der Beute abgefunden wurde. Im übrigen hat Gandhi die Methoden der gewaltfreien Aktion *nicht*, wie oft behauptet wird, im Kampf gegen die Engländer entwickelt, sondern im Kampf gegen die rassendiskriminierende Gesetzgebung der südafrikanischen Regierung, den er an der Spitze der indischen Minderheit in Südafrika volle acht Jahre lang und schließlich erfolgreich ausfocht.

Gandhi, das ist richtig, war ein Asket, doch alles andere als ein Misanthrop. Güte, Freundlichkeit und Humor waren ihm eigen. Seiner entwaffnenden Aufrichtigkeit und seinem offensiven Vertrauen konnten sich selbst ausgefuchste Politiker auf die Dauer nicht entziehen.

Woher kommt das windschiefe Gandhi-Bild? Meines Erachtens gibt es dafür zwei Erklärungen. Es ist zum einen auf die Vermittlung durch die Massenmedien zurückzuführen. Sie verstärkten die skurrilen Züge seiner Persönlichkeit, an denen es ja wahrlich nicht mangelte. Zum anderen liegt es an der Vermittlung durch den europäischen Pazifismus. Er wirkte wie ein Filter, der wesentliche Aspekte von Gandhis Person und Werk zurückhielt. In den USA, wo diese Vermittlung durch einen politischen Praktiker wie Martin Luther King erfolgte, treffen wir nämlich auf ein ganz anderes Gandhi-Bild, das den »Realpolitiker« Gandhi, den Taktiker und Strategen der gewaltfreien Aktion, in den Vordergrund stellt.

Neben dem bekannten Gandhi gibt es also einen unbekannten Gandhi, mit dem ich den Leser bekannt machen möchte. Dabei sollen verschiedene Aspekte seiner Person und seines Wirkens kurz beleuchtet werden – der religiöse Mensch, der Sozialreformer, der politische Reformer, der Wirtschafts- und der Lebensreformer.

Der religiöse Mensch. Wenn ich den religiösen Menschen Gandhi an erster Stelle nenne, so ist das kein Zufall; denn Religion, das heißt die Suche nach Wahrheit, die für Gandhi gleichbedeutend ist mit der Suche nach Gott, bildet den Mittelpunkt seines Lebens. »Ich könnte«, bekennt er, »keine einzige Sekunde ohne Religion leben. Viele meiner politischen Freunde verzweifeln an mir, weil sie sagen, daß sogar meine Politik von der Religion abgeleitet ist. Sie haben recht. Meine Politik und alle meine anderen Aktivitäten sind von meiner Religion abgeleitet. Ich gehe noch weiter und sage, daß jede Tätigkeit eines religiösen Menschen von seiner Religion abgeleitet sein muß, weil Religion heißt, ›an Gott gebunden sein‹, das heißt, daß Gott jeden Atemzug regiert.« Und an anderer Stelle erklärt er: »Der Politiker in mir hat nie eine meiner Entscheidungen bestimmt, und wenn ich mich in der Politik betätige, dann nur deshalb, weil uns heute die Politik umgibt wie die Ringe einer Schlange, aus denen wir nicht entkommen können, wie sehr wir es auch versuchen. Ich will darum mit der Schlange kämpfen, so wie ich es bewußt mit mehr oder weniger Erfolg seit 1894 getan habe – unbewußt, wie ich jetzt entdeckt habe, seit ich das Alter der Unterscheidung erreichte. Da ich inmitten des wütenden Sturmes, der um mich herum heult, in Frieden leben möchte, habe ich mit mir und meinen Freunden Versuche unternommen, Religion in die Politik einzuführen.«

Religion bedeutet für Gandhi also etwas anderes, als wir gewöhnlich darunter verstehen. Im Zentrum dieser Religiosität steht der untrennbare Zusammenhang von Gott, Wahrheit und Gewaltfreiheit. »Für mich«, so schreibt er, »ist Wahrheit Gott, und es gibt keinen anderen Weg zur Wahrheit als den der Gewaltfreiheit.« Aus dieser zentralen religiösen Aussage leitet er das Gebot der Toleranz in religiösen und weltanschaulichen Fragen sowie die Gleichrangigkeit aller Weltreligionen ab, deren Kehrseite die Verneinung des absoluten Wahrheitsanspruchs des Christentums ist. Aus ihm leitet er auch die fünf Gelübde des Wahrheitssuchers ab: »Das Gelübde der *Wahrheit;* das Gelübde der *Enthaltsamkeit,* weil man unmöglich die Liebe zur Wahrheit oder zu Gott mit irgend etwas anderem teilen kann; das Gelübde der *Gewaltfreiheit,* der *Armut* und der *Besitzlosigkeit.*«

Ein hervorstechender Charakterzug Gandhis – seine Askese – mag auf manchen Zeitgenossen befremdlich, ja abstoßend wirken. Sie hängt jedoch zutiefst mit seinem Verständnis von Freiheit zusammen. Gandhi begreift Freiheit als Unabhängigkeit, als Befreiung von der Bindung an irdische Güter, an Besitz, Geld, Macht, Genuß, Sexualität, Tabak, Alkohol und Drogen. Wenn entfremdete Arbeit einerseits, Zerstreuung und Genuß andererseits Wesensmerkmale der modernen Industriegesellschaft sind, dann ist Gandhi ihr Antipode. Wie sehr jedoch die Anziehungskraft dieser Gesellschaft gerade auf junge Menschen schwindet, zeigt die wachsende Zahl der sogenannten Aussteiger. Für sie, soweit sie nicht in einer Haltung der bloßen Ablehnung des Bestehenden verharren, sondern nach konstruktiven Alternativen zur modernen Industrie- und Konsumgesellschaft suchen, könnte Gandhi ein fruchtbarer Anreger und hilfreicher Gefährte sein.

Der Sozialreformer. Gandhi ist in die Geschichte als Führer der Inder in ihrem nationalen Befreiungskampf gegen die Engländer eingegangen. Darüber wird leicht vergessen, daß für ihn die soziale Reform beinahe noch wichtiger war als die politische Befreiung seines Heimatlandes; ja er sah geradezu einen inneren Zusammenhang zwischen Sozialreform und politischer Befreiung, insofern, als seiner Meinung nach die politische Freiheit Indiens als reife Frucht vom Baum der Sozialreform fallen würde.

Gandhi war davon überzeugt, daß nicht nur die Engländer für das Kolonialregime in Indien verantwortlich zu machen waren, sondern auch die Inder selbst, da sie durch ihre Uneinigkeit und Schwäche es den Engländern überhaupt erst ermöglicht hätten, nach dem Grundsatz des »Teile und herrsche« ihre Kolonialherrschaft im Land aufzurichten. In dem Maße, wie die Inder ihre Uneinigkeit und Schwäche überwänden, würden sie auch die Fähigkeit zur *Selbstregierung* erwerben. Es ist bezeichnend, wie Gandhi dem Begriff Selbstregierung, der zunächst nichts anderes meinte als politische Unabhängigkeit und Selbstverwaltung, eine ganz neue Tiefendimension erschließt. Selbstregierung wird nämlich von ihm als *Selbstbeherrschung*, als Prozeß sozialer Selbstreinigung und Selbstläuterung gedeutet.

Mit allen seinen Kräften kämpfte er darum gegen die Auswüchse des Hindu-Kastensystems, namentlich gegen das, was er eine »Pestbeule am Leibe des Hinduismus« nannte, die Unberührbarkeit. Nicht weniger leidenschaftlich wandte er sich gegen religiöse Intoleranz, insbesondere zwischen Moslems und Hindus. Daß es ihm nicht gelang, den »Brudermord« zwischen den religiösen Gemeinschaften und die schließliche Teilung des Landes zu verhindern, wurde zur Tragödie seines Lebens. Aus dem Kreis orthodoxer Hindu-Fanatiker sollte denn auch sein Mörder kommen.

Neben all dem darf Gandhis Kampf gegen die Benachteiligung der Frau, gegen die Kinderheirat, gegen Armut, Unsauberkeit, Analphabetismus, Kriminalität und Laster nicht vergessen werden. Als »hartgesottener Gefängnisinsasse«, wie er sich selbst nannte – immerhin hat er sechs Jahre seines Lebens im Gefängnis zugebracht –, kannte er das Gefängnismilieu aus eigener Anschauung. Auf der Grundlage dieser Erfahrungen entwickelte er ein erstaunlich modernes Reformprogramm, das darauf abzielte, die Gefängnisse aus »Strafanstalten« in Stätten zur Resozialisierung der Gefangenen zu verwandeln.

Alle diese Ziele waren für Gandhi jedoch nicht nur Mittel, um den Zweck der nationalen Unabhängigkeit zu erreichen, sie trugen ihren Wert in sich.

Der politische Reformer. Gewaltfreie Aktionsgruppen, Umweltschützer und Bürgerinitiativen berufen sich bei ihren Aktionen gelegentlich auf Gandhi. Was sie unter Gewaltfreiheit verstehen, hat mit dem, was er darunter verstand, jedoch meist wenig oder gar nichts zu tun. Sie verstehen darunter nämlich den Verzicht auf personenverletzende Gewalt nach dem Motto: »Ich tu dir nichts, also darfst du mir auch nichts tun!« Doch wehe, der Gegner hält sich nicht an diese stillschweigende Festlegung und wendet Gewalt an, dann kippt die »Gewaltlosigkeit« nicht selten schlagartig in grenzenlosen Haß und in Bereitschaft zu grenzenloser Gewaltanwendung um.

Für Gandhi hingegen bedeutet Gewaltfreiheit das entschlossene Festhalten am Gewaltverzicht selbst dann, wenn der Gegner Gewalt anwendet. So verstanden ist Gewaltfreiheit gleichbedeutend mit der Fähigkeit – nicht bloß dem Wunsch –, Böses mit Gutem, Haß mit Liebe und Gewalt durch bewußtes Erleiden der Gewalt zu vergelten und dadurch zu überwinden. Kennzeichnend für diese Art von Gewaltfreiheit ist die Verbindung von Widerstand und Gewaltverzicht. Sie hat also nichts mit feiger Unterwerfung unter den Willen des Angreifers zu tun. Sie muß sich vielmehr angesichts der Gewalt bewähren – oder sie ist nichts wert.

Die gewaltfreien Aktionsmethoden – Streik, Boykott und andere Formen der Nichtzusammenarbeit, bürgerlicher Ungehorsam und gewaltfreie Konfrontation – können jedoch nur für eine gerechte Sache eingesetzt werden. Werden sie für ungerechte oder egoistische Ziele eingesetzt, so verwandeln sie sich aus gewaltfreien in gewaltsame Aktionsmethoden. Ein Beispiel soll das erläutern. Gesetzt den Fall, deutsche und ausländische Arbeiter erhielten für gleiche Arbeit ungleichen Lohn und die deutschen Arbeiter streikten, um die Gleichstellung ihrer ausländischen Kollegen zu erreichen, so wäre das eine gewaltfreie Aktion. Verhielte es sich jedoch umgekehrt, wären deutsche und ausländische Arbeiter gleichgestellt und die deutschen Arbeiter streikten, um eine Besserstellung im Vergleich zu ihren ausländischen Kollegen zu erzwingen, so wäre das eine gewaltsame Aktion. Ein und dieselbe Aktionsmethode – der Streik – kann folglich einmal eine gewaltfreie, ein andermal eine gewaltsame Aktionsmethode sein, je nachdem, welcher Zielsetzung sie dient.

Es bleibt die Frage zu beantworten: Wie kann ein Mensch überleben, der wie Gandhi Gewaltfreiheit zum bestimmenden Grundsatz seines Lebens erhebt? Nun, Gandhi war alles andere als ein Leisetreter oder ein sanfter Friedensapostel. Ganz im Gegenteil, er hatte die Mentalität eines Soldaten, eines Kämpfers für Wahrheit und Gerechtigkeit. Und wie der Soldat bereit sein muß, im Kampf zu fallen, so muß auch der Gewaltfreie bereit sein, im Kampf für die gute Sache zu sterben. Vom Soldaten unterscheidet ihn lediglich, daß er mit anderen als militärischen Waffen kämpft. »Meine Gewaltfreiheit«, so stellt er klar, »erlaubt es nicht, vor der Gefahr wegzulaufen und seine Lieben ohne Schutz zu lassen. Wenn nur die Wahl zwischen Gewalt und feiger Flucht bestünde, würde ich der Gewalt den Vorzug geben. Ich kann einem Feigling ebensowenig Gewaltfreiheit predigen, wie ich einen Blinden dazu verführen kann, schöne Gegenden anzusehen. Gewaltfreiheit ist der Gipfel der Tapferkeit. Ich hatte keine Schwierigkeiten, Leuten, die in der Schule der Gewalt aufgewachsen waren, die Überlegenheit der Gewaltfreiheit zu beweisen. Als Feigling, der ich jahrelang war, hielt ich mich an Gewalt. Ich begann Gewaltfreiheit erst dann zu schätzen, als ich meine Freiheit aufgab.«

Dennoch bleibt es rätselhaft, wie Gandhi mit dieser Einstellung Erfolg haben konnte, denn daß er Erfolg hatte, daran besteht kein Zweifel. Meine Erklärung lautet: Gewaltfreiheit war für ihn nichts Äußeres, keine Methode, die in den Dienst beliebiger Ziele gestellt werden konnte, sie war vielmehr Ausdruck einer Lebenshaltung. Er konnte seine politischen Gegner von Gewalt befreien, weil er selbst von Gewalt frei, mit einem Wort *gewaltfrei* geworden war.

Der Wirtschaftsreformer. Gandhis Wirtschaftsprogramm ist selbst von vielen, die ihn als politischen Führer anerkannten, wie zum Beispiel Nehru, als hoffnungslos rückständig, sozialromantisch, ja reaktionär belächelt worden. Heute, wo der Versuch, Indien zu industrialisieren, kläglich gescheitert ist, sieht das schon ein wenig anders aus. Gandhi hat das vorausgesehen und seine Landsleute unermüdlich davor gewarnt, den Weg der Industrialisierung nach westlichem Vorbild zu beschreiten. Für ihn war klar, daß der Industrialismus das Ergebnis einer weltweiten Ausbeutung des Menschen und der Natur ist. In dieser Hinsicht war er seiner Zeit weit voraus. Er hat all das vorweggenommen, was heute in der Ökologiebewegung so leidenschaftlich erörtert wird.

Entgegen einem weit verbreiteten Vorurteil war Gandhi kein Feind der Maschine: »Wogegen ich eingestellt bin«, schreibt er, »ist jene Verrücktheit nach Maschinen, nicht das Maschinenwesen als solches. Die Torheit liegt in dem, was man arbeitssparende Maschinen nennt. Die Menschen fahren fort, ›Arbeit zu sparen‹, bis Tausende ohne Arbeit sind und auf die Straße fliegen, wo sie verhungern werden. Ich möchte, daß Zeit und Arbeit gespart wird, aber nicht für einen Teil der Menschen, sondern für alle. Ich möchte Zusammenfassung des Reichtums, aber nicht in den Händen von wenigen, sondern in den Händen aller. Heutzutage dienen die Maschinen einigen wenigen nur dazu, um auf dem Rücken von Millionen zu reiten. Der Antrieb bei alldem ist nicht das menschenfreundliche Bemühen, Arbeit zu sparen, sondern Gier. Gegen diesen Sachverhalt kämpfe ich mit meiner ganzen Kraft.«

Gandhis Wirtschaftskonzept stimmt weitgehend mit dem Konzept überein, das heute unter dem Stichwort mittlere, angepaßte oder sanfte Technologie diskutiert wird. Das von ihm unter der Devise »Produktion der Massen statt Massenproduktion« propagierte Spinnrad war letztlich nichts anderes als ein hervorragendes Beispiel für angepaßte Technologie.

Es war Gandhis Ziel, die indische Gesellschaft von den Dörfern her, in denen die große Mehrheit der Inder lebt, zu erneuern. Er war bestrebt, die Dörfer wirtschaftlich, gesellschaftlich, politisch und kulturell selbständig zu machen. Jedes Dorf sollte in der Lage sein, die Grundbedürfnisse seiner Bewohner – Nahrung, Wohnung, Kleidung, Bildung – zu befriedigen, sich selbst zu verwalten und gegen Angriffe von außen zu verteidigen. Es nimmt daher auch nicht wunder, daß die ökologischen Konzepte der Kreislaufwirtschaft, des biologischen Landbaus, der mittleren Technologie und der Dezentralisierung bei Gandhi in einer bis heute unerreichten Klarheit ausgebildet sind.

Der Lebensreformer. Das Bild Gandhis wäre unvollständig, ließe man seine Bemühungen um eine Lebensreform außer acht. Hierher gehören sein Vegetarismus, seine zahllosen Experimente auf dem Feld der Ernährung, der Hygiene und der Medizin, insbesondere der Naturheilverfahren. Die von Karl Marx mit so brillanten Formulierungen beschriebene Aufhebung der Trennung von Hand- und Kopfarbeit war für ihn praktizierte Wirklichkeit. Er saß täglich sechs Stunden am Spinnrad, schrieb zahllose Zeitungsartikel, Bücher und Briefe, führte Gespräche mit Politikern und Journalisten und nahm sich darüber hinaus die Zeit, sich um die Alltagsprobleme des Aschram, der Lebensgemeinschaft Gleichgesinnter, in der er lebte, zu kümmern. Er war der Ansicht, jeder Mensch solle sich seinen Lebensunterhalt durch seiner Hände Arbeit verdienen (Brotarbeit) und sich so weit wie möglich auf das beschränken, was in seiner unmittelbaren Umgebung hergestellt wird (Swadeshi). Gandhis Autobiographie dokumentiert den hohen Stellenwert, den gerade diese Fragen des täglichen Lebens für ihn hatten. Sie dokumentiert die enge Verbindung von Theorie und Praxis, die allen seinen Äußerungen eignet.

Friede, soviel dürfte aus dem hier mit wenigen Strichen gezeichneten Gandhi-Bild deutlich geworden sein, ist ein Schlüsselbegriff für das Verständnis von Leben und Werk dieses außergewöhnlichen Mannes, der nicht müde wurde zu betonen, er sei ein Mensch wie andere auch. Friede ist für Gandhi mehr als die Abwesenheit von Krieg, Friede ist für ihn ein positiver Gesellschaftszustand, der gekennzeichnet ist durch soziale Gerechtigkeit, durch Freiheit von Unterdrückung, Not, Angst und Gewalt. Friede ist ein Zustand, in dem die Menschen brüderlich miteinander und mit der Natur umgehen.

Dieser Friede kommt jedoch nicht von allein. Er muß erkämpft werden. Friede und Kampf sind für Gandhi kein Gegensatz. Friede ist vielmehr das Ergebnis eines mit gewaltfreien Aktionsmethoden ausgetragenen Konflikts. Gandhi geht davon aus, daß Konflikte unvermeidlich sind, daß es Konflikte gab, gibt und auch in Zukunft geben wird. Gewaltsame Aktion ist jedoch kein geeignetes Mittel der Konfliktaustragung, da sie das Übel, das sie heilen soll, nur verschlimmert. Sie löst den Konflikt nicht, sondern führt bestenfalls zu einer Art Waffenstillstand, einem Frieden auf Zeit. Kein Wunder also, daß jeder Friedensschluß bereits den Keim des nächsten Krieges in sich trägt.

Gewaltfreie Aktion hingegen ist ein geeignetes Mittel der Konfliktlösung. Am Ende eines mit gewaltfreien Methoden ausgetragenen Konflikts steht ein echter, ein dauerhafter Friede, da ihm beide Parteien freiwillig zugestimmt haben. Der mit gewaltfreien Waffen ausgetragene Konflikt kennt weder Sieger noch Besiegte, sondern nur den Sieg der Wahrheit.

Friede hat für Gandhi aber nicht nur eine politisch-soziale, er hat auch eine geistig-religiöse Dimension. Friede ist für ihn nämlich ein anderes Wort für das Gottesreich oder die Gottesherrschaft. Nach einer weitverbreiteten christlichen Vorstellung ist »Friede auf Erden« nicht möglich. In dieser Welt, so heißt es, muß das Böse notgedrungen durch das Böse, die Gewalt durch Gewalt in Schranken gehalten werden. Wahren Frieden kann es demnach erst im Jenseits geben. Gandhi würde das nicht gelten lassen. Für ihn gibt es Frieden nicht erst in jener Welt, sondern auch und gerade in dieser Welt. Für ihn ist Friede die Aufhebung der Trennung von dieser und jener Welt.

Überblickt man das Leben Gandhis in seiner Gesamtheit, so wirkt es wie eine *Illustration der Bergpredigt*. Das ist von großer Bedeutung; denn damit ist die uralte Streitfrage beantwortet, ob die Bergpredigt Menschen möglich ist. Sie ist Menschen möglich, freilich, darauf hinzuweisen wurde Gandhi nie müde, nicht aus des Menschen eigener Kraft, sondern allein durch die Kraft der Wahrheit, durch Gott.

Hatte Gandhi Erfolg? Und was ist von seinem Werk geblieben? Bevor wir uns der Beantwortung dieser Frage zuwenden, muß klargestellt werden: Erfolg war nicht sein Ziel. Er lebte für die Wahrheit und in der Wahrheit. Wie Jesus von Nazareth, Franz von Assisi, Martin Luther King und viele andere überwand er die Gewalt, indem er sie erlitt.

Dennoch hat Gandhi auch in einem sehr äußerlichen Sinne beachtliche Erfolge erzielt. Er hat mit der indischen Minderheit zusammen die südafrikanische Regierung bezwungen, er hat mit den Indigobauern von Champaran die reichen Landbesitzer besiegt, er hat im Verein mit den Textilarbeitern von Ahmedabad höhere Löhne und verbesserte Arbeitsbedingungen erstreikt, er hat zumindest die formale Gleichstellung der Unberührbaren erkämpft und schließlich an der Spitze seiner Landsleute den Engländern die nationale Unabhängigkeit abgerungen.

Gescheitert ist er im Kampf gegen die religiöse Intoleranz, an der Aussöhnung von Moslems und Hindus. Gescheitert ist er auch, gemessen an seinem Ziel, eine demokratische, klassenlose, gerechte, herrschafts- und gewaltfreie Gesellschaft in Indien zu schaffen. Die letzten Monate seines Lebens waren überschattet von der bitteren Erkenntnis, daß seine Landsleute nicht aus Stärke, sondern aus Schwäche zu den Methoden des gewaltlosen Widerstandes im Kampf gegen die Engländer gegriffen hatten. Er blieb am Ende, was er immer gewesen war, ein einsamer Rufer in der Wüste.

Was ist von Gandhis Werk geblieben? In Südafrika herrscht der Rassismus, Indien ist zwar formal unabhängig, doch vom Indien seiner Träume so weit entfernt wie unter britischer Herrschaft. Gandhis Lebensweg erinnert an eine Regenwolke, die durch die Wüste zieht. Wo der Regen fällt, blüht die Pflanzen- und Tierwelt für einen kurzen Augenblick in exotischer Pracht auf, um danach wieder in Staub und Dürre zu versinken. Viel ist von Gandhis Werk nicht übriggeblieben. Allein die Schuld daran trägt nicht er, die Schuld daran tragen wir, dir wir zuließen, daß es verlorenging.

In seinen Zielen war Gandhi ein Revolutionär, in seinen Methoden ein Reformer. Das Geheimnis seines Lebens und Wirkens bestand in dem, was ich die Dialektik von Selbstveränderung und Weltveränderung nennen möchte. Für Gandhi war jeder Schritt zur Selbstveränderung zugleich ein Impuls in Richtung auf Weltveränderung, auf Veränderung der *äußeren* Wirklichkeit, und umgekehrt jeder Schritt in Richtung Weltveränderung ein Schritt zur Selbstveränderung, zur Veränderung der *inneren* Wirklichkeit. Und wie auf der Ebene des Individuums, so auch auf der Ebene der Gruppen, Klassen und Nationen. Auch hier gilt das Wechselspiel von Selbstveränderung und Weltveränderung, wie ich es am Beispiel des Begriffs »Selbstregierung« darzulegen versuchte.

Gandhi hat uns keine Lehre hinterlassen. »Ich erhebe keinen Anspruch darauf«, so meinte er, »irgendein neues Prinzip oder eine neue Lehre gefunden zu haben. Ich habe lediglich in meiner eigenen Art versucht, die ewigen Wahrheiten auf unser tägliches Leben und seine Schwierigkeiten anzuwenden ... Die Meinungen, die ich mir gebildet habe, und die Folgerungen, zu denen ich gekommen bin, sind nicht endgültig. Vielleicht verändere ich sie morgen schon. Ich habe der Welt nichts Neues zu lehren. Wahrheit und Gewaltfreiheit sind so alt wie die Berge. Alles, was ich getan habe, ist, daß ich versuchte, in beiden Experimente auf einer möglichst breiten Basis durchzuführen. Dabei habe ich mich manchmal geirrt, und ich habe von meinen Fehlern gelernt.«

In der Tat, Gandhi hinterließ keine Lehre, er hinterließ das Beispiel seines Lebens. *Sein Leben ist seine Lehre.*

Ossip K. Flechtheim

Karl Liebknecht (1871–1919)

Man mag darüber streiten, ob Karl Liebknecht als Pazifist zu klassifizieren ist. Schließlich hat er militärische Gewaltanwendung nicht total und absolut verworfen. Ein »Liebhaber des Friedens« war er aber doch wohl – der Friede stellte für ihn einen der höchsten Werte dar, und er lebte und starb für eine Welt des ewigen Friedens. Was immer man gegen seine Politik einwenden kann, der Friede war für ihn alles andere als ein Lippenbekenntnis oder eine bloße Ideologie.

Bevor ich das näher zu begründen suche, zunächst ein paar Worte über den Menschen, Politiker und Theoretiker. Immer wieder werden Karl Liebknecht und Rosa Luxemburg im selben Atemzug genannt – als radikale Internationalisten, als revolutionäre Marxisten und als die Begründer der KPD. In der Tat haben sich ihre Lebenspfade des öfteren gekreuzt und sind die beiden auch ein Stück Weges miteinander gegangen – ja ihre Lebensspanne umfaßt genau den gleichen Zeitraum von 1871, der Gründung des Deutschen Reiches, bis 1919, der Errichtung der Weimarer Republik. Ihren Tod gefunden haben sie sogar am gleichen Tage von der Hand der gleichen Mörder. Dennoch wäre es falsch, die beträchtlichen Unterschiede in der Tätigkeit und im Charakter dieser beiden großen Nonkonformisten zu übersehen. Die Sozialökonomin Rosa Luxemburg blieb zeit ihres Lebens viel stärker als Liebknecht Testamentsvollstreckerin des theoretischen Werkes von Marx und Sprecherin der marxistischen Linken, wobei ihr stets etwas von der Abstraktheit der Systematikerin anhaftete. Der Jurist Liebknecht war hingegen vor allem Parlamentarier und Organisator, eigenwilliger sozialphilosophischer Essayist und schließlich ein Visionär von prophetischer Kraft.

Kam die aus einer jüdischen Familie in Polen stammende Rosa Luxemburg als Achtundzwanzigjährige nach Deutschland, so wurde der aus einer alten Familie lutherischer Pfarrer am 13. August 1871 in Leipzig als Sohn des Achtundvierzigers und Mitbegründers der Sozialdemokratischen Partei Wilhelm Liebknecht zur Welt gekommene, in zweiter Ehe mit einer Russin verheiratete Karl sozusagen in die deutsche Arbeiterbewegung hineingeboren, um freilich schon bald zum Weltbürger zu werden.

1899 eröffnete Karl Liebknecht gemeinsam mit seinem älteren Bruder Theodor ein Rechtsanwaltsbüro in Berlin: »Es war das zweitgrößte von den etwa tausend, die es in Berlin gab. Karl Liebknecht übernahm die Verteidigung in kriminellen Verfahren, aber hauptsächlich in politischen Prozessen ... Für jeden Gestrauchelten hatte er ein gutes und belehrendes Wort. Die Höhe des Honorars für die Verteidigung war nicht das wichtigste, sondern die Sorge um die Menschen, die sich ihm anvertrauten.« – So seine Stenotypistin Martha Nothnagel.

1902 wurde Liebknecht Stadtverordneter, 1907 Mitglied des Preußischen Abgeordnetenhauses, 1912 des Reichstags. Als einer der Führer des linken Flügels setzte er sich leidenschaftlich gegen den Immobilismus und Fatalismus der Parteibürokratie, für den Massenstreik, für die antimilitaristische Erziehung der Jugend, für den Kampf gegen die Kirche ein. Seine Verteidigung russischer Revolutionäre vor einem deutschen Gericht 1904, seine 1907 veröffentlichte Schrift ›Militarismus und Antimilitarismus‹, die ihm anderthalb Jahre Festungshaft einbrachte, seine Enthüllungen der Kriegsmachenschaften und Bestechungsaffären von Krupp und anderen Firmen der Rüstungsinternationale 1913 im Reichstag machten ihn auch im Ausland bekannt. Er betätigte sich aktiv in der Zweiten Internationale – zusammen mit L. Frank und H. de Man begründete er zudem 1907 die Sozialistische Jugendinternationale. Obwohl der Weltkrieg für ihn von vornherein »einen von der deutschen und österreichischen Kriegspartei gemeinsam im Dunkel des Halbabsolutismus und der Geheimdiplomatie hervorgerufenen Präventivkrieg« darstellte, stimmte er noch am 4. August 1914 aus Fraktionsdisziplin für die Kriegskredite. Als erster und einziger lehnte er sie dann aber am 2. Dezember 1914 ab. Schon im Februar 1915 wurde er als Armierungssoldat eingezogen – er, der eine Waffe zu tragen ablehnte, erlebte nun zusammen mit den einfachen Soldaten alle Schrecken des Krieges an der West- und Ostfront. Durch die Einberufung unterstand er nun der Militärgesetzgebung, die ihm jede politische Tätigkeit untersagte. Nur für die Sitzungen des Parlaments wurde er beurlaubt.

Am 12. Januar 1916 aber schloß ihn die sozialdemokratische Reichstagsfraktion mit 60:25 Stimmen aus, und am 1. Mai 1916 demonstrierte er auf dem Potsdamer Platz gegen den Krieg. Wegen Hochverrat wurde er deshalb schließlich zu vier Jahren und einem Monat Zuchthaus verurteilt. Selten hat wohl ein Angeklagter die Rollen so zu vertauschen gewußt wie Liebknecht in der Verhandlung am 25. August 1916. Zum Anklagevertreter gewandt: »›Zuchthaus!‹ – ›Verlust der Ehrenrechte!‹ Nun wohl! Ihre Ehre ist nicht meine Ehre! Aber ich sage Ihnen: Kein General trug eine Uniform mit so viel Ehre, wie ich den Zuchthauskittel tragen werde. Ich bin hier, um anzuklagen, nicht um mich zu verteidigen! Nicht Burgfrieden, sondern Burgkrieg ist für mich die Losung! – Nieder mit dem Krieg! Nieder mit der Regierung!«

In dem Maße, in dem Liebknecht den totalen Klassenkampf gegen den Krieg und die eigene Regierung forcierte, geriet er in immer schärferen Gegensatz nicht nur zum konservativ-nationalistischen Parteivorstand, sondern auch zur pazifistischen Politik all jener »Zentristen«, die sich 1917 in der USPD zusammenfanden. Statt dessen näherte er sich immer stärker den Bolschewiki an.

Nach seiner Freilassung am 23. Oktober 1918 konzentrierte er sich ganz auf die Agitation für den Sturz der Monarchie. Am 9. November konnte er endlich vom Balkon des Berliner Schlosses die Sozialistische Republik proklamieren. Nur im Kampf gegen die Ebert-Scheidemann-Regierung und im Bündnis mit der russischen Revolution glaubte er die bürgerliche Revolution zur sozialistischen weitertreiben zu können. Diesem Zweck sollte auch die Gründung der KPD (Spartakus-Bund) am 30. Dezember 1918 dienen. Bereits am 15. Januar 1919 wurde Liebknecht aber ebenso wie Rosa Luxemburg brutal ermordet.

Liebknecht war ein ungewöhnlich vielschichtiger und differenzierter Mensch, durch und durch musisch, mit einer echten Beziehung zur Poesie und Musik, Liebling der Frauen und aufopfernder Familienvater, voller Lebenslust und rastloser Energie, mutig bis zur Selbstaufgabe, rücksichtslos gegen sich, aber auch gegen alle anderen. Gerade der lautere Idealismus des unermüdlichen Rufers und Mahners gegen seine Zeit sollte schließlich tragischerweise in den extremsten Doktrinarismus und Illusionismus umschlagen.

Trotz dieser Illusionen hat Liebknecht die meiste Zeit seines Wirkens mit Umsicht, Einsicht und Voraussicht ebenso diszipliniert um die Revolutionierung der Sozialdemokratie gerungen wie um die Demokratisierung Preußens und Deutschlands. Der Radikale und Revolutionär war zugleich Reformer und Nonkonformist im besten Sinne des Wortes, wie er auch als konsequenter Klassenkämpfer alles andere als ein blinder Bewunderer von Gewalt und Terror war. Wer wird nicht an die

Theorie und Praxis der gewaltfreien Aktion erinnert, wenn er in einer Rede Liebknechts vom 20. September 1904 auf dem Bremer Parteitag der SPD liest, die berühmten Hungerstreiks in Rußland beruhten auf dem Gedanken, »durch Gefährdung des eigenen Lebens einen Zwang auf die regierenden Gewalten auszuüben. Diese Streiks sind ein Beispiel dafür, wie durch Imponderabilien, durch Furcht vor Skandalen, durch Erweckung menschlicher Empfindungen doch ein Eindruck erzielt werden kann.« Der Kampf gegen den Krieg wie gegen den Militarismus war für einen Liebknecht niemals reine Strategie und Taktik zur Vorbereitung der Machtübernahme, er war und blieb stets auch ein Stück vorweggenommener Humanität.

Schließlich war aber Liebknecht auch alles andere als reiner Praktiker und Massenagitator. In seinen Fragment gebliebenen ›Studien über die Bewegungsgesetze der gesellschaftlichen Entwicklung‹ finden wir die Kernpunkte von Liebknechts gerade heute wieder erstaunlich aktueller Natur- und Gesellschaftsphilosophie, die unter anderem auch von Plotin, Cusanus, Bruno, Spinoza, Leibniz, Goethe beeinflußt ist. Ganz anders als für die meisten Marxisten seiner Epoche reduzierte sich für Liebknecht das gesellschaftliche Geschehen nicht auf das Walten unabänderlicher historischer Gesetze oder die geradlinige Aufeinanderfolge großer sozio-ökonomischer Strukturen. Deutlich erkennt Liebknecht den Überschußcharakter allen menschlichen Lebens. Überall sieht er Zusammenhänge, Wechselwirkungen und Dissonanzen.

Das Kennwort lautet: Steigerung der sozialen, aber auch der natürlichen Solidarität. Hier finden sich bei Liebknecht Ideen, die gerade heute wieder viel diskutiert werden. Die Steigerung der Technik verringere das Bedürfnis nach störenden und vernichtenden Eingriffen in die natürliche Umwelt. Die Überschußsphäre wächst so an, daß ein solidarisches Verhältnis des Menschen zur Natur – »eine Tendenz, in Wald und Busch und Feld ›Brüder‹ zu erkennen« – unabdingbar, aber auch möglich wird. Als Bruder der Tier- und Pflanzenwelt wird sich die neue Menschheit fühlen und wissen. Die Natur zu lieben und zu erhalten – auch das wird zum Kern des »tausendjährigen Reiches« gehören. »Ein gewaltiger Baum, die wahre Weltesche der Eddamythe« wird mit seinen Wipfeln »die Menschheit beschatten und beschirmen ... Der Sozialismus aber – die soziale Bewegung des Proletariats – ist die Entstehungs- und Kampfform dieses neuen allumspannenden Humanismus.«

Bereits 1907 hatte Liebknecht prophezeit: »Die Beseitigung der Konfliktmöglichkeiten hieße vor allem Beseitigung der Expansionspolitik, die, wie an anderer Stelle erwähnt, in einer Vertrustung des Erdballs unter die Großmächte möglicherweise dereinst ihren natürlichen Abschluß finden wird; es hieße auch, was jedoch letzten Endes das nämliche wäre: Schaffung eines Weltbundesstaates. Das ist aber vorläufig romantische Zukunftsmusik; alle Wahrscheinlichkeit spricht dafür, daß die Weltpolitik diesen ihren ›Beharrungszustand‹ nicht erreichen wird, bevor das Proletariat sein Endziel verwirklicht und seine Weltpolitik an Stelle der kapitalistischen gesetzt haben wird.«

Der Weltkrieg, schreibt er im Juli 1918, habe gezeigt, daß die Erde einen einzigen Kriegsschauplatz bildet. Dabei handelt es sich um »die Emanzipation der menschlichen Wirksamkeit, erstens, vom Hindernis der räumlichen Gebundenheit, der Entfernungsgebundenheit; zweitens, vom Hindernis der qualitativen Gebundenheit, der Richtungs- oder Formgebundenheit; beides durch Reichtum, Produktionskraft, Technik und Menschenbildung.

Die Menschheit ist wirtschaftlich und militärisch, kriegspolitisch und strategisch zur Einheit geworden. Wenn auch erst zur Einheit der Selbstzerfleischung, zur sich selbst zerfleischenden Einheit des Gegensatzes. Schon bereitet sich die sozialistische Aufhebung dieses Gegensatzes vor. Die Einheit der Selbstzerfleischung wird zur Einheit der Harmonie und des Friedens.«

Andererseits sieht Liebknecht doch auch wieder die Gefahr des Versagens des internationalen Proletariats: »Aber es ist in allen kriegführenden Ländern grauenhaft geschwächt – physisch und moralisch; die besitzenden Klassen der siegreichen Länder sind gewaltig gestärkt – politisch und wirtschaftlich. Die meisten Führer und ein großer Teil der arbeitenden Massen in den siegreichen Ländern bis ins Mark korrumpiert, betäubt, desorganisiert oder entmutigt; in den besiegten Ländern bis zur Raserei chauvinisiert oder verzweifelt; die besitzenden Klassen selbstbewußter und zielklarer als je. Das Proletariat aktionsunfähiger, die besitzenden Klassen aktionsfähiger als je. Die internationale Solidarität gewaltig gehemmt – die Völkerverhetzung gewaltig erleichtert, ja zum chronischen Zustand erhoben. Der Imperialismus triumphierend, der Sozialismus diskreditiert ...« An anderer Stelle heißt es: »Die Wahl, die Entscheidung, vor der das Proletariat heute steht, ist nicht soziale Revolution oder Fortsetzung dieses Krieges, sondern soziale Revolution oder

Fortsetzung dieses Krieges und daran anschließend eine ganze Periode weiterer Weltkriege, deren Konturen sich heute bereits am Horizont abzuzeichnen beginnen – hinter dem Dampf des jetzigen Blutmeeres und dem Qualm der europäischen Verwüstung. In diesem heranbrausenden Malstrom wird die Internationale des Sozialismus kein rettendes Eiland bilden ...«

Kaum weniger bemerkenswert als dieser Ausblick in die Welt von morgen sind die Reden Karl Liebknechts aus der Zeit vor 1914. Von dem Parlamentarier jener Tage, vielleicht einem der größten revolutionären Parlamentsredner seiner Epoche, geht auch heute noch eine eigenartige Faszination aus. Seine Reden zeigen, was ein Mann von Charakter und Geist, wenn ein solcher sich einmal in die Politik verirrt hat, sogar ganz allein zu leisten vermag. Leider verdeutlichen sie auch, wie langsam der Fortschritt der Menschheit in diesen Jahrzehnten ungeheurer Umwälzungen gewesen ist.

Nur mit einer gewissen Wehmut kann man der Zeiten gedenken, da es einem Liebknecht im Reichstag des Kaiserreiches, paradoxerweise aber auch insbesondere im preußischen Abgeordnetenhaus des Dreiklassenwahlrechtes möglich war, ohne jede Redezeitbegrenzung seine großen Anklagen gegen die Institutionen preußisch-deutscher Obrigkeitskultur und die Praktiken feudal-kapitalistischer Klassengesellschaft zu erheben – Reden gegen das Dreiklassenwahlrecht, für die politische Freiheit der Studenten und der Wissenschaft, gegen die Universitäten als Drillanstalten, gegen die Polizeimethoden an den Hoftheatern, gegen die Verfolgung der Jugendbewegung, gegen die militaristische und monarchistische Jugenderziehung und für die Koedukation, gegen die Maßregelungen von polnischen Lehrern und Beamten, gegen den unsozialen Geist im Gerichtskostenwesen, gegen die preußische Klassenjustiz und Polizeiwillkür, gegen die Konkurrenz der Gefangenenarbeit und für den sozialen Strafvollzug, gegen die Gesindeordnung, gegen das konterrevolutionäre Pressegesetz, für die Trennung von Staat und Kirche, für eine fortschrittliche Kommunalpolitik, gegen die Rechtlosigkeit ausländischer Arbeiter, gegen den Wahlterror und gegen die Gewalt gegen streikende Bergarbeiter, für Naturschutz und Gemeineigentum an Wasserläufen, für die Kleinwinzer, Forstarbeiter und Bäckereiarbeiter, gegen die Internationale des Rüstungskapitals.

Doch am größten war der Redner Liebknecht im Weltkrieg. Ganz auf sich gestellt, benutzte er nun im Reichstag das Mittel der »Kleinen Anfrage« dazu, um die Kriegspolitik der Regierung und ihrer Erfüllungsgehilfen schonungslos zu enthüllen und zu geißeln. Am 20. August 1915 stellte Liebknecht seine erste Kleine Anfrage an den Reichskanzler, der tags zuvor in seinem Lagebericht erneut von Friedensbereitschaft und Vaterlandsverteidigung gesprochen hatte. Liebknecht fragte ihn, ob die Regierung bereit sei, bei Bereitschaft der anderen kriegführenden Mächte und unter Verzicht auf Annexionen jeder Art sofort Friedensverhandlungen aufzunehmen. Der Regierungssprecher erklärte darauf, es sei »zur Zeit unzweckmäßig«, auf diese Frage zu antworten.

Am 3. und 16. März 1916 hielt Karl Liebknecht zwei bedeutsame politische Reden im preußischen Abgeordnetenhaus. Am 3. März wandte er sich gegen die Rolle der Justiz im Dienste des Militarismus, am 16. März gegen den Mißbrauch des Erziehungswesens, insbesondere der Volksschulen, für den Krieg. Diese Rede beendete Liebknecht mit der Aufforderung an die Arbeiterklasse aller Länder: »Ans Werk! Sowohl die in den Schützengräben wie die im Lande – sie sollen die Waffen senken und sich gegen den gemeinsamen Feind kehren, der ihnen Licht und Luft nimmt«, worauf ihm das Wort entzogen wurde. Am 22. März konnte er noch im Reichstag dagegen protestieren, daß der verschärfte U-Boot-Krieg nicht öffentlich behandelt werden durfte. Als sich Karl Liebknecht am 8. April 1916 im Reichstag gegen die »Volksanleihen« wandte, störten ihn die »patriotischen« Abgeordneten ständig; schließlich hinderten sie ihn gewaltsam am Weitersprechen. Ein Abgeordneter entriß ihm die Redeunterlagen und verstreute sie um das Rednerpult. Der Reichtstagspräsident nutzte diesen Zwischenfall, um Liebknecht das Wort zu entziehen und ihn aus der Sitzung auszuschließen. Die gewaltsam abgebrochene Reichstagsrede vom 8. April 1916 war sein letztes Auftreten im Parlament vor seiner Verhaftung am 1. Mai – niemand konnte damals ahnen, daß es überhaupt Liebknechts letzte Parlamentsrede sein sollte.

Die Kriegspolitik der SPD war natürlich für Liebknecht ein unvorstellbarer Schlag – politisch wie persönlich. Daß eine Partei, die angetreten war, der Freiheit, Gleichheit und Brüderlichkeit überall in der Welt zum Siege zu verhelfen, der Selbstzerfleischung der Menschheit zustimmen konnte, war für den Humanisten und Weltbürger Liebknecht einfach unfaßbar. Angesichts des »Patriotismus« der reformistischen Führer und Funktionäre begann er, das Humane zu verdrängen, um immer mehr dem Haß gegen die »Durchhaltepolitiker« aller Parteien zu erliegen – einem Haß, der ihn selbst blind machen und schließlich in die totale Isolierung treiben sollte. Die Halbheit der Novemberrevolution und die Unwilligkeit der sozialdemokratischen Führer, den Rahmen einer bürgerlichen Republik zu sprengen, verhundertfachten sein Mißtrauen. War Liebknecht klug genug, um die verhängnisvollen Auswirkungen des Paktes Eberts mit Groener, des Kompromisses der Gewerkschaftsführer mit den Unternehmern zu erkennen, so war er doch nicht weise und überlegen genug, um die politische Unreife des Volkes und die Ungunst der internationalen Lage kühl kalkulierend und realistisch in seine Rechnung einzubeziehen. Da sah ein Kurt Eisner weiter. Aber auch ihm gelang es nicht, Liebknecht umzustimmen und etwa zum Eintritt in den Rat der Volksbeauftragten zu bewegen. Anders als Rosa Luxemburg drängte Liebknecht sogar auf die Abspaltung des Spartakus-Bundes von der USPD, plädierte er für die Bezeichnung Kommunistische statt Sozialistische Partei. Zwar trat er mit Rosa Luxemburg für die Beteiligung der neuen Partei an den Wahlen zur Nationalversammlung ein, näherte sich in der Frage des Terrors aber Lenin an. Das Proletariat wünsche und brauche zwar keinen Terror. Wir haben aber zu gewärtigen, »daß die herrschenden Klassen mit Zähnen und Nägeln ihre Machtstellungen verteidigen und daß die Aufgabe des Proletariats ist, diesen Widerstand der herrschenden Klassen und alle gegenrevolutionären Versuche mit aller Rücksichtslosigkeit, mit eiserner Faust niederzuwerfen«.

Angesichts der Niederlage der aufständischen Revolutionäre in der »blutigen Januarwoche« verkündete Liebknecht schließlich in seinem letzten Beitrag in der ›Roten Fahne‹ mit der Kraft eines alttestamentlichen Propheten den Anbruch eines neuen Tages, eines Tages des Sieges – und der Rache: »Spartakus niedergerungen! O gemach! Wir sind nicht geflohen, wir sind nicht geschlagen. Und wenn sie uns in Bande werfen – wir sind da, und wir bleiben da! Und der Sieg wird unser sein. Unter dem Dröhnen des heranrollenden wirtschaftlichen Zusammenbruchs werden die noch schlafenden Scharen der Proletarier erwachen wie von den Posaunen des Jüngsten Gerichts, und die Leichen der hingemordeten Kämpfer werden auferstehen und Rechenschaft heischen von den Fluchbeladenen. Heute noch das unterirdische Grollen des Vulkans – morgen wird er ausbrechen und sie alle in glühender Asche und Lavaströmen begraben. Denn Spartakus – das heißt Feuer und Geist, das heißt

Seele und Herz, das heißt Wille und Tat der Revolution des Proletariats. Und Spartakus – das heißt alle Not und Glückssehnsucht, alle Kampfentschlossenheit des klassenbewußten Proletariats. Denn Spartakus, das heißt Sozialismus und Weltrevolution!«

Der Tod von Karl Liebknecht hatte wie der von Rosa Luxemburg eine tragische Wirkung. Er schwächte die demokratisch-sozialistischen Kräfte in der deutschen Arbeiterbewegung und trug so zum Sieg der bolschewistischen Elemente bei. Die »Bolschewisierung« der KPD aber begünstigte ihrerseits den Sieg des Nationalsozialismus. Preußen und das Deutsche Reich haben Liebknecht nur um ein Vierteljahrhundert überlebt – aber die beiden Deutschland von heute enthalten noch so viel preußische Erbmasse, daß Liebknecht wohl beiden den Kampf ansagen würde. War er vor 1914 viel zu sehr praktischer Politiker gewesen, um nicht den Unterschied zwischen einem noch so unvollkommenen demokratischen Parlamentarismus (wie dem englischen von 1914) und einem konstitutionellen Halbabsolutismus (wie dem preußisch-deutschen) zu sehen, so verdrängte angesichts der Weltkatastrophe zusehends der prophetische Visionär den Politiker. So mögen sich heute die Anhänger totaler gewaltsamer Revolutionen wie die Verteidiger permanenter gewaltfreier Strukturreform mit mehr oder weniger Recht auf ihn berufen. Darüber hinaus wird aber der todesmutige Kämpfer gegen den Krieg überall dort fortleben, wo Menschen zum Massenmord gedrillt und als Menschenmaterial gemordet werden.

Roger Williamson

Bertrand Russell (1872–1970)*

Wie konnte es geschehen, daß der berühmteste britische Denker dieses Jahrhunderts zweimal im Gefängnis saß? Daß ein Aristokrat, ein »Earl«, sich an Massendemonstrationen beteiligte? Daß ein Mathematiker und Philosoph seine letzten Lebensjahre damit verbrachte, amerikanische Kriegsverbrechen in Vietnam zu verurteilen? Eine bündige Antwort auf diese und mehrere andere Fragen soll der folgende Überblick über Bertrand Russells Einsatz für den Frieden geben, der sich über mehr als ein halbes Jahrhundert erstreckte.

Russells Großvater, auf dessen Wohnsitz Bertrand aufwuchs, war Lord John Russell, ein großer englischer Premierminister und aristokratischer Reformer. Lord John schrieb über seinen Vorfahren, Lord William Russell, der im siebzehnten Jahrhundert hingerichtet wurde: »Er war nicht bloß ein Liebhaber der Freiheit, sondern der englischen Freiheit.«

Bertrand äußerte über denselben Vorfahren, daß er an einer ungewöhnlichen Krankheit gestorben sei, nämlich am Verlust seines Kopfes, und nur dies habe ihn daran gehindert, ein hohes Alter zu erreichen – wie die meisten Russells. Auch Bertrand war ein »Liebhaber der englischen Freiheit«; aber er durfte seinen Kopf behalten und erreichte ein sehr hohes Alter. 1872 geboren, starb er erst im Jahre 1970.

Seine Eltern starben, als er erst vier Jahre alt war, und so kam er in die Obhut seiner betagten Großeltern, des ehemaligen Premierministers und seiner Frau. Einer der Lieblingssprüche seiner gestrengen und gottesfürchtigen Großmutter war das biblische Gebot: »Du sollst der Menge nicht auf dem Weg zum Bösen folgen« (2. Mose 23,2a). Während er den christlichen Glauben seiner Großmutter bald hinter sich ließ, hielt er diesem Grundsatz in seinem späteren Leben doch die Treue. Mochte es ihn auch seine Karriere, seinen Ruf oder seine Freiheit kosten, an seiner Unabhängigkeit hielt er unbeirrbar fest. In Cambridge absolvierte er mit Auszeichnung das Studium der Mathematik und wandte sich der Philosophie zu. 1894 ehelichte er die erste seiner vier Frauen, Alys, die aus

* Aus dem Englischen von Susanne Schaup.

einer reichen Quäkerfamilie stammte. Er war glänzend begabt und vermögend.

Während seines Aufenthalts in Berlin im Jahre 1895 faßte er den Entschluß, zwei Serien von Büchern zu schreiben – eine über die Philosophie der Naturwissenschaften und die zweite über politische und soziale Fragen. 1896 veröffentlichte er das erste seiner mehr als siebzig Bücher – über die Sozialdemokratische Partei in Deutschland. 1907 kandidierte er in den Parlamentswahlen und stellte den ersten seiner unpopulären Anträge: auf das Wahlrecht für Frauen. 1914 war er ein bedeutender Philosoph an der Universität Cambridge; zu seinen Schülern zählte Ludwig Wittgenstein. Außerdem war er eine wohlbekannte Erscheinung in dem literarischen Zirkel seiner Geliebten, Lady Ottoline Morrell.

Russell datiert den Beginn seiner bewußten Teilnahme am Leiden der Menschheit mit einem Tag im Jahre 1901, als er bei der Frau des amerikanischen Philosophen Alfred North Whitehead war, mit dem Russell an seinem Magnum opus, den ›Principia Mathematica‹, arbeitete. Sie hatte einen schweren Herzanfall und litt große Qualen. Beim Anblick ihres Leidens erwachte in ihm sein tiefes Mitgefühl für den Mitmenschen, das ihn nah zum Pazifismus führte. Als der Erste Weltkrieg ausbrach, setzte er sich dafür ein, daß Britannien neutral bleiben sollte. 1915 betrieb er aktive Antikriegspropaganda im Dienst einer Organisation, die gegen die Einberufung opponierte. Schon damals erwog die englische Regierung, ihn zu verhaften. Doch ein hoher Beamter riet mit der Begründung ab, daß er sich »geschickt verteidigen und die Sache an die große Glocke hängen würde«. Die Regierung hätte gut daran getan, diesen Rat zu befolgen; aber Russell war so prominent, daß sie es sich nicht leisten konnte, ihn zu ignorieren. 1916 verfaßte er eine Streitschrift über den Fall eines jungen Kriegsdienstverweigerers. Er wurde zu einer Geldstrafe von hundert Pfund verurteilt, weigerte sich jedoch, sie zu bezahlen. Darauf setzte sein College in Cambridge ihn vor die Tür. Doch dieses Mal sollte es ihm und der Regierung nicht gelingen, ihn hinter Gitter zu bringen, da Freunde von ihm die Strafe bezahlten. Die Regierung verweigerte ihm dann einen Reisepaß, so daß er die Einladung, noch einmal in Harvard Vorlesungen zu halten, nicht annehmen konnte.

1918 kam er aufgrund abfälliger Äußerungen über die Amerikaner, die im Ersten Weltkrieg Alliierte der Briten waren, ins Gefängnis. Seine sechs Monate dauernde Haft war mit erheblichen Entbehrungen verbunden; doch durch die Intervention des Premierministers war es ihm gestattet, Bücher zu empfangen und seine schriftstellerische Arbeit fortzusetzen.

Russells Haltung um diese Zeit war, strenggenommen, noch nicht eigentlich pazifistisch. Aber er nahm aktiv gegen den Krieg Stellung und stand damit auf der Seite einer verschwindend kleinen Minderheit. Er äußerte später: »Ich vertrat damals und vertrete auch heute noch die Ansicht, daß es zwar Kriege gegeben hat, die gerechtfertigt waren (zum Beispiel der amerikanische Bürgerkrieg), doch der Erste Weltkrieg war es nicht.«

Zwischen den Kriegen besuchte Russell Rußland und China und veröffentlichte, wie es ihm entsprach, ein Buch über beide Länder. Er und seine zweite Frau gründeten eine bahnbrechende anti-autoritäre Schule, die jedoch finanziellen Schiffbruch erlitt. Sein Buch ›Ehe und Moral‹ rief sowohl Interesse als auch feindselige Reaktionen hervor, insbesondere in Amerika, wo er die Vorträge hielt, auf denen das Buch basiert.

Nach dem Blutbad des Ersten Weltkriegs hatten viele Menschen einen Abscheu gegen die Massaker des Krieges. Der Einfluß Russells hatte Siegfried Sassoon, einen Antikriegsdichter, 1917 bewogen, gegen den Krieg Stellung zu nehmen. Andere Dichter taten das gleiche. In den zwanziger und dreißiger Jahren entwickelte sich eine starke pazifistische Bewegung, und viele andere setzten ihre Hoffnungen auf den Völkerbund.

Ab 1933 war man sich immer mehr der Bedrohung durch Nazideutschland bewußt. Die Wolken am politischen Himmel zogen sich zusammen. Im Jahre 1936 hatte der spanische Bürgerkrieg zu einer Krise der Linken geführt. Pazifismus und Gerechtigkeitssinn ließen sich offenbar nicht mehr miteinander vereinbaren. In diesem Jahr schrieb Russell ›Which Way to Peace?‹ (›Wie erlangen wir den Frieden?‹) und machte geltend, daß eine Unterwerfung unter die Deutschen weniger schlimm wäre als die Auswirkungen massiver Bombenangriffe. Er blieb bei dieser Ansicht sogar noch nach dem Münchner Pakt und der deutschen Invasion in der Tschechoslowakei. Erst 1940 änderte er seine Meinung. Im Jahre 1944 kehrte er aus den Vereinigten Staaten nach England zurück.

Nach dem Zweiten Weltkrieg begegnet uns im Denken Russells eine seltsame Verirrung. Er sah nämlich in der Tatsache, daß die Amerikaner über die Atombombe verfügten, einen ausgesprochenen Vorteil. Ja er hielt sogar einen Atomkrieg gegen das stalinistische Rußland für vertretbar – oder meinte, daß die

Russen sich unter der Drohung der amerikanischen Bombe einer Weltregierung in irgendeiner Form beugen würden – eine merkwürdige Position für einen Menschen, der heute das weltweite Ansehen eines Vorkämpfers für den Frieden genießt.

Wie ist das zu erklären? Vielleicht gibt uns der folgende Zusammenhang einen Hinweis. Russell verabscheute jede autoritäre Dogmatik, und bereits im Jahre 1920 erkannte er sehr wohl die autoritäre Tendenz des sowjetischen Kommunismus, als er die Sowjetunion bereiste und ›The Theory and Practice of Bolshevism‹ (›Die Theorie und Praxis des Bolschewismus‹) schrieb. Er betrachtete sowohl Hitler als auch Stalin als totalitäre Diktatoren. Unter Stalin erfüllte sich der im Sowjetkommunismus logisch verankerte Totalitarismus. Russell faßte seine Stellungnahme folgendermaßen zusammen: »Meinerseits würde ich das ganze Chaos und die gesamte Zerstörung durch einen mit der Atombombe geführten Krieg der Universalherrschaft einer Regierung vorziehen, die wie das Naziregime Merkmale des Bösen hat.«

Zu diesem Zeitpunkt scheint er die Atombombe lediglich für eine wirksame konventionelle Waffe gehalten zu haben. Im Unterschied zu vielen Wissenschaftlern, die an der Bombe arbeiteten, hatte er ihre verheerende Wirkung nicht erkannt. In seinem Buch ›Heller als tausend Sonnen‹ schildert Robert Jungk dieses frühe Wissen der Atomforscher.

Trotzdem hörte Russell nicht auf, zu lernen und sich weiterzuentwickeln. 1949 führten die Russen ihren ersten Atomwaffentestversuch durch. Russell war sich im klaren darüber, daß das Gleichgewicht der Weltmächte dadurch völlig verändert wurde und daß seine frühere Position äußerst gefährlich war. Während er 1948 noch die Ansicht vetreten hatte, daß der Kommunismus ausgerottet und eine Weltregierung eingesetzt werden müsse, erkannte er um 1950, daß nukleare Waffen eine ernste Gefahr für das Überleben der Menschheit darstellten.

Während der letzten zwanzig Jahre seines Lebens widmete er sich ganz dem Kampf für den Frieden. Er war jetzt restlos überzeugt von der Möglichkeit, daß die Menschheit sich selbst zerstören könnte. Im Jahre 1954 gründete er zusammen mit Albert Einstein die Pugwash-Bewegung, die erste Organisation, in der diese Fragen, über die Kluft von West und Ost hinweg, von Wissenschaftlern diskutiert werden konnten. Doch bald mußte er einsehen, daß solche Diskussionen in der politischen Realität des kalten Krieges keine Veränderungen bewirken konnten.

Ende der fünfziger Jahre wurde er einer der Begründer der »Kampagne für nukleare Abrüstung« und fungierte als ihr erster Präsident. Zum zweiten Mal sah die britische Regierung sich mit einer Massenbewegung konfrontiert, die eine unilaterale nukleare Abrüstung Englands forderte. Die Friedensmärsche zu Ostern sollten bald zu einem Ereignis ersten Ranges werden; doch Russell wollte konkrete Ergebnisse dieser Bemühungen sehen. Er beteiligte sich an der Gründung des »Komitees der Hundert« im Jahre 1960, das zu »bürgerlichem Ungehorsam« als Protest gegen die Atomwaffen aufrief. Das Komitee organisierte Sitzstreiks vor dem Verteidigungsministerium.

1961 kam er nochmals ins Gefängnis aufgrund der Anklage, daß er die Öffentlichkeit zu bürgerlichem Ungehorsam aufgewiegelt und damit gegen ein Gesetz vom Jahre 1361 verstoßen habe. Dieses Vorgehen der Behörden, das einen fast neunzigjährigen Mann hinter Gitter brachte, trug Russell viel öffentliche Sympathie ein, obgleich er sich nur eine Woche im Gefängnis aufhielt.

Die Bewegung entwickelte sich nicht zu einer Massenbewegung des Ungehorsams gegen den Staat. Sie war außerdem durch persönliche Konflikte gespalten und verlor viel von ihrer ursprünglichen Stoßkraft. Erst in den letzten Jahren konnte sie ihren früheren Einfluß wiedergewinnen.

Russell änderte seine Taktik noch ein weiteres Mal. Während der Kubakrise von 1962 hielt die Welt den Atem an; denn es schien, als ob Rußland und Amerika am Rande eines Atomkriegs stünden. Russell schaltete sich sofort ein, indem er Telegramme an Kennedy, an Chruschtschow und an den Generalsekretär der Vereinten Nationen sandte. Darin lag an sich nichts Überraschendes. Doch daß Chruschtschow innerhalb von achtundvierzig Stunden höchstpersönlich über Radio Moskau darauf antwortete, markierte einen Höhepunkt von Russells Einfluß. Russell selbst, skeptisch wie immer, war nicht überzeugt, daß seine Intervention dazu beigetragen hatte, den Ausbruch eines Krieges zu verhindern. Aber er betrachtete Chruschtschows Antwort als eine Rechtfertigung seiner Taktik. Diese bestand darin, daß er in Sachen des Friedens mit Staatsoberhäuptern Verbindung aufnahm und die Öffentlichkeit informierte. In diesem Stil ging er auch vor, als er während der Grenzstreitigkeiten zwischen Indien und China intervenierte und eine langwierige Korrespondenz mit der indischen Regierung führte. Er wirkte außerdem im britischen Ausschuß zur

Aufklärung des Attentats an John F. Kennedy mit und stellte viele peinliche Fragen bezüglich der unglaubwürdigen offiziellen Version vom Hergang des Mordes.

In seinen letzten Lebensjahren kämpfte Russell für zwei weitere Anliegen: Er protestierte gegen den Krieg in Vietnam und warf das Problem der politischen Gefangenen in der ganzen Welt auf. Er bemühte sich um die Freilassung politischer Gefangener in vielen Ländern und gab sogar die ihm verliehene Carl-von-Ossietzky-Friedensmedaille an die Regierung der Deutschen Demokratischen Republik zurück, aus Protest gegen die Inhaftierung von Heinz Brandt, einem Gewerkschaftsfunktionär, der früher einmal von den Nazis eingesperrt war. Besonders aktiv trat er außerdem gegen die griechische Junta ein.

Zusammen mit Jean-Paul Sartre und anderen führte Russell den Vorsitz im Vietnam-Tribunal zur Verurteilung der im Vietnamkrieg begangenen amerikanischen Kriegsverbrechen. Damit machte er sich in den Kreisen des Establishments unbeliebt, obwohl zahlreiche Anklagen durch die Untersuchungen des Tribunals in der Folge durch unabhängige Zeugenaussagen bestätigt wurden. Russell zerriß öffentlich seine Mitgliedskarte der Labour-Partei, um damit gegen die kritiklose Unterstützung der amerikanischen Vietnampolitik durch die Regierung Wilson zu protestieren.

Im hohen Alter gründete er noch die Bertrand-Russell-Friedensstiftung und stellte ein fähiges und tüchtiges Team zusammen, das die Arbeit weiterführen sollte. Beinahe seine letzte Tat im Jahre 1970 bestand in dem Diktat einer Erklärung, in der er die Bombenangriffe Israels auf Ägypten verurteilte. Er äußerte darin: »Die Beschwörung der Greueltaten der Vergangenheit, um die der Gegenwart zu rechtfertigen, ist eine schändliche Heuchelei.« Zwei Tage darauf starb er im Alter von siebenundneunzig Jahren.

Russells Leben läßt sich in drei Phasen teilen – die Zeit von seiner Geburt bis zum Ausbruch des Ersten Weltkriegs, die Periode der beiden Weltkriege und die Zeit nach dem Krieg. Bis zum Alter von zweiundvierzig Jahren betätigte Russell sich hauptsächlich als Mathematiker und Philosoph. Sein Leben war seiner privilegierten Stellung angepaßt, doch er stand dieser nicht unkritisch gegenüber. In der intellektuellen Elite Englands hatte er sich einen festen Platz erobert. Später brachten seine Agitationen gegen den Krieg ihn um seinen Lehrstuhl und zeitweise sogar um seine Freiheit. – Die Zeit zwischen den Kriegen füllte er mit schriftstellerischen Arbeiten aus sowie einer Lehr- und Vortragstätigkeit an verschiedenen Universitäten. Nach dem Zweiten Weltkrieg galt sein voller Einsatz der Arbeit für den Frieden.

In der Entwicklung von Russells Stellungnahme zu sozialen und politischen Fragen lassen sich einige durchgehende Züge feststellen. Russell selbst schildert sie so: »Drei einfache, doch übermächtige Leidenschaften haben mein Leben bestimmt: das Verlangen nach Liebe, der Drang nach Erkenntnis und ein unerträgliches Mitgefühl für die Leiden der Menschheit. Gleich heftigen Sturmwinden haben mich diese Leidenschaften bald hier, bald dorthin geweht in einem launenhaften Zickzackkurs über ein Weltmeer von Qual hinweg bis zum letzten Rand der Verzweiflung.« Russell beschreibt seine fast mystische Bekehrung zur Anteilnahme am Leiden der Menschheit: »Das Bewußtsein der Einsamkeit einer jeden Menschenseele übermannte mich plötzlich ... Die Einsamkeit der Menschenseele ist unerträglich; nur die allerstärkste Liebe, wie sie die Lehrer der Religion gepredigt haben, vermag sie zu durchdringen; was nicht diesem Beweggrund entspricht, ist schädlich, bestenfalls nutzlos; daraus folgt, daß Krieg unrecht, ... daß die Anwendung von Gewalt verwerflich ist, daß man bei Beziehungen von Menschen untereinander zum Kern der Einsamkeit eines jeden vordringen und ihn ansprechen soll.«

Russell war ein Mensch von tiefer Leidenschaft, ein Humanist im wahrsten Sinne des Wortes. Er liebte die Menschheit und war gleichzeitig ein profunder Skeptiker. Er suchte eine Synthese dieser verschiedenen Wesenszüge in seinem frühen Aufsatz ›A Free Man's Worship‹ (›Was der freie Mensch verehrt‹). Darin erläutert er sein Credo und weist Resignation und Verzweiflung von sich. »Mit prometheischer Ausdauer einer feindlichen Welt zu trotzen, ihr Böses ständig im Auge zu behalten, es zu hassen und zu bekämpfen, jeder Pein zu trotzen, welche die Macht ersinnen kann, erscheint so als Pflicht aller, die sich dem Unabänderlichen nicht beugen wollen.«

Zugleich mit seiner Hartnäckigkeit besaß Russell auch einen unverwüstlichen Humor und einen sicheren Instinkt für das Absurde. Als er im Ersten Weltkrieg eingesperrt wurde, bekam er durch die Zahlung eines kleinen wöchentlichen Betrages eine bessere Zelle zugewiesen. Er erkundigte sich sofort beim Gefängnisdirektor, was für eine Strafe er zu gewärtigen habe, wenn er mit der Miete im Rückstand wäre. Würde man ihn dann auf die Straße setzen? In diesem Falle wolle er keinen Penny bezahlen. Als der englische König verkündete, daß er als seinen Beitrag zum Kriegsaufkommen das Trinken aufgeben wolle, tat Russell das Entgegengesetzte. Er war bisher Abstinenzler, doch wenn der König eine Verbindung zwischen dem Verzicht auf Alkohol und dem Töten von Deutschen sah, dann wolle er, Russell, Whisky trinken!

Er besaß die herrliche Gabe, treffende Redewendungen zu prägen: »Menschen mit wirklich hoher Gesinnung sind dem Glück gegenüber indifferent, insbesondere dem Glück anderer.« Oder: »Man soll nie versuchen, die Menschen am Denken zu hindern; denn es wird einem unzweifelhaft gelingen.« Als Aristokrat machte es ihm ein ausgesprochenes Vergnügen, die Bourgeoisie vor den Kopf zu stoßen. Er war ein englischer Voltaire, dessen Pfeile des Witzes und der Satire die Heuchelei durchlöcherten und die Absurdität der Obrigkeit entlarvten. Er war ein Provokateur, doch er blieb Skeptiker und war noch imstande, seine Meinung zu ändern, als er hoch in den Neunzigern war.

Es machte ihm nichts aus, sich in der Minorität einer einzigen Person zu befinden; ja er schien es sogar zu genießen. Wie er betonte, waren alle wichtigen Ideen einmal die Ansicht eines einzelnen Menschen gegen die allgemein verbindliche Orthodoxie gewesen. Diese Unabhängigkeit des Denkens veranlaßte ihn, die Willkür der Macht, der Konvention und der Gewohnheit in Frage zu stellen. Er war anti-autoritär, ob es sich um das politische Dogma des Faschismus oder des Kommunismus handelte. Bereits im Jahre 1896 hatte er in seinem Buch über die deutsche Sozialdemokratie die beiden Kräfte untersucht, die während der nächsten fünfzig Jahre einen gewaltigen Einfluß auf die Weltgeschichte ausüben sollten: den Marxismus und den deutschen Militarismus. Er war gegen den Krieg, aber nicht aus Prinzip. Gandhis gewaltloser Kampf in Indien scheint ihn so nachhaltig beeindruckt zu haben, daß er übersah, welche Gefahr der Faschismus darstellte. Außerdem überschätzte er offenbar den Einfluß rationalen Denkens auf den politischen Prozeß.

Er hatte die Fähigkeit, sich den Umständen anzupassen, und setzte seine Strategie so ein, daß er mit den Behörden eine Art von politischem Judo aufführte. Er verstand es, das schwere Gewicht der Staatsmacht auszunützen, um seine eigenen Anliegen publik zu machen, indem er seine Prozesse und Gefängnisstrafen wirkungsvoll in Szene setzte. Insbesondere im letzteren

Fall, im Jahre 1961, war es schwer zu entscheiden, wem eigentlich der Prozeß gemacht wurde: Russell oder der Obrigkeit. Besonders für die schwerfälligen Verteidiger des offiziellen Standpunkts stellten Russells geschliffener Witz und Gedankenschärfe eine Bedrohung dar.

Russell war ein große Publizist und Vermittler der Probleme, für die er sich einsetzte. Er war ständig darum bemüht, in der politischen Diskussion rationale Argumente geltend zu machen. Wenn wir uns nur drei seiner Anliegen zuwenden, können wir die Bedeutung seines Beitrags ermessen.

Erstens. Er hielt den Krieg für eine irrationale und veraltete Methode zur Beilegung internationaler Konflikte. In den frühen Jahren dieses Jahrhunderts hatte Russell die Gefahr und die Torheit des Krieges erkannt. Er stellte fest, in wie wenigen Fällen der Krieg tatsächlich das Nötige erreichen konnte; aber er erkannte auch, daß der Krieg in bestimmten Ausnahmefällen notwendig ist. Deshalb unterstützte er schließlich den Krieg gegen Hitler.

Zweitens. Nach 1949, als die Russen ihre erste Atombombe zündeten, war es für Russell völlig klar, daß das neue Gleichgewicht des nuklearen Terrors eine Bedrohung für die gesamte Menschheit darstellte. Seine Kampagne gegen die atomaren Waffen hatte insofern Erfolg, als er sehr viele Menschen damit überzeugen konnte; sie scheiterte jedoch insofern, als es ihr nicht gelang, die Politik in der Praxis zu verändern. Russell sagte dazu: »Anfänglich meinte ich, die Aufmerksamkeit der Menschen wachzurütteln würde nicht allzu schwer sein. Ich teilte die allgemein verbreitete Ansicht, der Trieb zur Selbsterhaltung wäre ein über die Maßen starkes Motiv, das all die anderen übertrifft, sobald es einmal mobilisiert ist. Ich hielt die Aussicht, samt Familie, Nachbarn und jeder anderen lebenden Person, von der man je gehört hat, zu Tode zu schmoren, für unangenehm genug, daß man sie den Menschen bloß zur Kenntnis bringen müßte, dann – so schien es mir – würden sich Anhänger aller Parteien zusammentun, um neuerlich die einstige Sicherheit herbeizuführen. Ich konnte jedoch bemerken, daß ich mich in meiner Annahme getäuscht hatte. Es gibt anscheinend einen Trieb, der stärker ist als der Hang zur Selbsterhaltung: den Leuten geht es nicht so sehr um das Überleben der eigenen Person oder der Menschheit als um die Vernichtung des Gegners.«

In einem seiner satirischen Stücke schreibt Russell in dem

hochtrabenden Stil der Londoner ›Times‹ über die Nachwirkungen eines nuklearen Krieges, der von einem unbedeutenden Vorfall ausgelöst würde: »Während noch die letzten Feindseligkeiten in jeder Hinsicht beklagenswert erscheinen mußten, gibt es jetzt bestimmte Gründe für einen vorsichtigen Optimismus. Die vollständige Vernichtung der Sowjetunion einschließlich großer Gebiete Rotchinas haben die Bedrohung kommunistischer Unterwanderung endlich von der westlichen Zivilisation genommen. Die Einwohner des südlichen Neuseeland, von Baffin Island und Teilen von Tibet dürfen stolz sein, einer Allianz freier Nationen anzugehören, die kompromißlos die russische Forderung zurückwies, die Panzer auf der Berliner Autobahn hätten eine Geschwindigkeitsbegrenzung von 80 km/h einzuhalten.«

Die ständigen Meldungen von falschem Alarm, die dauernde Gefahr, daß jeder mit Waffen ausgetragene Konflikt zu einem nuklearen Krieg eskalieren kann, läßt Russells Satire als eine erschreckende Möglichkeit erscheinen. Die Notwendigkeit effektiver internationaler Mittel, insbesondere die Notwendigkeit, die Vereinten Nationen zu stärken, wird von der bizarren Krise der Falkland-Inseln unterstrichen. Die Stationierung von Mittelstreckenraketen in Westeuropa bedeutet eine weitere Eskalation des neuen kalten Krieges.

Drittens. Angesichts der Gefahr atomarer Zerstörung bediente Russell sich jeden ihm zur Verfügung stehenden Mittels, um die Öffentlichkeit auf die Gefahren aufmerksam zu machen. Seine Zuflucht zur Strategie des bürgerlichen Ungehorsams, sein Mut und die zu ihrer wirksamen Anwendung nötige Disziplin sind ein weiterer Aspekt von Russells Vermächtnis. Er wies darauf hin, daß die Leute, die in Nürnberg über die Deutschen zu Gericht gesessen hatten, weil diese ungerechten Befehlen nicht den Gehorsam verweigert hatten, dieselben Leute waren, die ihn dafür verurteilten, daß er die Öffentlichkeit auf die Gefahr aufmerksam machte, der ihre Regierung sie aussetzte. So sagte er während seines Prozesses im Jahre 1961: »Ich will mir nicht den Anschein geben, als würde ich einer Regierung Gehorsam leisten, die im Begriff ist, die Ermordung der ganzen Menschheit zu organisieren.«

Erteilen wir Bertrand Russell das letzte Wort: »Mag ich mir auch den Weg in eine Welt freier und glücklicher menschlicher Wesen kürzer vorgestellt haben, als er in Wirklichkeit ist, war es doch kein Irrtum, zu glauben, daß eine solche Welt möglich wäre und daß es dafürsteht, mit der Absicht zu leben, sie näherzubringen. Ich lebte in der Verfolgung einer Vision, persönlich wie sozial: Sich um das zu sorgen, was edel, schön und gütig ist; Momenten der Einsicht nachzugehen, um Weisheiten mitzuteilen, wenn andermal die Welt ihr Recht fordert – das war die persönliche Vision. Die soziale Vision: sich vorzustellen, welche Gesellschaft zu schaffen wäre, eine Gesellschaft nämlich, in der Individuen in Freiheit heranwachsen und wo Haß, Gier und Neid aussterben, weil man ihnen keine Nahrung gibt. Das ist es, woran ich glaube, und trotz all ihrer Greuel ließ mich die Welt unerschüttert.«

Günter Altner

Albert Schweitzer (1875–1965)

Vor über dreißig Jahren sagte der dreiundachtzigjährige Albert Schweitzer appellativ und beschwörend im Osloer Rundfunk: »Wo es sich um Atomwaffen handelt, kann kein Volk zu seinem Gegner sagen: ›Nun sollen die Waffen entscheiden‹, sondern nur: ›Nun wollen wir miteinander Selbstmord begehen, indem wir uns gegenseitig vernichten.‹ ... Ein Atomkrieg ist also das unvorstellbar Sinnlose und Grausige, das unter keinen Umständen Tatsache werden darf. Leider ist die Gefahr, daß der kalte Krieg in einen Atomkrieg übergeht, heute viel größer als je zuvor. Sie hat ihren Grund in dem Aufkommen der ferngelenkten Raketengeschosse und den durch sie gegebenen Möglichkeiten.«

Albert Schweitzer, der die Theorie der Aufrechterhaltung des Friedens durch Abschreckung für eine gefährliche Fehlentwicklung hielt und deshalb zur Abrüstung aufrief, fügte wenig später hinzu: »Eine merkwürdige Haltung in der Frage des Verzichts auf Atomwaffen nimmt Amerika ein. Amerika kann nicht anders, als aus Überzeugung für deren Abschaffung eintreten. Zugleich aber will es für den Fall, daß dies nicht Tatsache wird, sich, zusammen mit den Ländern der NATO, in einer möglichst günstigen militärischen Situation befinden. Darum dringt es darauf, daß diese sich entschließen, die Raketengeschosse, die es ihnen anbietet, möglichst bald anzunehmen.«

Schweitzers Analyse läßt an Klarheit nichts zu wünschen übrig, sie trifft auch unsere Situation, 25 Jahre danach. Im Gefolge des vieldiskutierten NATO-Doppelbeschlusses laufen wir heute Gefahr, die Rüstungsspirale um eine weitere drastische Windung anziehen zu müssen, und wieder geht es um den von Schweitzer beschriebenen Zusammenhang zwischen Raketen und Atomwaffen. Schweitzers Osloer Mahnung von 1957 gibt Anlaß, auf die Waffensysteme zurückzublicken, die von den Großmächten in West und Ost seitdem entwickelt und eingeführt wurden: unterwasserabgeschossene U-Boot-Raketen, Anti-Raketen-Raketen, Raketen mit Mehrfachsprengköpfen, Raketen mit mehrfachen, einzeln programmierbaren Sprengköpfen, Neutronenbombe, Marschflugkörper.

Man stockt angesichts dieser Vermehrung des Zerstörungspotentials. Man begreift die tiefe Skepsis Albert Schweitzers gegenüber der Theorie der Aufrechterhaltung des Friedens durch Abschreckung schon vor über dreißig Jahren. Gewiß ist uns der Frieden in diesen dreißig Jahren erhalten geblieben, aber dies um den Preis jener durch Mißtrauen und Machtkonkurrenz angetriebenen Rüstungssteigerung. Der Frieden ist labiler geworden. Und auch jenes von Albert Schweitzer beschriebene Hin- und Hergerissenwerden zwischen Verzicht auf Atomwaffen und Vorausmarschieren bei der nächsten Aufrüstungsrunde hat sich inzwischen dramatisiert und bedrohlich vereinseitigt. Die Neigung der Großmächte, insbesondere der USA, Atomwaffen nicht nur einzusetzen, sondern als erster in die Schlacht zu werfen, hat zugenommen und wird auch zum bestimmenden Faktor der Strategie in den Bündnissen.

Wie klarsichtig und zukunftsweisend sind demgegenüber Albert Schweitzers Rundfunkappelle aus den späten fünfziger Jahren. Liest man diese Reden heute nach, so übersieht man allzu leicht, daß dies eine Stimme aus dem afrikanischen Urwald, aus Lambarene, war, geäußert von einem Mann, der zu diesem Zeitpunkt – mit Unterbrechungen während und nach dem Ersten Weltkrieg – etwa vierzig Jahre in Zentralafrika als Tropenarzt in Missionsdiensten arbeitete.

Betrachtet man die Fotos, die die Zeitungen in jenen Tagen des Osloer Appells von Albert Schweitzer brachten, so sieht man sich einem alten Herrn von ungebrochener Vitalität mit buschigen Augenbrauen, Schnauzbart und Stehkragen konfrontiert, der eher ins 19. als ins 20. Jahrhundert zu passen scheint. Unsere schnellebige Zeit hat dieses Bild längst vergessen. In den fünfziger Jahren assoziierten viele mit dem Bild Albert Schweitzers ein ganzes Programm, zumindest aber die von Schweitzer vertretene und vorgelebte Forderung nach Ehrfurcht vor dem Leben, die er in die schlichte Formel gekleidet hatte: »Ich bin Leben, das leben will, inmitten von Leben, das leben will.« Für Kenner und Freunde Albert Schweitzers verband sich mit dem Gebot zur Ehrfurcht vor dem Leben eine ungemein konkrete Herausforderung, eben die Biographie und das damit verbundene Lebenswerk Schweitzers, der als Theologe, Arzt und Kulturphilosoph zu einer humanistischen Anfechtung des 20. Jahrhunderts geworden war. Viele übersahen das geflissentlich, andere stilisierten Schweitzer zum moralischen Alibi der westlichen Welt um, nur wenige folgten ihm nach, aber alle ließen ihn gern handeln.

1875 in Kaysersberg im Oberelsaß als Pfarrerssohn geboren, studierte Albert Schweitzer Theologie und Philosophie in Straßburg, Paris und Berlin. Gleichzeitig nahm er Orgelunterricht bei Charles Marie Widor in Paris. 1899 mit einer Arbeit über die Religionsphilosophie Kants Promotion zum Dr. phil., 1900 Promotion zum Dr. theol. mit einer Arbeit über das Abendmahlsproblem. Daneben und darüber hinaus der normale Ausbildungsweg zum evangelischen Geistlichen. 1902 Habilitation an der Evangelisch-Theologischen Fakultät in Straßburg über das Thema ›Das Messianitäts- und Leidensgeheimnis‹ (Jesu). Von Schweitzers Orgelkünsten, Bach-Interpretationen und Konzerten nicht zu reden.

Überblickt man dieses äußerst dichte Stakkato eines akademischen Werdeganges, so überrascht die überschäumende Arbeitswut, mit der der junge Schweitzer vielseitig und vielschrittig die akademischen Prüfungshürden hinter sich bringt. Man erwartet eine glänzende akademische Karriere, da bricht Schweitzer alles dieses ab, um als Dreißigjähriger 1905 mit einer Medizinerausbildung zu beginnen, die er 1913 mit der Promotion zum Dr. med. abschließt. Dieser letzte Schritt in Schweitzers Ausbildung hatte nichts mehr mit akademischen Interessen zu tun. Schweitzer hatte sich nur das praktische Rüstzeug holen wollen, um nun als Urwald-Arzt in den Dienst einer Pariser Missionsgesellschaft zu treten. 1913 reist er nach Lambarene im heutigen Gabun aus. Als er 1965 als Neunzigjähriger in Lambarene stirbt, findet er, der längst zum weltbekannten Urwalddoktor geworden war, in Lambarene seine letzte Ruhestätte.

Damit ist das Leben Albert Schweitzers erzählt und wiederum nicht erzählt. Um die Leidenschaft zum Frieden, die von Schweitzers Lebensweg und Lebenswerk ausgegangen ist, ganz zu verstehen, müssen wir noch einmal zu jener abrupten Wende im Jahre 1905 zurückkehren, die viele von Schweitzers Freunden schlicht als schockierend empfanden. Schweitzer selber hat aus der Rückschau in ›Aus meinem Leben und Denken‹ über jene Tage so geurteilt: »Als ich – es war im Jahre 1896 – in Pfingstferien zu Günsbach erwachte, überfiel mich der Gedanke, daß ich dieses Glück nicht als etwas Selbstverständliches hinnehmen dürfe, sondern etwas dafür geben müsse. Indem ich mich mit ihm auseinandersetzte, wurde ich, bevor ich aufstand, in ruhigem Überlegen, während draußen die Vögel sangen, mit mir selber dahin eins, daß ich mich bis zu meinem dreißigsten Lebensjahr für berechtigt halten wollte, der Wissenschaft und der Kunst zu leben, um mich von da an einem unmittelbaren menschlichen Dienst zu weihen. Gar viel hatte mich beschäftigt, welche Bedeutung dem Worte Jesu, ›Wer sein Leben will behalten, der wird es verlieren, und wer sein Leben verliert um meinet- und des Evangeliums willen, der wird es behalten‹, für mich zukomme.«

In diesem rückblickenden Bekenntnis Schweitzers klingt sehr vieles von seiner Lebensweisheit und seiner Lebensphilosophie an. Schweitzer war immer ein Mensch der Tat und hat unermüdlich zum Handeln im Geist der Liebe aufgerufen. Gleichwohl entsprang alles dieses einer tiefen Erfahrung des Beschenktseins. Schweitzer hat die sich geradezu explosiv ausweitende Erkenntnis- und Sinnsuche seiner Studienjahre als tiefe Beglückung empfunden. In seinem unverwüstlichen Vorwärtsdrängen bleibt aber die Frage nach den weniger Glücklichen und den Leidtragenden nicht vergessen. Sie führt zu dem Entschluß, vom dreißigsten Lebensjahr an dem Verwirklichen der Liebe vor allem Reden und Theoretisieren den Vorrang zu geben.

Typisch für Schweitzer ist auch dieses, daß in seine Überlegungen die Stimmen der Kreaturwelt – das Singen der Vögel – stimulierend hineinklingen. Dies ist eine Konstellation, die von Jugendzeiten an bei Schweitzer besteht. Und schließlich unübersehbar auch der Rückbezug auf jenes Jesus-Wort vom Haben und Behalten, das heute unter der von Erich Fromm gewählten Zuspitzung ›Haben oder Sein‹ so viele Menschen bewegt. Für Schweitzer war es wichtig, daß dieses Wort von Jesus gesprochen war. Um ihn kreisen seine Gedanken nicht nur während der Studienjahre und in jenen unkonventionellen theologischen Büchern zur Jesus- und Paulus-Forschung, die für die theologische Zunft bis heute ein Ärgernis und eine Herausforderung darstellen.

Es hat nicht an Stimmen gefehlt, die Albert Schweitzer bestreiten wollten, daß er überhaupt ein christlicher Theologe sei. Theologisches Anliegen Schweitzers ist es auf jeden Fall, den Glauben an Jesus und die von ihm verkündete Botschaft vom Reich Gottes, vom Reich des Friedens, in eine aktuelle Denk- und Handlungsverpflichtung umzusetzen. Das Leben Jesu, was immer wir davon wissen, hat nach Schweitzer keine Wichtigkeit für uns heute. Entscheidend ist vielmehr, daß wir uns der nicht verdrängbaren geistigen Ausstrahlung der Persönlichkeit Jesu so stellen, daß er in uns »zu neuem Leben und Wirken geboren werde und an unserer und der Welt Vollendung arbeite«.

Albert Schweitzer hält an der christlichen Vorstellung vom kommenden Reich Gottes fest, aber er tut es so, daß er dieses aus dem leidenden und tätigen Engagement der im Namen Jesu Handelnden mehr und mehr hervorgehen sieht. Die im Neuen Testament bestehende Spannung zwischen dem Kreuz und der Wiederkunft Christi wird beibehalten, aber in die Perspektive einer ethischen Weltvollendung umgedeutet. Freilich geht es hierbei eben nicht um einen ethischen Hurra-Optimismus, sondern um die von Schweitzer gemeinte Schaffung eines Kulturideals, das in der Ehrfurcht nicht nur vor dem menschlichen, sondern vor allem Leben gipfelt.

In Schweitzers Gottesreich spielt der Mensch, gewiß der zum Mitleiden sensibilisierte Mensch, eine auffallend starke Rolle. Er ist gewissermaßen Fortsetzer und Beförderer dessen, was im Namen Gottes mit Jesus begonnen hatte. An dieser Stelle setzte dann auch die theologische Kritik ein, wenn sie Albert Schweitzer »Abkehr von der Transzendenz, einen Glauben ohne wirkliche Hoffnung und eine Hoffnung ohne eigentlichen Glauben, einen Himmel ohne Gott und einen Gott ohne Himmel, das heißt, einen Gott, der mehr eine Wertvorstellung, ein Ideal, eine Idee darstellt« vorwarf.

Albert Schweitzer sah das anders. In dem von ihm praktizierten Aufgeben von Besitzstand, Reputation und Karriere erfuhr er die Offenbarung jener Verheißung, von der das Evangelium an jenem Pfingstmorgen in Günsbach zu ihm gesprochen hatte. Er wurde zum Wirken, Kämpfen und Leiden für die Schwachen frei. Was brauchte er da noch die Vorstellung einer die »Welt leitenden Gottespersönlichkeit«, wo ihm das Eigentliche im ethischen Impuls seiner Entscheidung begegnet war. Er hat diese Wende in seinem Leben niemals elitär oder pietistisch eng beschrieben. Im Gegenteil: Er verstand diesen Schritt als eine Notwendigkeit, die von Europa, vom christlichen Abendland, wenn es seinen Idealen treu bleiben wollte, insgesamt geleistet werden mußte.

Aus Anlaß des Missionsfestes vom 6. Januar 1905 hielt er eine geradezu politische Predigt: »O diese vornehme Kultur, die so erbaulich von Menschenwürde und Menschenrechten zu reden weiß und die diese Menschenrechte und Menschenwürde an Millionen und Millionen mißachtet und mit Füßen tritt, nur weil sie über dem Meere wohnen, eine andere Hautfarbe haben, sich nicht helfen können; diese Kultur, die nicht weiß, wie hohl und erbärmlich, wie phrasenhaft und gemein sie vor denjenigen steht, die ihr über die Meere nachgehen und sehen, was sie dort leistet, und die kein Recht hat, von Menschenwürde und Menschenrechten zu reden ... Wo sind die Arbeiter, die Handwerker, die Lehrer, die Gelehrten, die Ärzte, die in diese Länder ziehen? Wo macht unsere Gesellschaft eine Anstrengung in dieser Hinsicht? Nichts und wieder nichts. Aber unser Christentum werde zur Lüge und Schande, wenn nicht alles, was draußen begangen, dort gesühnt wird und nicht für jeden Gewalttätigen im Namen Jesu ein Helfer im Namen Jesu kommt, für jeden, der etwas raubt, einer, der etwas bringt, für jeden, der flucht, einer, der segnet.«

Wie unüberholt aktuell ist diese Anklage Schweitzers! Im Gegenüber von Industriestaaten und Entwicklungsländern heute setzt sich die kolonialistische Ausbeutung von gestern in neuer, noch raffinierterer Verschleierung fort. Die historisch bedingte Bringschuld Europas gegenüber den Ländern der Dritten und Vierten Welt wird durch jenen »Klacks« an Entwicklungshilfe, wie er heute üblich ist, in keiner Weise abgegolten. In einer Zeit millionenfachen Hungertodes und einer krisenbedingten Übernutzung ökologischer Ressourcen gerade in den Entwicklungsländern werden die Welthandelsrelationen immer noch von den alten Kolonialmächten diktiert, ist die Beschwörung von Menschenrechten noch fragwürdiger, als sie es schon 1905 war. Man kann es sehr gut verstehen, daß Albert Schweitzer nach 1945 zu einem Idol der westlichen Welt wurde, zu einem Gütesiegel für Humanismus und Menschenrechte, gerade auch im Gegenüber von Nord und Süd; aber das alles war mehr oder weniger eine bequeme Salvierung eines ohnehin nicht sehr schwer erschütterten Bewußtseins. Albert Schweitzer hatte es 1905, als er sich anschickte, Tropenarzt zu werden, ganz anders gemeint. Mit seinem Verständnis von Frieden war die koloniale Frage, oder moderner: die Nord-Süd-Problematik unabdingbar verbunden.

Angewidert durch die profitmotivierte Ausbeutung der Kolonien, erkannte Schweitzer die Hohlheit und Inhumanität des europäischen Fortschrittspathos. In einem durch Umkehr und Liebe motivierten »Auge um Auge und Zahn um Zahn« formuliert Schweitzer sein Friedens- und Versöhnungsprogramm: »Für jeden Gewalttätigen im Namen Jesu ein Helfer im Namen Jesu, für jeden, der etwas raubt, einer, der etwas bringt, für jeden, der flucht, einer, der segnet.« Hätte Schweitzers Predigtaufruf von 1905 wirklich das Bewußtsein Europas erreicht, so hätte sich eine unabsehbare Kette von Arbeitern, Handwerkern, Lehrern, Gelehrten und Ärzten in die Kolonien aufmachen müssen. Wie wir wissen, fuhr Albert Schweitzer dann doch allein nach Lambarene, nur begleitet von seiner Frau Helene, und begann dort aus dem Nichts heraus eine ärztliche Station aufzubauen, die in vielem Vorbild für eine solidarische und friedensorientierte Entwicklungshilfe werden sollte.

Der Erste Weltkrieg, der dann zeigte, daß die Menschenrechte auch in Europa nicht in hoher Geltung standen, beendete Schweitzers Tätigkeit 1917 in Afrika und führte ihn über mehrere Internierungslager in die alte Heimat Straßburg zurück. Als Elsässer besaßen Schweitzer und seine Frau die deutsche Nationalität und gerieten – so in Französisch-Kolonial-Afrika – zwischen die Fronten. Die Wiederaufnahme der Arbeit in Afrika nach dem Ersten Weltkrieg war nicht einfach. Aber sie gelang. Es wäre jedoch zu wenig, wenn man nur von einer Wiederaufnahme des Schweitzerschen Lebenswerkes sprechen wollte. Schweitzer empfand den mit dem Ersten Weltkrieg verbundenen Zusammenbruch Europas als endgültiges und krisenhaftes Ende einer seit langem morbiden Kultur.

Schweitzer konstatierte ein totales Defizit an Ethik, an »ethischen Vernunftideen«, wie er es nannte, an Ehrfurcht vor dem Leben. Er führte das einerseits auf die seit dem 18. Jahrhundert wachsende Dominanz technisch-naturwissenschaftlicher Rationalität zurück und andererseits auf die Unfähigkeit der zeitgenössischen Philosophie, diesen Geist der Weltbemächtigung ethisch zu kontrollieren. Schweitzer indizierte in seiner 1923 veröffentlichten Kulturphilosophie die »Unfreiheit« und »Ungesammeltheit des modernen Menschen«, die »geistige Gefahr des Spezialistentums«, Vereinzelung und Verhaltensstörungen, absichtsvolle Kollektivität durch Überzentralisierung, Disziplinierung des unabhängigen Denkens durch Propaganda, Überorganisierung der öffentlichen Zustände.

Auch durch diese Kennzeichnung des innergesellschaftlichen Unfriedens in der Zeit nach 1918 fühlen wir uns heute unmittelbar angesprochen und denken an die Krisenhaftigkeit der nationalen und internationalen Entwicklung. Albert Schweitzer hat auf den von ihm analysierten Zustand tiefster innerer und äußerer Friedlosigkeit in und nach dem Ersten Weltkrieg mit dem »universellen Begriff des Ethischen« als Angebot zu reagieren versucht. Wenn die neuzeitlich-europäische Kultur sich durch die Einseitigkeit und Rücksichtslosigkeit ihrer Interessen zu zersetzen droht, nur noch dem Recht des Stärkeren im Kampf ums Dasein zu entsprechen sucht, ist ihr – und das war Schweitzers Lösung – nur noch durch eine universelle Ethik der Ehrfurcht vor dem Leben zu helfen. Es war, als hätte Schweitzer die ideologisch bedingten Gewaltakte der kommenden Jahrzehnte geahnt.

»Nur das Denken«, so schreibt Albert Schweitzer, »in dem die Gesinnung der Ehrfurcht vor dem Leben zur Macht kommt, ist fähig, die Zeit des Friedens in unserer Welt anbrechen zu lassen. Alle diplomatische äußerliche Bemühung um den Frieden bleibt erfolglos.« Die von Schweitzer intendierte Ehrfurcht vor dem Leben ist universal. Als solche schließt sie Mensch und Kreatur ein. Der im Gefolge dieser Ehrfurcht möglich werdende Frieden hat – modern gesprochen – viele Dimensionen: nicht nur menschliche, soziale, gesellschaftliche, wirtschaftliche und internationale, sondern ebenso auch mitkreatürliche, ökologische, global-ökosystemare. Angesichts der immer härter werdenden Konturen der Überlebenskrise und angesichts zunehmender Weltkriegsgefahren heute werden wir uns dieser Zusammenhänge schmerzvoll bewußt. Albert Schweitzer erkannte und formulierte alles dieses nach 1915, als ihm der Erste Weltkrieg Untätigkeit abverlangte und Zeit für vertieftes Nachdenken schenkte.

Schweitzer hat seinem Gebot zur Ehrfurcht vor dem Leben eine schlichte Gestalt gegeben: »Ich bin Leben, das leben will, inmitten von Leben, das leben will.« Hier ist von keinem harten »Muß« und »Soll« die Rede. Es handelt sich um einen indikativischen Satz. Ich bin Leben. Zum Vollzug meines Lebens gehört aber nun die Erfahrung, daß ich nicht aus mir heraus bestehe, sondern zeitlich wie räumlich durch einen Lebenszusammenhang getragen und gehalten bin, der unendlich über mich hinausgeht und bis ins Größte und Kleinste hineinreicht. Hier ist wieder jenes Schweitzerische Glücksgefühl, jener Einklang mit dem Frieden in der Kreaturwelt, wie er an jenem Pfingstmorgen in Günsbach begegnete, da Schweitzer sich entschloß, von seinem dreißigsten Lebensjahr an in den Dienst aufopfernder Liebe zu treten.

Aber in Schweitzers Gebot klingt auch – untrennbar mit dem ersteren verbunden – das leidvolle Wissen um Konkurrenz und Verdrängung an. »Ich bin Leben, das leben will, inmitten von Leben, das leben will.« Mein Leben vollzieht sich auf Kosten anderen Lebens, und meinem Leben stehen andere – mitmenschliche und mitkreatürliche – Lebensansprüche entgegen. Schweitzer zeichnet keine Idylle – wie sollte er auch angesichts jenes harten Existenzkampfes, mit dem er in Lambarene dem Urwald und dem Klima ständig neu seine ärztliche Station abringen mußte! Nein, es ist die Entscheidung des zum Frieden-Machen Gerufenen und Befähigten, daß er aus dem Impuls des empfangenen Lebensglücks heraus das Ungewöhnliche zugunsten des Mitlebens zu riskieren wagt. Oder mit Schweitzers Worten: »Das Geheimnisvolle meines Willens zum Leben ist, daß ich mich genötigt fühle, mich gegen allen Willen zum Leben, der neben dem meinen im Dasein ist, teilnahmsvoll zu verhalten. Das Wesen des Guten ist: Leben erhalten, Leben fördern, Leben auf seinen höchsten Wert bringen. Das Wesen des Bösen ist: Leben vernichten, Leben schädigen, Leben in seiner Entwicklung hemmen.« Trotz aller ökologischen Besinnungen und Aufbrüche in den letzten Jahren sind die Bedingungen für die Möglichkeiten des Friedens zwischen Mensch und Kreatur nie wieder so klar benannt worden.

Gegen Schweitzers Ethik wurde einerseits eingewendet, sie sei voluntaristisch-unmäßig, gar nicht so weit von Nietzsche entfernt und überfordere den Menschen, und andererseits, sie stelle die menschliche Verantwortung auf eine schwer klärbare mystische Grundlage. Erich Gräßer hat zu Recht darauf aufmerksam gemacht, daß die von Schweitzer erhobene Forderung, »allem Willen zum Leben die gleiche Ehrfurcht vor dem Leben entgegenzubringen wie dem eigenen«, der goldenen Regel aus der Bergpredigt entspreche: »Alles nun, was ihr wollt, das euch die Leute tun sollen, das tut ihnen auch« (Matthäus 7,12). Schweitzer hat diese Regel unter Einbeziehung der Mitkreatur noch weiter radikalisiert. Zum anderen steht und fällt das Gebot der Ehrfurcht vor dem Leben mit jener von ihm immer festgehaltenen Forderung des Evangeliums, sich nicht ans Leben zu klammern und so lebendige Teilnahme am kommenden Friedensreich zu gewinnen.

Wenn Schweitzer diesen seinen Standpunkt als »mystische Ethik« bezeichnet hat, so hat dies je und dann zur Verwirrung beigetragen; in Wirklichkeit handelt es sich um eine Ethik, die gerade in ihrem ungewöhnlich hohen Einsatz zugunsten des Lebens nur aus dem für alle christliche Theologie verpflichtenden Spannungsbogen zwischen Kreuz und Endvollendung gedacht werden kann. »In der Welt ist der Wille zum Leben in Konflikt mit sich selber. In uns will er in Frieden mit sich selbst sein. In der Welt tut er sich kund, in uns offenbart er sich.«

Die Bedingungen der Möglichkeit zum Frieden auf Erden sind seit Albert Schweitzers Durchbruch im Jahre 1915 nie wieder so universal und so konkret zugleich formuliert und praktiziert worden. Die von Schweitzer nach 1920 wieder aufgebaute Station in Lambarene, jenes Konglomerat aus Krankenhaus, Basismedizin, Gruppentherapie, Garten Eden und Brückenkopf eines unbeirrbaren Einsatzes für die Leidenden, wurde zu einem Symbol des Friedens, zu einem Symbol auch jener von Schweitzer gemeinten Willensgemeinschaft mit Jesus. Hier ging es tätig-robust, aber auch sensibel-rücksichtsvoll zu: Konsultationen, Operationen, Injektionen, Einweisung, Entlassung, Entbindung, Meditation, Improvisation, Kommunikation mit Mensch und Tier, Lebenserhaltung, wo immer möglich und verantwortbar bis hin zu Spinne, Ameise und Nachtfalter, Nutzung von Pflanze und Tier, wo unumgänglich. Es ist unübersehbar, daß Schweitzer in Lambarene zahlreiche Ansätze für eine umwelt- und sozialverträgliche Medizin, Technik und Entwicklungshilfe vorweggenommen hat.

Das strahlte aus, nicht nur in die umliegenden Landstriche, sondern bis nach Europa und Nordamerika, dies insbesondere dann, als die Welt durch rassistischen Wahn und deutsche Großmachtpolitik ein weiteres Mal in einen Weltkrieg verwikkelt war und unermeßlich zerstört daraus hervorging. Und als sich nun unter der neuen Konstellation des Ost-West-Gegensatzes der atomare Rüstungswettlauf ergab, richteten sich auf den viel geehrten alten Mann in Lambarene, der 1954 mit dem Friedensnobelpreis ausgezeichnet worden war, starke Erwartungen.

Albert Schweitzer reagierte. Nach langer und sorgfältiger Vorbereitung plädierte er 1957 für eine Beendigung der Atomwaffenversuche und ließ 1958 drei Radioappelle gegen atomare Aufrüstung über den Sender Oslo folgen. Härter und schonungsloser als in früheren Äußerungen sprach Schweitzer die tieferen Ursachen der Friedensgefährdung an. Schon in seiner Nobelpreisrede führte er aus: »Wagen wir die Dinge zu sehen, wie sie sind. Es hat sich ereignet, daß der Mensch ein Übermensch geworden ist. Sein Übermenschentum besteht darin, daß er aufgrund seiner Errungenschaften des Wissens und Könnens nicht nur über die in seinem Körper gegebenen physischen Kräfte verfügt, sondern auch solchen, die in der Natur vorhanden sind, gebietet und sie in Dienst nehmen kann ... Was uns aber eigentlich zum Bewußtsein kommen sollte und schon lange zuvor hätte kommen sollen, ist dies, daß wir als Übermenschen Unmenschen geworden sind. Wir haben es geschehen lassen, daß in den Kriegen Menschen in Mengen – im Zweiten Weltkrieg an die 20 Millionen – vernichtet wurden, daß durch Atombomben ganze Städte mit ihren Bewohnern zu nichts wurden.«

Das war Schweitzers alte Kritik an der Technokratisierung des Fortschritts, nun aber auf die Situation des inzwischen eröffneten atomaren Zeitalters bezogen. Was Schweitzer immer schon gemeint hatte, jene Gefahr der verantwortungslosen Hybris, hier stand sie nun als bedrohlicher Horizont der atomaren Totalvernichtung vor der Zukunft der Völker und Nationen. Im Blick auf die Abwendung der Gefahr ist Albert Schweitzer unübertroffen eindeutig: Die Gefahr eines Atomkrieges kann nur vermieden werden, »wenn die Atommächte sich miteinander entschließen, auf Atomwaffen zu verzichten«. Die von Edward Teller, dem Vater der Wasserstoffbombe, betriebene Beruhigungspropaganda, man könne saubere Wasserstoffbomben bauen, entlarvt Schweitzer als Atomlyrik. Schweitzer ist in der Analyse und in seinen daran anschließenden Lösungshinweisen bestechend klar und eindeutig. Man kann seine Position in einer Reihe von Punkten zusammenfassen:

1. Ein Atomkrieg ist das unvorstellbar Sinnlose.
2. Durch die Aufrüstung der NATO mit atomaren Raketenwaffen wächst die Bedrohung der Sowjetunion.
3. Diese Konstellation macht einen Krieg mit Atomwaffen in Europa wahrscheinlicher als bisher.
4. Auch die Gefahr eines durch technische oder menschliche Mängel ausgelösten Atomkrieges nimmt zu.

Auch die von Schweitzer erwogenen Lösungsmöglichkeiten lassen sich in einigen Punkten zusammenfassen:

1. Die Theorie der Aufrechterhaltung des Friedens durch atomare Abschreckung muß in Frage gestellt werden.
2. Eine atomwaffenfreie Zone in Europa ist anzustreben.
3. »Sind Raketengeschosse keine Atomwaffen mehr, kommt auch Europa als Schlachtfeld zwischen der Sowjetunion und Amerika nicht mehr für einen Fernkrieg mit dem Effekt eines Nahkrieges in Betracht ... Kommen Raketen-Atomwaffen nicht mehr in Betracht, so nimmt diese unnatürliche Situa-

tion ein Ende. Amerika wird wieder ganz Amerika, Europa wieder ganz Europa.«
4. Die Sowjetunion muß in die Verpflichtungen zu atomarer und konventioneller Abrüstung mit einbezogen werden.
5. Verhandlungen über ein echtes Abrüstungsabkommen sind nicht die Voraussetzung des Verzichts, sondern die Folge.
6. Angesichts der Gefahren, die mit einem Atomkrieg verbunden sind, können Abmachungen über Auf- und Abrüstung nicht den Verhandlungen zwischen NATO-Generälen und europäischen Regierungen überlassen bleiben. Sie müssen von den Völkern »sanktioniert« werden.

Es ist keine Frage, Albert Schweitzer ist auch in seinen Mahnungen vor den Gefahren des Atomkrieges seiner Ehrfurcht vor dem Leben treu geblieben. Die Verwirklichung dieser Ehrfurcht geschieht im Tun des ersten Schrittes. So hatte es Schweitzer immer gelehrt und gelebt. Der »gigantische Sprung zum Frieden« kann heute nur stattfinden, wenn wir den konkreten Mut zum Tun des ersten Schrittes aufbringen. Es ist zu wenig, wenn die großen Denker und die Kirchen die Politiker heute anhalten, in Rüstungsverhandlungen einzutreten. Die Kirchen müssen den Politikern Mut zu Vorleistungen bei der Abrüstung machen. Es ist keine Frage, würde Albert Schweitzer heute noch leben und bei Kräften sein, er wäre als der Friedensfreund, der er immer war, der große alte Mann der Friedensbewegung.

Nachbemerkung

Seit 1982 ist sehr viel Bewegung in die Ost-West-Politik gekommen. Die Sowjetunion und die USA haben mit ersten Abrüstungsschritten begonnen, und die Zustimmung der Öffentlichkeit zu dieser Entwicklung ist nachhaltig. Gleichwohl bleibt die Frage offen, ob es sich hier um eine wirkliche Friedenspolitik handelt oder nur um die Entlastung von veraltenden Waffensystemen, die in absehbarer Zeit durch fortgeschrittenere Waffentypen ersetzt werden könnten. Sollte sich die eingeleitete Friedenspolitik als ehrlich und tragfähig erweisen, so müßten ihr weitere Schritte folgen, an denen – stärker als bisher – Europa (NATO und Warschauer Pakt) beteiligt ist. Zahlreiche Anzeichen, nicht zuletzt die sowjetische Außenpolitik, sprechen dafür, daß sich diese Erkenntnis durchzusetzen beginnt. Käme es so , so wäre damit auf eine sehr eindrückliche Weise die von Albert Schweitzer vertretene Abrüstungsinitiative bestätigt.

Aber auch in einem größeren Zusammenhang erweist sich die von Albert Schweitzer propagierte Friedensperspektive als genial. Es ist für das öffentliche Bewußtsein innerhalb und außerhalb der Kirchen unabdingbar geworden, den Gedanken des Friedens in engem Zusammenhang mit der internationalen Gerechtigkeit und mit der Bewahrung der irdischen Schöpfung zu sehen. Der zur Zeit in Gang befindliche konziliare Prozeß spiegelt diese Konstellation besonders deutlich wider. Könnte es einen nachhaltigeren Beleg für die Universalität des Gebotes zur Ehrfurcht vor dem Leben geben als diesen, daß immer mehr Menschen die Überwindung von Krieg, Hunger und Umweltzerstörung als eine umfassende Herausforderung begreifen?

Robert Jungk

Albert Einstein (1879–1955)

Albert Einstein hat selbst im Tode keinen Frieden gefunden. Seine Leiche sollte eingeäschert werden, hatte er verfügt, sein Gehirn aber wolle er der Forschung vermachen. So geschah es auch nach seinem Tod am 18. April 1955. Die sterblichen Überreste wurden verbrannt, die »graue Masse«, die Weltumstürzendes und Weltordnendes hervorgebracht hatte, wanderte in ein großes Glasgefäß, das mit einer gewebeerhaltenden Flüssigkeit gefüllt war.

Die Hoffnung, daß eine anatomische Analyse dieses besonderen Hirns Rückschlüsse auf die physiologischen Voraussetzungen genialen Denkens bieten werde, hat sich bisher nicht erfüllt. Aber dieses negative Resultat ist nicht etwa Ergebnis einer gründlichen Forschungsarbeit, sondern eine Folge fast unverständlicher Nachlässigkeit. Zwanzig Jahre lang war Einsteins Gehirn nämlich gänzlich verschollen. Steven Levy, Reporter einer ziemlich unbedeutenden Wochenzeitung im Staate New Jersey, fand nach mehrjährigen Recherchen schließlich doch noch einen Rest im Büro des Pathologen Thomas S. Harvey, der bei Einsteins Ableben im Krankenhaus in Princeton beschäftigt gewesen war. Dort hatte er seinerzeit das »Forschungsobjekt« übernommen und war, über viele verschiedene Stationen von Job zu Job wandernd, schließlich in Wichita im Staate Kansas gelandet. Harvey behauptete, er habe Teile des Gelehrtengehirns an verschiedene Spezialisten zu Detailstudien verteilt, und versprach, er werde sowohl deren Berichte sowie seine eigenen Beobachtungen »in spätestens einem Jahr« veröffentlichen. Das war im August 1978. Auf eine Nachfrage im Juli 1981 erklärte der Anatom, er habe schon ein paar Ideen für den zu erwartenden Forschungsbericht. Aber noch nichts Bestimmtes. Man möge abwarten. Man wartet noch jetzt.

Warten müssen wir auch auf den Großteil des Nachlasses von Einstein. Er hat seinen alten Freund Otto Nathan zum Verwalter seiner Papiere gemacht. Aber der hat nur einen Bruchteil veröffentlicht. Als ich ihn vor einigen Jahren in New York besuchte und erwähnte, daß dies doch der offenen, jeder Geheimniskrämerei abholden Denkart des großen Verstorbenen genau entgegengesetzt sei, wurde mein Gesprächspartner sehr ärgerlich und hätte mich fast vor die Tür gewiesen.

Ich erwähne diese anekdotischen Details, weil sie mir typisch für das Schicksal eines großen Mannes zu sein scheinen. Sein Leben ist durch viele Widersprüche gekennzeichnet, die unabhängig von seinem eigenen Willen waren.

Einstein als Hauptfigur eines Dramas, in dem die Widersprüche zwischen wissenschaftlichem Fortschritt und gesellschaftlicher Rückständigkeit tragischen Ausdruck finden sollten – das war Bertolt Brechts letzter Stückentwurf. Er hat ihn nicht verwirklichen dürfen. Nur Bruchstücke erster szenischer Skizzen sind im Nachlaß zu finden. Aber mit Freunden und Mitarbeitern hat der Dichter oft über seinen Plan gesprochen. Einer von ihnen war der polnische Physiker Leopold Infeld, mit dem Einstein ein Buch verfaßt hat. Von ihm erhielt Brecht jene Kenntnis, die zum Ausgangspunkt seines Dramas werden sollte: Einsteins »Herzader sprang«, weil er sein Leben für verfehlt hielt.

Der viel später, lange nach dem Tode sowohl Einsteins wie auch Brechts, veröffentlichte Briefwechsel des Vaters der Relativitätstheorie mit seinem Freunde und Kollegen Max Born bestätigt diese Aussage. In den letzten Jahren seines Lebens kam gerade jener, der in der Weltöffentlichkeit als der Prototyp des genialen Wissenschaftlers galt, zu dem Schluß, daß die Wissenschaft zum Feind des Menschen geworden sei. Er würde, stände er noch einmal am Lebensbeginn, keinen Beruf wählen, der etwas mit der »Suche nach neuen Kenntnissen« zu tun hätte, schrieb Einstein. Bei einer anderen Gelegenheit ließ er die Öffentlichkeit wissen, er würde sich glücklicher schätzen, wenn er ein unbeachtet herumziehender Schlosser geworden wäre.

Brecht – soviel wissen wir aus seinen Vorarbeiten – wollte zeigen, daß selbst ein Mensch von entschiedenster Friedensgesinnung zum Werkzeug furchtbarsten Krieges werden müsse, wenn er – trotz häufigen verbalen Protestes – sich von einer Gesellschaftsform integrieren lasse, die ohne Krieg nicht überleben könne. Sein Einstein wäre ein Bruder des »guten Menschen von Sezuan« geworden. Man darf sich fragen, wie Brecht das Schicksal des großen russischen Physikers Pjotr Kapitza bewertet hätte, dem in der Sowjetunion ähnliches widerfuhr wie seinem lebenslangen wissenschaftlichen Freund Einstein. Auch er ein leidenschaftlicher Verteidiger internationaler Zusammenarbeit, auch er ein entschiedener Freund des

Friedens und auch er – obwohl widerstrebend und dafür von Stalin vorübergehend mit Hausarrest bestraft – durch seine wissenschaftlichen Leistungen »mitschuldig« an dem Zustandekommen einer schrecklichen Superwaffe, der Wasserstoffbombe.

Ist nicht auch hier die gleiche ungewollte Verstrickung am Werk? Es wäre zu bedenken, ob jene Schicksalsparadoxie, die gerade die Begabtesten in Rollen zwingt, die sie am meisten hassen, nicht sogar etwas Gesetzmäßiges an sich hat.

Max Born, an philosophischer Stärke und Weite des Horizonts den anderen Physikern seiner Zeit (einschließlich Einstein) überlegen, hat das gespürt und schon im Schatten des nahen Todes bekannt: »Ich werde durch den Gedanken geplagt, daß dieser Bruch zwischen Humanismus und Wissenschaft in der menschlichen Zivilisation, begründet durch die Entdeckung der naturwissenschaftlichen Methode, nicht wiedergutgemacht werden könnte. Obgleich ich die Wissenschaft liebe, habe ich das Gefühl, daß sie so sehr gegen die Geschichte und Tradition ist, daß sie nicht absorbiert werden kann durch unsere Zivilisation.«

Es wäre also hier die Frage zu stellen – eine Frage, die vielleicht von noch grundsätzlicherer Bedeutung ist als die nach der gesellschaftlichen Gebundenheit –, ob das Genie, der Forscher wie der Philosoph, nicht ein Friedensstörer sei, der durch sein gefährliches Denken immer wieder das Bestehende in Frage stellt und Unruhe stiftet, die dann, weit über das hinausgehend, was er selbst zu bedenken wagte, schließlich ihn selbst bedroht und in Frage stellt. Von Einstein wird berichtet, daß er in seinen letzten Jahren zu vielen seiner Besucher in tiefster Resignation geäußert habe: »Am besten – man tut nichts.«

Denken als Schuld, Tun als Schuld, Erkenntnissuche als Sünde. Wissenwollen als gefährliche Herausforderung der Götter – uralte Problematik der »conditio humana«, vor der neuen Jahrtausendwende nun ins Überdimensionale gesteigert durch das Vordringen ins Innerste der Materie – auch der Geist eines Einstein hat schließlich den Fluch des Herrn gehört, verstanden, ja hat ihn anerkannt: Der Griff nach dem Baum der Erkenntnis war die strafwürdige, die schicksalbestimmende, die unheilvolle Geste des Menschengeschlechtes. Schon damals im Dämmer der Schöpfung begann der Unfriede.

Wie erklärt sich Einsteins Resignation? Der äußeren Gründe gibt es übergenug. Sie aufzuzählen wird unsere erste Aufgabe sein. Mit ihnen werden wir uns aber nicht zufriedengeben dürfen: denn es kann uns nicht genügen, ein Heiligenbild zu malen.

Es ist die Verpflichtung der Nachfahren, das Leben ihrer Väter als unvollendet eher denn als vollkommen zu begreifen. Einsteins Pazifismus war zuerst von persönlichem Erleben und persönlichem Interesse geprägt. Am Münchner Luitpold-Gymnasium lernte er früh jenen Geist des wilhelminischen Drills kennen, der sogar das Lernen des Griechischen zum geistigen Griffelklopfen erniedrigte.

Sein Bedürfnis nach eigenem Denken und individueller Lebensführung – er bezeichnete sich selbst gerne als »richtiger Einspänner« – mußte ihn, wie er später bekannte, zum entschiedenen Widersacher der »schlimmsten Ausgeburt des Herdenwesens«, des »mir verhaßten Militärs« machen. Einstein konnte sich in richtige Wut hineinreden und hineinschreiben, wenn es um dieses Thema ging. So schimpfte er: »Wenn einer mit Vergnügen in Reih und Glied zu einer Musik marschieren kann, dann verachte ich ihn schon: er hat sein großes Gehirn nur aus Irrtum bekommen, da für ihn das Rückenmark schon völlig genügen würde. Diesen Schandfleck der Zivilisation sollte man so schnell wie möglich zum Verschwinden bringen, Heldentum auf Kommando, sinnlose Gewalttat und die leidige Vaterländerei, wie glühend hasse ich sie, wie gemein und verächtlich erscheint mir der Krieg. Ich möchte mich lieber in Stücke schlagen lassen, als mich an einem so elenden Tun beteiligen.«

Es war lange die Überzeugung Einsteins, daß Aufklärung über »diesen Spuk« den »gesunden Sinn der Völker« wecken und eine Veränderung herbeiführen könnte. Besonders in den zwanziger Jahren hat er alle seine Hoffnungen darauf gesetzt, daß der Einfluß einer »geistigen Elite«, der »Hemmungslosigkeit und Verantwortungslosigkeit der politischen Machthaber« entgegenwirkend, die Öffentlichkeit gegen den Krieg mobilisieren könnte.

In seinen berühmten Briefen an Sigmund Freud aus den Jahren 1931 und 1932 hat er die Frage aufgeworfen, ob »durch eine freie Verbindung von Personen, die durch ihr bisheriges Schaffen und Wirken eine Garantie für ihre Fähigkeiten und die Lauterkeit ihres Wollens bieten, Wandel geschaffen werden könnte«, und sie dahin beantwortet, daß »eine aus solchen durch ihre Leistungen hochangesehenen Individuen gebildete Gesellschaft auch geeignet wäre, denjenigen Kräften im Völkerbund, die wirklich im Sinne des großen Zieles dieser Institution ihre Tatkraft einsetzen, eine wertvolle moralische Stütze zu sein.«

Freud muß diese Erwartung zu oberflächlich erschienen sein, denn er verwies in der Antwort auf seine jüngsten Arbeiten über die »Verinnerlichung des Destruktionstriebes« und ließ durchblicken, daß er die »Verschiebung so tief in der menschlichen Psyche verankerter Triebziele« kaum von Gewissensappellen prominenter Persönlichkeiten erwarte, ja er bekannte sich zu der »Ketzerei ... die Entstehung unseres Gewissens durch eine solche Wendung der Aggression nach innen zu erklären«.

Tatsächlich sollte sich noch im gleichen Jahre 1933, in dem der Briefwechsel Einstein – Freud von dem an den Völkerbund angeschlossenen Internationalen Institut für geistige Zusammenarbeit herausgegeben wurde, erweisen, daß Appelle an Neid und Gewalt mehr Menschen in Bewegung zu setzen vermochten als die Beschwörung der »moralischen Kräfte«, die Einstein in seiner berühmten ›Ansprache vor der Abrüstungsversammlung deutscher Studenten‹ versucht hatte. Die bis zur Feindlichkeit sich steigernde Scheu gegenüber der »Masse Mensch«, die Einstein in den kurz darauf folgenden ersten Jahren seines amerikanischen Exils zeigte, kam aus Enttäuschung über jene vielen, die er bereits bei einem früheren Besuch in den USA als »Herde« bezeichnet hatte, die »stumpf im Denken und stumpf im Fühlen bleibt«.

Doch nicht genug damit. Nach der Erschütterung seiner Hoffnung auf den »gesunden Sinn der Völker« kam die viel tiefergehende Enttäuschung über mangelnde internationale Solidarität der Wissenschaftler, die er als starkes, vielleicht sogar überlegenes Gegengewicht zum Nationalismus der Politiker hatte sehen wollen. Zwar hatte er bereits im Ersten Weltkrieg miterlebt, daß zahlreiche Forscher auf beiden Seiten, besonders jene »kleineren Formats«, das »anvertraute heilige Gut verraten« hatten, aber er vertrat immer wieder die Ansicht, daß die »Minderzahl derjenigen, die von größeren Gesichtspunkten und Gefühlen erfüllt« seien, sich schließlich durchsetzen könnte.

»Der Erfolg im großen wird auf sich warten lassen, aber er wird sicher kommen«, schrieb Einstein kurz nach dem Ersten Weltkrieg. Und er gab damals dafür eine Begründung, die realistischer schien als die Überschätzung moralischer Kriterien: »Wenn ich bezüglich des Fortschreitens der allgemeinen internationalen Organisation voll zuversichtlicher Hoffnung bin, so beruht dies weniger auf dem Vertrauen in die Einsicht und die

Noblesse der Gesinnung als vielmehr auf dem gebieterischen Druck der wirtschaftlichen Entwicklung. Da diese in so hohem Maße auf der Gedankenarbeit selbst der rückschrittlich gesinnten Wissenschaftler ruht, werden auch diese gegen ihren Willen die internationale Organisation schaffen helfen.«

Wir wissen aus den Berichten derjenigen, die Einstein in den ersten Jahren seiner Emigration nahestanden, wie sehr er auf Zeichen der Verbundenheit seiner langjährigen wissenschaftlichen Kollegen im Dritten Reich hoffte. Daß verhältnismäßig wenige von den Großen und Angesehenen sich offen für das nationalsozialistische Regime aussprachen, konnte ihm nicht genügen. Er hoffte auf klaren Widerstand und Widerspruch gerade von seiten jener, die geblieben waren. Aber sie waren zu klug, zu ängstlich, zu sehr um die Erhaltung ihrer Positionen und Institutionen bemüht, um so etwas zu wagen. Ja sie benutzten – abgesehen von wenigen Ausnahmen – nicht einmal inoffizielle informelle Gelegenheiten, um dem Verfemten ihre Distanzierung von den Angriffen der Eiferer und Ignoranten auf ihn und seine nunmehr als »jüdische Physik« verunglimpfte Lebensarbeit kundzutun.

Durch dieses Versagen wurde jener Akt vorbereitet, der Einstein in seinen letzten Jahren mehr als alles andere zum Zweifeln an seiner eigenen Arbeit und zum Verzweifeln am Geschick der Menschheit brachte: die Unterzeichnung eines von Leo Szilard vorbereiteten Briefes an Präsident Roosevelt, in dem er – nach seinen eigenen Worten – die Notwendigkeit betonte, »Experimente im großen anzustellen zur Untersuchung der Möglichkeit der Herstellung einer Atombombe«. Einstein hat dazu im Herbst 1952 in einer Mitteilung an die japanische Zeitschrift ›Kaizo‹ erklärt: »Ich war mir der furchtbaren Gefahr wohl bewußt, die das Gelingen dieses Unternehmens für die Menschen bedeutete. Aber die Wahrscheinlichkeit, daß die Deutschen am selben Problem mit Aussicht auf Erfolg arbeiten dürften, hat mich zu diesem Schritt gezwungen. Es blieb mir nichts anderes übrig, obwohl ich stets ein überzeugter Pazifist gewesen bin. Töten im Krieg ist nach meiner Auffassung nicht besser als gewöhnlicher Mord.«

Diese Darstellung Einsteins, in der er außerdem noch ausdrücklich konstatiert, daß jene Unterschrift seine »einzige Handlung« bei der Erzeugung der Atombombe gewesen sei, wurde zu einem Zeitpunkt geschrieben, da sich sein Pazifismus gegenüber früheren Jahren deutlich radikalisiert hatte. Einen

»Weg zur Rettung« sah er jetzt nur noch in der »Einführung einer übernationalen richterlichen und exekutiven Instanz, der die Entscheidung der mit der Sicherung der Nationen unmittelbar verknüpften Probleme übertragen wird«. Feierlicher Verzicht auf gegenseitige Gewaltanwendung (nicht nur Verzicht auf Verwendung von Mitteln der Massenvernichtung) sei nötig, könne aber nicht mehr als der erste Schritt sein, dem dann möglichst bald der Übergang zu einer »übernationalen Organisation mit einer hinreichend starken Exekutivgewalt« folgen müßte. Dem einzelnen, besonders dem einzelnen Wissenschaftler riet er zur »Militärdienstverweigerung« und zum »revolutionären Weg der Verweigerung der Zusammenarbeit im Sinne von Gandhi«. Selbst für einen »illegalen Kampf ... einen Kampf um das wirkliche Recht der Menschen gegen ihre Regierungen, soweit diese verbrecherische Handlungen von ihren Bürgern fordern«, trat er nun ein.

Dieses Bekenntnis zum entschiedensten, aber gewaltlosen Widerstand bestätigte Einstein äußerlich durch seine Förderung der von Viktor Paschkis gegründeten zahlenmäßig nur kleinen Society for the Responsibility of Scientists.

Seine Bemühungen um eine Neuordnung der internationalen Struktur wollte er mit Hilfe der vorübergehend starken Bewegung für eine Weltregierung der Verwirklichung näher bringen. Später – als die Verschärfung des kalten Krieges dieses Ziel zunächst illusorisch erscheinen ließ – unterstützte er trotz seiner wachsenden Zweifel in bezug auf den Nutzen solcher Anstrengungen die Bemühungen Nehrus und Russells, die führenden Wissenschaftler der Welt zu einer permanenten »pressure group« zusammenzufassen, welche die Regierungen, die Parlamente und die Öffentlichkeit nicht nur auf die Gefahren der atomaren Eskalation, sondern auch auf mögliche Maßnahmen für eine Verlangsamung des Rüstungswettlaufs hinweisen sollte.

Noch zwei Tage vor seinem Tode hat Albert Einstein zusammen mit Max Born, Percy Bridgman, Leopold Infeld, Frederic Joliot-Curie, H. J. Muller, Linus Pauling, C. F. Powell, Joseph Rotblat und Hideki Yukawa das sogenannte Russell-Einstein-Manifest unterschrieben, das mit den Worten schloß: »Im Hinblick auf die Tatsache, daß in jeglichem künftigen Weltkrieg Kernwaffen mit Sicherheit angewendet werden und daß diese Waffen das weitere Bestehen der Menschheit gefährden, dringen wir in die Regierungen der Welt, daß ihre Absichten durch einen Weltkrieg nicht gefördert werden können, und fordern sie mit Nachdruck auf, friedliche Mittel für die Regelung aller zwischen ihnen bestehenden Streitfragen zu finden.«

Mit dieser Erklärung begann die sogenannte Pugwash-Bewegung der Wissenschaftler, deren – erst zum Teil bekannte – Einwirkung auf die politische Entwicklung der Nachkriegszeit erheblich war, denn sie führte zu einer permanenten Kontaktnahme zwischen führenden Forschern in West und Ost, die selbst die schlimmsten Krisen auf Regierungsniveau überdauerte und mehr als eine gefährliche Situation entschärfte.

Noch im Jahre 1955 – dem Todesjahr Einsteins – war es unvorstellbar, daß, wie es 1968 geschah, tausende Forscher in den USA an fast allen Universitäten offen und oft mit Erfolg für die Ausschließung jeglicher Rüstungsforschung aus dem akademischen Raum eintreten würden, daß sie, wie zum Beispiel Philip Sievkevitz von der New Yorker Rockefeller-Universität, verlangen könnten, Mikrobiologen, die tödliche Viren zu Kampfzwecken entwickelten, Chemiker, die an chemischen Waffen arbeiteten, Physiker, die »größere und bessere Bomben« herstellen sollten, als »unverantwortlich« zu brandmarken und von den anderen Forschern nicht mehr als Wissenschaftler anzuerkennen. Man müsse ihnen künftig sogar den Zutritt zu Universitäten, zu Berufsorganisationen und den Besuch von wissenschaftlichen Kongressen verweigern.

Seither ist die Friedensbewegung der Wissenschaftler weitergewachsen. Sie hat als Folge der neuen Spannungen um Rüstung und Nachrüstung, die unsere gegenwärtige Lage charakterisieren, nach einer kurzen Zeit des Nachlassens nun wieder verstärkt ihre Stimme erhoben. Die »Vereinigung besorgter Wissenschaftler« in den USA, die von der Russell-Stiftung organisierte »Weltabrüstungskampagne« und vor allem die Internationale Ärztebewegung gegen Atomwaffen versuchen heute im Geiste Einsteins das Prestige der Wissenschaft gegen die drohende Katastrophe in die Waagschale zu werfen.

Allerdings: Sie sind immer noch eine Minderheit unter den Wissenschaftlern, diese Verteidiger des Friedens. Mehr als 400000 Forscher arbeiten direkt oder indirekt im Dienste der Waffen-Entwicklung. Einige von ihnen können sich vormachen, sie treffe keinerlei Schuld, denn sie studieren Detailprobleme, deren Ergründung für die Rüstung unentbehrlich ist, ohne daß dieser Zusammenhang dem, der daran arbeitet, sofort ersichtlich ist. Doch neben solchen mehr oder weniger unschuldigen Mitläufern gibt es auch Rüstungsforscher, die ganz genau wissen, was sie tun. Ihnen geben Lord Zuckerman, der bis zu seiner Pensionierung vom englischen Staatsdienst führender Forschungsbürokrat war, und Professor Frank Barnaby, der langjährige Chef des Rüstungsforschungsinstituts SIPRI in Stockholm, sogar mehr Schuld an der Permanenz und Steigerung des Rüstungswettlaufs als den Politikern. Denn, so meinen diese wissenden Zeugen, es seien vor allem die Erfinder ständig raffinierterer Waffen, die den Regierungen die Herstellung immer neuer Mordinstrumente aufzwingen.

Diese letztlich das Überleben der Menschheit gefährdende unstillbare Neugier eines Teils ihrer Gilde führt nun kritische Forscher zu der radikalen und utopischen Frage, ob es nicht notwendig werde, ein Moratorium für den gesamten außer Kontrolle geratenen wissenschaftlich-technischen Fortschritt auszurufen, damit die Menschheit endlich Gelegenheit finde, in Ruhe neue, längst notwendige, gegen menschenfeindliche Risiken gerichtete soziale Verhaltensregeln zu erfinden, zu entwerfen und zu erproben. Und es wird schließlich sogar jene Frage aufgeworfen, die wir am Anfang dieser Ausführungen erwähnten: Ist nicht vielleicht die unablässige Suche nach neuer Erkenntnis, das nie ruhende Vordringen in immer tiefere Schichten der Natur und des Menschen der eigentliche Feind des Friedens? Kann daher ein Forscher, der doch ständig als Kritiker, Neuerer und »Störer« auftreten muß, sich ernsthaft als »Freund des Friedens« bezeichnen?

In dieser Fragestellung kündigt sich ein neuer Gegensatz an, der sich jenseits der heute aufgerissenen Fronten etabliert. Auf der einen Seite wären diejenigen zu finden, die von den alten Werten der Leistung, der Mehrung, des Erfolges Abschied nehmen, die den »homo faber« und die »vita activa« als Wertsetzungen nicht mehr akzeptieren wollen. Solche Haltungen sind in der Geschichte der Menschheit häufiger zu finden, als wir heute zuzugeben geneigt sind, ja sie haben sich in einigen der sogenannten »unterentwickelten« Länder bis heute gehalten. In einem Zeitalter wachsender Automatisierung und Rationalisierung wäre es vermutlich sogar möglich, daß ein großer Teil der Menschheit eine kontemplative Lebenshaltung wählt, ohne deshalb verhungern zu müssen.

Andererseits liegt uns westlichen Menschen, deren Einfluß heute noch weltweit ist, eine dynamische, aber nunmehr sinnvoll kontrollierte Weiterentwicklung näher. Dies würde bedeuten: vermehrtes Augenmerk auf die Folgen, das heißt die voraussehbaren Nebenwirkungen und Zukunftswirkungen wissenschaftlicher Entdeckungen und technischer Entwicklungen.

Daß die Tragödie Albert Einsteins nicht ein Endpunkt war, wie Brecht anzunehmen schien, sondern der Ausdruck einer Wachstumskrise des Menschengeschlechts, ist die Überzeugung des Verfassers dieser Skizze. Diese Krise kann tatsächlich in eine Katastrophe führen. Das ist eine entsetzliche Vermutung, die gerade in diesen Tagen uns alle bedrängt. Einsteins Hoffnung, diese gefährliche Zeit könne überstanden werden, war von einem tiefen Glauben getragen, der trotz allem stärker war als seine Anwandlungen von Resignation. Seine Bemerkung »Gott würfelt nicht« kam aus der Überzeugung, es gebe ein höheres Gesetz, das sich letztlich gegen Sinnlosigkeit und Zufall durchsetzen müsse.

Ich erinnere mich, als wäre es heute, an einen Besuch im Institute of Advanced Study in Princeton, wo Einstein an seinen letzten großen Entwürfen arbeitete. Damals sah ich, wie er das Gebäude verließ und, nur schwer sich fortbewegend, unerträglich langsam dem umzäunten Ausgang entgegenstrebte. »Wir haben ihm angeboten, mit dem Auto näher an sein Büro heranzufahren. Er wollte das nicht«, sagte mir einer der Mitarbeiter der Informationsabteilung. »Der will einfach nicht aufgeben.«

Nicht aufgeben, selbst wenn die verzweifelte Aussichtslosigkeit des Augenblicks das nahelegt. Daran denke ich, wenn ich höre und lese, Einsteins Pazifismus sei doch recht naiv gewesen. In einem tieferen Sinn reichte er über das Berechenbare hinaus in eine Sphäre von unbeweisbarer Gültigkeit.

Theodor Ebert

Abraham Johannes Muste (1885–1966)

Als Sprecher der neuen deutschen Friedensbewegung treten immer wieder Christen hervor. Dasselbe gilt für die amerikanische Friedensbewegung. Der Basistext ihres Engagements ist nicht eine kirchenoffizielle Denkschrift oder Enzyklika; es ist in erster Linie die Bergpredigt Jesu mit ihrer Botschaft der Feindesliebe und ihrer Absage an die Anwendung oder Androhung militärischer Gewalt. Heinrich Albertz, nicht nur Pfarrer, sondern auch früherer Chef der kasernierten Bereitschaftspolizei Berlins, hat sich zu wiederholten Malen mit der Verbindlichkeit dieser Bergpredigt für die Politik befaßt. Die stärkste Resonanz fanden seine Überlegungen in einem Wort zum Sonntag, im Fernsehen am 27. November 1979. Albertz sagte: »Ich bin, je älter ich werde, desto mehr überzeugt, daß seine Bergpredigt sehr viel nüchterner und praktischer und wahrhaftiger über diese Welt und uns Menschen Bescheid weiß als alle politischen und militärischen Programme. Sie will, daß wir ohne Waffen leben.« Bei Albertz war dies eine späte Einsicht, und er meint heute noch, daß es ein weiter Weg ist, bis alle ohne Waffen leben können.

Solche Worte und die selbstkritischen Erfahrungsberichte dieses alten Mannes sind ein wichtiges Zeugnis; man wüßte nur gerne, wie ein Lebensweg aussieht, in dem die Bergpredigt schon in jungen Jahren und mit methodischer Konsequenz zur Richtschnur des Handelns wurde. Einen solchen Lebensweg, nämlich den des amerikanischen Pazifisten Abraham Johannes Muste, möchte ich hier darstellen. Er wurde 1885 in Holland geboren, wanderte im Alter von sechs Jahren mit seinen Eltern nach Amerika aus, fand dort freundliche Aufnahme, und als er 1967 starb, galt er als die markanteste Figur in der amerikanischen Friedensbewegung; das Nachrichtenmagazin ›Time‹ nannte ihn die »Number One« unter den amerikanischen Pazifisten.

Begonnen hatte diese merkwürdige Karriere damit, daß ihm beim Ausbruch des Ersten Weltkrieges unter dem Einfluß von Schriften der Quäker Zweifel an der herrschenden Lehre vom bellum iustum, dem gerechten Krieg, kamen. Er war damals calvinistischer Pfarrer in Newtonville, einem Randbezirk Bostons in Massachusetts. Er fragte sich: Warum sollte die christliche Lehre von der Nächstenliebe nur für die Beziehung zwischen Individuen, nicht aber für die Beziehungen zwischen sozialen Gruppen und Nationen gelten? Da seine ganze Erziehung darauf angelegt gewesen war, die Lehren der Bibel wörtlich und ernst zu nehmen und sich gegen die Heuchelei zu wehren, die etwas anderes lehrt als sie praktiziert, kam er nach einigen Monaten inneren Ringens zu dem Ergebnis: »Ich konnte die Bergpredigt nicht umdeuten. Die ganze Vorstellung vom Kreuz und leidensbereiter Liebe ließ sich mit der Teilnahme am Krieg nicht vereinbaren.« 1916 trat Muste der Fellowship of Reconciliation, dem Versöhnungsbund, einer christlich-pazifistischen Organisation, bei, die 1914 von Christen der offiziell verfeindeten Lager gegründet worden war.

Die pazifistische Auslegung der Bibel wurde von Mustes Gemeinde zunächst toleriert. Als jedoch die ersten Gefallenen zu beklagen waren, weigerten sich die Angehörigen, den Trost ausgerechnet des Pfarrers anzunehmen, der den neutestamentlichen Auftrag des soldatischen Einsatzes ihrer Söhne bestritten hatte. Im Dezember 1917 mußte Muste sein Pfarramt aufgeben.

In den nächsten zwei Jahren betreute Muste Kriegsdienstverweigerer, predigte in einer Quäker-Gemeinde und lebte mit seiner Frau und der Tochter Anne in einer Kommune des Versöhnungsbundes in Boston. Muste berichtete über diese Zeit: »Wir standen meist um fünf Uhr auf, um das Neue Testament zu lesen, besonders die Bergpredigt. Wenn es kalt war, zogen wir dazu unsere Mäntel an. Wir analysierten den Text, meditierten über jeden Satz, ja über einzelne Worte, beteten und fragten uns, was es für uns hier und heute bedeuten würde, diesen Anweisungen Folge zu leisten.« Es waren Exerzitien mit Realitätsbezug – und die Herausforderung war viel näher, als sie zunächst angenommen hatten.

Anfang 1919 stand in der Nachbarstadt Lawrence ein Streik der Textilarbeiter unmittelbar bevor. Streiks pflegten damals in den USA blutig unterdrückt zu werden, und die bolschewistische Revolution in Rußland verschärfte die Situation zusätzlich. Muste und seine Freunde, von denen die meisten gleichfalls entlassene pazifistische Pastoren waren, informierten sich über die Lage der Textilarbeiter und unterstützten ihre Lohnforderungen mit einem Flugblatt. Die 30000 streikwilligen Arbeiter waren in einer schwierigen Lage. Die etablierte Gewerkschaft, die nur die wenigen qualifizierten Facharbeiter organisierte, unterstützte den Streik nicht. Die Streikwilligen waren Einwanderer zwanzig verschiedener Nationalitäten und hatten in der Regel nur geringe Englischkenntnisse. In den ersten Streiktagen wurden die Streikposten von der Polizei systematisch verprügelt. Die Arbeiter brauchten dringend einige Leute, die über etwas gesellschaftliches Ansehen und genügend Wissen verfügten, um die Ziele des Streiks der Öffentlichkeit klarmachen zu können. Am Ende der ersten Streikwoche wurde A. J. Muste zum Leiter des Streik-Komitees gewählt. Um die Kampfmoral zu stärken, bezogen auch er und seine Bostoner Freunde Streikposten. Sie wurden gleichfalls verprügelt, einer der pazifistischen Pfarrer bewußtlos geschlagen, Muste selbst ins Gefängnis verbracht, aber noch vor Einbruch der Nacht gegen eine Kaution herausgeholt. Das bewahrte ihn vor einer weiteren Tracht Prügel, die den Gefangenen in der Regel beim Abtransport in andere Gefängnisse verabreicht wurde, weil sie angeblich zu fliehen versuchten.

Mehr als hundert Arbeiter waren mit Muste verhaftet worden. Die Bereitschaft der Streikleitung, am Risiko der Arbeiter teilzuhaben, stärkte die Kampfmoral, und Spenden aus pazifistischen Kreisen halfen den mittellosen Familien durchzuhalten. Die Lage spitzte sich jedoch zu, als die Polizei Maschinengewehre aufstellte. Ein Mitglied des Streikkomitees rief die Arbeiter auf, ihre große Zahl zu nutzen, um die Polizei anzugreifen und die Maschinengewehre auf die Unterdrücker zu richten. Zu Mustes Erleichterung wiesen die anderen Mitglieder des Komitees darauf hin, daß die Maschinengewehre genau diese Reaktion provozieren sollten, um den Streikenden die Sympathisanten zu nehmen. Blieben die Maschinengewehre unbeachtet, seien sie wertlos. Ein Arbeiter sagte noch dazu: »Mit Maschinengewehren können sie keine Wolle spinnen.«

Später stellte sich dann noch heraus, daß der Befürworter gewaltsamer Notwehr ein von den Fabrikanten bezahlter agent provocateur war. Es war damals ohnehin üblich, daß die Unternehmer über Detektivbüros eine größere Zahl von Spitzeln in die Belegschaften einschleusten. In dem Streikkomitee der Lawrence-Textilarbeiter war auch der Kassenwart ein Agent der Unternehmer. Er hatte Muste und die anderen Mitglieder der pazifistischen Kommune zunächst gleichfalls für Agenten eines konkurrierenden Detektivbüros gehalten, in der Zusammenarbeit jedoch Muste als ehrliche Haut schätzen gelernt. Bevor er auftragsgemäß floh, um den Eindruck eines Auseinanderbrechens der Streikfront zu erwecken, informierte er Muste, wie dieser ihn durch die zufällige »Entdeckung« eines geheimen Briefkastens nachträglich entlarven könne, ohne daß ihm dies bei seinen Auftraggebern schaden würde.

Erst nach fünfzehn Wochen Streik gab die Gegenseite auf und erklärte sich mit der zwölfprozentigen Lohnerhöhung und der Verbesserung der Arbeitsbedingungen einverstanden. Schon während des Streiks war Muste zum Generalsekretär der überregionalen Gewerkschaft der Textilarbeiter gewählt worden.

Damit begann für den christlichen Pazifisten die Laufbahn als Arbeiterführer, in der er sich vor allem als Organisator von Streiks und als Schlichter bei innergewerkschaftlichem Streit bewährte. Um jedoch aus dem Mittelstand kommende Berater entbehrlich zu machen und aus der Arbeiterschaft selbst eine qualifizierte Führungsgruppe zu gewinnen, wurde 1921 noch einmal von Pazifisten, aber doch schon mit gewerkschaftlicher Förderung das Brookwood Labor College im Staate New York gegründet und Muste die Leitung übertragen. Brookwood war eine Heimvolkshochschule, in der im Beruf erfahrene Arbeiter sich in einem ein- bis zweijährigen Aufenthalt für ihre gewerkschaftlichen Aufgaben schulten. Zwölf Jahre war Muste im Brookwood Labor College tätig. Sein besonderes Interesse galt der Geschichte der Arbeiterbewegung und der Analyse der Lage der Arbeiter in einzelnen Industriezweigen.

Unter dem Eindruck der wirtschaftlichen Depression und der steigenden Zahl der Arbeitslosen wandte sich Muste den Klassenkampftheorien von Marx, Lenin und Trotzki zu. Er nahm wieder verstärkt an Streikaktionen teil und versuchte, zwischen den konservativen Gewerkschaften und der moskauorientierten Kommunistischen Partei radikale Arbeitergruppen in der Conference for Progressive Labor Action zusammenzufassen mit dem Ziel, schließlich zu einer Arbeiterpartei zu kommen, die der englischen Labour Party vergleichbar sein würde. Dieses Engagement war mit einer beständigen Lehrtätigkeit im Brookwood Labor College immer schwerer zu vereinbaren. 1933, auf dem Höhepunkt der Arbeitslosigkeit, schied Muste achtundvierzigjährig aus der einigermaßen gesicherten Lehrtätigkeit aus, identifizierte sich und die inzwischen fünfköpfige Familie erneut mit dem Schicksal derjenigen, für die er kämpfte, den Arbeitslosen.

Muste hat die folgenden drei Jahre von 1933 bis 1936 später als »Umleitung« bezeichnet. Tatsache ist, daß Muste in diesen

Jahren versuchte, Politik mit Gruppierungen zu machen, die sich in ihrem Verhalten und in ihren Zukunftsvorstellungen nicht an der Bergpredigt orientierten.

Angesichts der Massenarbeitslosigkeit hatten er und mit ihm die meisten amerikanischen Arbeiter den Eindruck, daß die Kirche hierzu nichts zu sagen habe, was schleunige Abhilfe versprach. Muste kommentierte rückblickend: »Die Kirchen identifizierten sich mit dem status quo. Sie waren mittelständisch in der Zusammensetzung und in der Aussage. Mit ganz wenigen Ausnahmen schienen sie irrelevant zu sein. Angesichts des Elends und der Verzweiflung der Wirtschaftskrise schienen einzig die Radikalen, die Linken, die Leute, welche sich auf eine marxistische Philosophie beriefen, wirklich etwas zu tun. Sie schlossen die Menschen zur Aktion zusammen; sie wagten den offenen Kampf. Wer nicht indifferent oder verzweifelt war, schloß ich ihnen an.« Den vollen persönlichen Einsatz, den Muste eigentlich von den Christen erwartet hatte, fand er nur bei den radikalen Marxisten. Er entschloß sich, den revolutionären Weg zu gehen, und betrachtete sich nicht länger als Christ und Pazifist, sondern erklärte: »Ich wähle die Revolution, und ich weiß, daß dies auch Gewaltanwendung bedeuten kann.« Er war sich darüber im klaren, daß er diesen Weg nicht als christlich bezeichnen durfte. »Ohne Pazifismus konnte ich auch nicht länger Christ sein.« Eine Theologie der gewaltsamen Revolution wäre für Muste ein Widerspruch in sich selbst gewesen.

Nachdem Muste die Leitung des Brookwood Labor College niedergelegt hatte, widmete er sich voll und ganz dem revolutionären Klassenkampf, der Organisation von Arbeitslosen und der Durchführung von Streiks. Zur gewaltsamen Aktion hat er – und sei es auch nur aus pragmatischen Gründen – jedoch nicht aufgerufen. Ein Ergebnis der Streiks sollte sein, die alten ständischen Gewerkschaften durch neue militante Industriegewerkschaften zu ersetzen. Man hoffte, dadurch ein Instrument für die revolutionäre Auseinandersetzung mit den Herrschenden zu erhalten. Seit 1928 war der Träger dieser Organisationsarbeit die Conference for Progressive Labor Action gewesen. 1933 bildete Muste aus ihr die American Workers Party, die amerikanische Arbeiterpartei.

Die extremste Zuspitzung erhielt Mustes revolutionäres Engagement, als er 1934 die Fusion der American Workers Party mit den amerikanischen Trotzkisten betrieb und diese im Dezember 1934 zur Workers Party of the United States führte. Die Trotzkisten-Zeitung ›The Militant‹ verkündigte: »Neue Partei startet zu gewaltigem Unternehmen: dem Umsturz der kapitalistischen Herrschaft in Amerika und der Schöpfung eines Arbeiterstaates.«

Das Experiment der Muste-Gruppe mit den Trotzkisten brachte seinem Initiator bald eine Reihe bitterer Erkenntnisse. Statt zu einem großangelegten Klassenkampf kam es zu endlosen Querelen mit anderen sozialistischen Parteien, zu Unterwanderungsversuchen, zu rücksichtslosen Fraktionskämpfen voll Intrigen und Täuschungsmanövern. Muste war nicht bereit, diesen Stil der Auseinandersetzung zu akzeptieren. Sein trotzkistischer Partner James Cannon versuchte, ihm klarzumachen: »Freundschaft ist eine gute Sache für die persönlichen Beziehungen, aber sie muß immer den Prinzipien und den Interessen der Bewegung untergeordnet werden.« Vergebens. Resignierend mußte Cannon feststellen: »Muste wollte nicht begreifen. Er hatte zu viel von einem Gentleman.«

Paul Goodman, einer der pazifistischen Mitarbeiter Mustes in den späteren Jahren, hat dieses Verhalten damit erklärt, daß Mustes oberstes Gebot politischer Aktion bei allen seinen Experimenten durchgängig immer gewesen sei, einen »persönlichen Kontakt« herzustellen, man könnte mit Martin Luther King auch sagen, »Gemeinschaft zu bilden«. Es gab für Muste kein von den Interessen einzelner zu abstrahierendes Interesse einer Bewegung; es gab für ihn nicht einmal den Begriff der Masse. Dies war wohl auch die Erklärung dafür, daß er überall rasch das Vertrauen der Arbeiter gewann und an der Front der amerikanischen Arbeiterbewegung zum großen Mobilmacher werden konnte. Diese Fähigkeit, Menschen zu bewegen, hat Trotzki an Muste immer bewundert. Aber den parteiinternen Intrigen der skrupellosen Apparatschiks war Muste damit nicht gewachsen, und er befand sich bald als Generalsekretär der trotzkistischen Partei in ziemlich isolierter Position. Die Trotzkisten beschlossen, sich einer anderen sozialistischen Partei anzuschließen beziehungsweise diese zu unterwandern. Muste war dagegen, konnte sich jedoch nicht durchsetzen. Trotzki versuchte, ihn durch eine persönliche Unterredung noch in der Partei zu halten.

Für Muste war jedoch das negative Ergebnis dieses Experimentes schon deutlich geworden. Aus der Distanz einer Europa-Reise und in der Konfrontation mit dem Faschismus schrieb er im Jahre 1936: »Die revolutionäre Arbeiterbewegung hat an vielen Plätzen Niederlagen erlitten und ist an anderen in eine Sackgasse geraten und dies weitgehend, weil ihr die ethische und geistige Orientierung fehlte. Der Idealismus und der Elan haben die revolutionäre Bewegung in Europa weitgehend verlassen.« Muste führte dies vor allem auf die parteiinternen Auseinandersetzungen und wechselseitigen Diffammierungen zurück.

Auf seiner Europa-Reise entschloß er sich, das suspendierte Experiment mit dem christlichen Pazifismus wieder aufzugreifen und nun die Synthese zu einem Konzept der revolutionären gewaltfreien Aktion zu versuchen. Martin Luther King ist es später gelungen, diese von A. J. Muste gesuchte und auch praktizierte Synthese auf den Begriff zu bringen. In seinem Bericht über den Bus-Boykott in Montgomery schreibt er:

»Der dritte Weg, der einem unterdrückten Volk in seinem Befreiungskampf offensteht, ist der des gewaltfreien Aufstandes. Wie in der Synthese der Hegelschen Philosophie muß es das Prinzip der gewaltfreien Aktion sein, die Gegensätze – Ergebung und Gewalt – in Einklang zu bringen, indem sie das Extreme und Unmoralische, das beiden anhaftet, vermeidet.

Der gewaltfreie Akteur ist mit dem, der sich in sein Schicksal ergibt, einer Meinung, daß man nicht tätlich gegen seinen Gegner vorgehen soll. Andererseits ist er aber auch mit dem, der für Gewalt ist, einig, daß man dem Bösen Widerstand leisten muß. Er vermeidet die Widerstandslosigkeit des ersteren und die gewaltsame Aktion des letzteren. Wer zur gewaltfreien, direkten Aktion greift, braucht sich weder als Einzelperson noch als Gruppe irgendwelchem Unrecht zu beugen; er braucht aber auch nicht zur Gewalt zu greifen, um sich Recht zu verschaffen.«

Mustes Freunde wurden von dieser Wendung zur revolutionären Gewaltfreiheit völlig überrascht. Hatte er sich nicht in New York am Pier noch mit dem traditionellen revolutionären Gruß der hocherhobenen, geballten Faust verabschiedet – und nun sollte er als Pazifist aus Europa zurückkehren?

Es war jedoch kein Comeback zu einem bürgerlichen Pazifismus und kein Verrat an der Arbeiterbewegung. Vielmehr versuchte er, die Verweigerung der Beteiligung an Kriegshandlungen mit dem Widerstand gegen die häufig ökonomischen Kriegsursachen zu verbinden. Nach den schlechten Erfahrungen mit den internen Streitigkeiten der sozialistischen Parteien und dem autoritären Verfahren der zentralistischen Kaderparteien baute er von nun an nicht mehr auf Parteien, sondern setzte auf Einpunktbewegungen, Bürgerinitiativen und deren Zusammenschlüsse. Er agierte so auf noch breiterer Front als früher. Der Versöhnungsbund wählte ihn sofort nach seiner Abwendung vom Trotzkismus wieder in seinen Vorstand und ernannte ihn zum Sekretär für industrielle Konflikte. In dieser Funktion war er weiterhin an Streiks beteiligt und entwickelte vor allem die gewaltfreien Kampftechniken des Aufstellens von Streikposten und des Sit-in am Arbeitsplatz weiter. Später dann als Generalsekretär des Amerikanischen Versöhnungsbundes leistete er den schwarzen Mitgliedern des Bundes Hilfestellung bei der Gründung des Congress of Racial Equality, der Pionierdienste für die Bürgerrechtsbewegung leisten sollte mit den Freiheitsfahrten (Freedom Rides) in rassengetrennten Bussen und Sit-ins in rassengetrennten Restaurants.

Mustes Hauptaugenmerk galt jedoch seit 1936 der Verhinderung von Kriegen beziehungsweise deren Abbruch. Hier sah er die Kirchen und die sozialistischen Gruppen versagen. Von der amerikanischen und der europäischen Arbeiterbewegung waren hier keine entscheidenden Beiträge zu erwarten; eine große studentische Protestbewegung und Vorstellungen über unilaterale gewaltfreie Alternativen zur militärischen Verteidigung gab es noch nicht.

So blieben Mustes Thesen, die er in der Schrift ›Nonviolence in an Aggressive World‹ entwickelte, ohne breite Resonanz. Er hatte darin die Behauptung gewagt, daß trotz des totalitären Charakters der faschistischen Regime der Krieg kein geeignetes Mittel sei, den Faschismus zu besiegen und die ihm Unterworfenen zu befreien. »Der Krieg an und für sich macht alle möglichen Scheußlichkeiten nur eher möglich und schlimmer in der Ausführung.« Rückblickend meinte er zum heiklen Thema einer häufig gebrauchten moralischen Rechtfertigung der Kriegsanstrengungen: »Ich glaube nicht, daß Amerikas Kriegseintritt vielen Juden das Leben rettete. In Wirklichkeit machte es der Krieg Hitler einfacher, seine Politik gegenüber den Juden in vollem Umfange durchzuführen. Er konnte für sich ausnutzen, daß die Deutschen den Eindruck hatten, ihr Land sei von allen Seiten belagert.« Auch Gandhi hat 1945 im Blick auf den Bombenkrieg und seine Opfer gesagt, die Alliierten hätten Hitler nur überhitlert.

Schon während des Zweiten Weltkriegs und verstärkt dann nach dem Krieg hat im amerikanischen Pazifismus die Gandhi-Rezeption eingesetzt. Muste fand bei Gandhi eine neue Doktrin für die Revolution und für deren Verteidigung mit gewaltfreien Methoden. Nach dem Krieg arbeitete Muste in einer Kommission der amerikanischen Quäker mit, die aufgrund der Erfahrungen mit dem zivilen Widerstand gegen die deutsche Besatzungsmacht in Dänemark und Norwegen die Möglichkeiten des gewaltfreien Widerstandes als Mittel der Verteidigungspolitik prüfte. Diese Überlegungen sind inzwischen von pazifistischen Soziologen und Politologen zum Konzept der gewaltfreien beziehungsweise sozialen Verteidigung weiterentwickelt worden.

Diese Studien verstärkten bei Muste die Überzeugung, daß Orientierung an der Bergpredigt nicht Unterwerfung unter Diktatoren bedeutet, kein Rückzug aus der politischen Verantwortung ist. Muste widersprach damit Reinhold Niebuhr, dem damals bekanntesten Sozialethiker unter den protestantischen Theologen. Niebuhr rechtfertigte die atomare Abschreckung mit dem Hinweis auf die sündige Natur des Menschen. Muste war in seiner calvinistischen Erziehung auf menschliche Schwäche durchaus hingewiesen worden. Er kritisierte selbst am Pazifismus, daß dieser häufig zu etwas zu billigen und einfachen Lösungen neige. Er bestand jedoch darauf, daß es das Wesen des Christentums gerade sei, daß der Mensch als moralisches Wesen sich nicht auf die Sünde als den Regelfall einstelle, sondern die Hoffnung auf Vollkommenheit nicht aufgebe. Zum Christen gehöre die Leidenschaft für das Vollkommene. Darin sei der Christ den Künstlern oder den Wissenschaftlern vergleichbar, die auch nicht aufgeben dürften, bevor sie nicht die richtigen Lösungen gefunden hätten. Muste war sich schon darüber im klaren, daß der Mensch in seiner Schwäche scheitern konnte; aber er durfte nicht von vornherein, wie er sagte, der »Gnade Gottes Grenzen setzen«. Er berief sich gegenüber Niebuhr auf Jesus, der seinen Nachfolgern auch keine Erfolgsgrenzen gesetzt, sondern in der Bergpredigt zum Gebot der Feindesliebe gesagt habe: »Darum sollt ihr vollkommen sein, gleichwie euer Vater im Himmel vollkommen ist.« Mustes Aufsatz über ›Pazifismus und Vollkommenheit‹ aus dem Jahre 1948 ist das wichtigste Dokument von Mustes theologischen Auffassungen, und da die deutsche Friedensbewegung bisher nur geringe Anstrengungen unternommen hat, ihr Engagement theologisch zu fundieren, könnte ein Aufarbeiten der Kontroverse zwischen Muste und Niebuhr, der auch einmal Mitglied des Versöhnungsbundes war, hierfür eine provozierende Anleitung und eine vorzügliche Einführung in die Diskussion über politische Ethik in den USA bieten.

Während Mustes radikalpazifistische Argumentation vor dem Zweiten Weltkrieg noch nicht zum bewegenden politischen Faktor wurde, fand sein Konzept, das Christentum, Pazifismus und Sozialismus verband, das erhoffte Echo, als die militärisch erfolgreichen USA die von Muste schon vor dem Krieg befürchtete Rolle des Weltgendarmen übernahmen und in Südvietnam eine korrupte Oligarchie durch einen gnadenlosen Anti-Guerillakampf stützten.

1957 hatte das Committee for Nonviolent Action unter dem Vorsitz und noch mehr unter der Mittäterschaft Mustes mit den Demonstrationen und dem zivilen Ungehorsam gegen amerikanische Atombomben-Versuche, dem Protest gegen die kubafeindliche Politik und die amerikanischen Interventionskriege begonnen. Wie King die Probleme der Schwarzen durch direkte Aktionen dramatisierte, so versuchte Muste durch Go-ins in Militärstützpunkte seinen Standpunkt publik zu machen. Die Ausweitung des Vietnam-Krieges machte Muste dann zu Amerikas Pazifisten Nr. 1. Seine Bekanntschaft oder Mitarbeit in den verschiedenen pazifistischen und sozialistischen Organisationen, seine Starthilfe für einige Bürgerrechts-Organisationen der Schwarzen machten ihn zum idealen Koordinator der Mobilisierung gegen den Vietnam-Krieg.

Muste setzte Pazifismus nicht mit Neutralismus gleich; er suchte bei der Beurteilung kriegerischer Auseinandersetzungen die Schuld nicht gleichmäßig auf alle Parteien zu verteilen. Er zögerte nicht, die amerikanische Regierung und die südvietnamesische Herrenschicht mit der Hauptschuld an dem Krieg zu belasten, sah jedoch auch eine Mitverantwortung für die horrenden Opfer solcher revolutionären Befreiungskriege bei den Organisatoren dieser Kriege und denjenigen, die passiv das Unrecht dulden. Er glaubte nicht an den Erfolg revolutionärer Befreiungskriege, weil er beobachtete, wie auch die revolutionäre Gewaltanwendung zur Unduldsamkeit gegen Kritik, zu internen Säuberungen und zur emanzipationsfeindlichen Hierarchiebildung führte. Er hielt es mit der These des belgischen Sozialisten und Pazifisten Bart de Ligt: »Je mehr Gewalt, desto weniger Revolution.«

Er zog aus diesen Vermutungen und Erkenntnissen jedoch nicht die Schlußfolgerung, daß es für einen gewaltfreien Revolutionär im Verhältnis zu den gewaltsamen Befreiungsorganisationen nur die Alternative des unkritischen Partei-Ergreifens oder der Distanzierung geben würde. Er sah die Möglichkeit, sich mit den unterdrückten Menschen zu solidarisieren, indem er den gewaltsam Herrschenden eine wirksame Opposition entgegenstellte. Seine Solidarität weniger mit der nordvietnamesischen Regierung oder der FNL als mit den leidenden Vietnamesen bestand darin, daß er versuchte, den revolutionären Befreiungskrieg unnötig zu machen oder abzukürzen, indem er zum zivilen Ungehorsam gegen die amerikanische Kriegsführung aufrief.

Der Aufruf des alten Pazifisten blieb diesmal nicht vergeblich. Viele Amerikaner, die sich nicht als prinzipielle Pazifisten verstanden, verweigerten sich doch dem Einsatz in Vietnam. Hunderte verbrannten öffentlich ihre Einberufungsbescheide, Tausende und Zehntausende versammelten sich zu Teach-ins, Großkundgebungen und Friedensmärschen. Zum erstenmal in der amerikanischen Geschichte war der Pazifismus zu einem politischen Faktor geworden, der die Regierung schließlich – nach Mustes Tod – zum Abbruch des Krieges zwingen konnte.

Im Januar 1967 ist A. J. Muste zu seiner letzten Reise aufgebrochen. Sie führte ihn zusammen mit Pastor Martin Niemöller nach Hanoi. Was ihn am meisten erschütterte, war ein Luftschutzstollen mitten im Spielzimmer eines Kindergartens und die dauernde Bedrohung dieser Kinder im Norden und Süden dieses Landes. Er kam nach Vietnam als Vertreter des anderen Amerika, das Napalm verabscheut und die Zusammenhänge zwischen Rüstung, Krieg und Kapitalismus kennt und zum offenen Widerstand gegen den militärisch-industriellen Komplex entschlossen ist.

Als er am 13. Februar 1967 kurz nach seiner Rückkehr aus Nordvietnam an einem Herzschlag starb, hinterließ der Zweiundachtzigjährige eine aktionsfähige Friedensbewegung, die, wie soziale Bewegungen dies so an sich haben, zwar eine Phase der Ermattung durchmachen kann, dann aber unter neuen Herausforderungen auch mit neuen Hoffnungen wieder aufbricht. Und es ist heute bereits erkennbar, daß es nicht nur die transatlantischen Beziehungen der NATO, sondern auch die Verbindung zwischen der europäischen und der amerikanischen Friedensbewegung gibt. 1947 hatte Muste nach einem Besuch in

Deutschland geschrieben: »Ich weiß, daß wir verpflichtet sind, den nachwachsenden deutschen Generationen die Botschaft des Pazifismus und der Versöhnung zu senden und nicht Atombomben.«

Walter Fabian

Carl von Ossietzky (1889–1938)

In der deutschen Friedensbewegung der Weimarer Republik gab es eine stattliche Reihe bedeutender Männer und Frauen. Aber ihre Namen sind fast vergessen; nur noch die Ältesten unter uns erinnern sich ihrer, und nur in der bisher spärlichen Literatur zur Geschichte der Friedensbewegung wird ihrer mehr oder weniger zutreffend gedacht. Aus diesem Nebel unserer schuldhaften Vergeßlichkeit ist nur ein Mann für die Nachgeborenen ein Begriff und ein Symbol geblieben: Carl von Ossietzky. Es ist wahr geworden, was Thomas Mann beim Empfang der Todesnachricht im Mai 1938 niederschrieb: »... daß die nun verewigte Figur dieses tapferen und rein gesinnten Schriftstellers mit der Zeit ins legendäre Maß eines Menschheitskämpfers und -märtyrers wachsen könnte.« Eben darin liegt aber eine Gefahr; denn um selbst in dem unendlich schwierigen und nie endenden Kampf um den Frieden tapfer und ausdauernd sein zu können, suchen wir nicht Vorbilder mit legendärem Maß, sondern Menschen, die uns in ihrem Suchen und Irren und auch in ihren Schwächen brüderlich verbunden sein können.

Doch wenn Ossietzkys Name bei Friedenskundgebungen genannt wird, verbindet sich für die Zuhörer nur weniges mit dieser mahnenden Erinnerung: daß Ossietzky eine damals offenbar wichtige Zeitschrift redigierte, die ›Die Weltbühne‹ hieß, daß er seit 1933 in Hitlers Konzentrationslagern aufs grausamste gequält wurde und daß ihn auch die Verleihung des Friedensnobelpreises nicht davor bewahrte, unter Bewachung der Gestapo noch vor seinem 50. Geburtstag den Folgen dieser Martern zu erliegen. Ein Märtyrer, eine legendäre Gestalt ... das ist der bekannte Ossietzky. Aber wie war der unbekannte?

Um Mißverständnisse auszuschließen: Auch der unbekannte Ossietzky ist längst ausführlich beschrieben worden – spätestens vor fünfundzwanzig Jahren, als Kurt Grossmann, bis zu Hitlers Sieg Generalsekretär der Deutschen Liga für Menschenrechte, mit gründlichsten Detailkenntnissen und aus menschlicher Nähe seine fast 600 Seiten starke Ossietzky-Biographie vorlegte, für die er mit Recht mit dem Albert-Schweitzer-Buchpreis ausgezeichnet wurde. Ich brauche ihn also nicht zu entdecken, den unbekannten Carl von Ossietzky. Aber ich darf erwähnen, daß ich ihm zum ersten Mal begegnete, als ich selbst noch nicht siebzehn und Ossietzky noch nicht dreißig Jahre alt war – im Sommer 1919.

Damals war ich, unter den schrecklichen Eindrücken des Weltkriegs, den man später den Ersten Weltkrieg nennen mußte, der Deutschen Friedensgesellschaft beigetreten, und deren Sekretär war kurz zuvor Carl von Ossietzky geworden. Das hätte eine Begegnung unter vielen sein können, wie ich sie bei meinen ersten zaghaften Schritten ins politische Leben dieser Nachkriegszeit verzeichnete – doch es war mehr: Die intellektuelle Entschiedenheit und die kameradschaftliche Bescheidenheit Ossietzkys beeindruckten mich so sehr, daß ich mich aufmachte, mehr über ihn zu erfahren.

Das war für mich nicht schwer. Denn ich war damals, selbst noch Gymnasiast, der Hauslehrer der Kinder Hellmut von Gerlachs – und bald wußte ich, daß Ossietzky, als er kaum älter war als ich damals, der Demokratischen Vereinigung beitrat, die Gerlach, Breitscheid und einige andere entschiedene bürgerliche Demokraten und Pazifisten zum Kampf gegen die Rüstungs- und Kolonialpolitik des Kaiserreichs und als Protest gegen die Feigheit und Schwäche des deutschen Bürgertums gegründet hatten. ›Das freie Volk‹ hieß die Zeitung dieser neuen Partei, und in diesem kleinen, äußerlich sehr unscheinbaren Blatt erschienen seit 1911 regelmäßig Artikel, die mit dem Namen Carl von Ossietzky gezeichnet waren. Gut, das erzählte mir Hellmut von Gerlach; aber nun wollte ich mehr wissen. Was hatte dieser junge Mann erlebt und vielleicht auch schon getan, ehe er zur Feder griff?

Fast von seinen frühesten Schreibversuchen an erwies sich Ossietzky nicht nur als Meister der deutschen Sprache, sondern auch als universal gebildet in Literatur und Geschichte, Politik und Philosophie. Dahin zu gelangen war für ihn schwer und erforderte ein Übermaß an Willenskraft; denn nur bis zu seinem fünfzehnten Lebensjahr konnte Ossietzky eine Schule besuchen, dann wurde er Hilfsschreiber im Amtsgericht, später im Grundbuchamt seiner Vaterstadt Hamburg, in der er am 3. Oktober 1889 in sehr beengten kleinbürgerlichen Verhältnissen zur Welt gekommen war. Wohl hat sein Stiefvater (sein Vater war schon zwei Jahre nach Ossietzkys Geburt gestorben) ihm einige Bildungserlebnisse vermittelt, aber sein wahrhaft umfassendes und tiefes Wissen hat sich Ossietzky als Autodidakt erworben. Er ist ein leuchtendes Beispiel für das, was ein Mensch auch unter ungünstigsten Bedingungen aus sich machen kann. So kümmerlich, natürlich auch in der Entlohnung, der Brotberuf des jungen Ossietzky war, so wenig Zeit ließ er ihm doch; denn von Achtstundentag, Fünftagewoche und bezahltem Urlaub war man ja noch weltenweit entfernt. Trotzdem fing er an, sich in fortschrittlichen Organisationen zu betätigen und, vor allem, zu schreiben.

Es ist immer interessant, der Frage nachzugehen, welchen Themen sich ein später berühmt gewordener Journalist zuerst zugewandt und in welchem Geist er geschrieben hat. Der früheste gedruckte Beitrag, den wir von ihm kennen, mag zufällig erscheinen; aber er war doch charakteristisch für die Gesinnung des damals Einundzwanzigjährigen. In einem Leserbrief protestiert er temperamentvoll gegen die höhnische Ablehnung, die eine Komödie von Herbert Eulenberg im Hamburger Deutschen Schauspielhaus bei Publikum und Kritik gefunden hat; er betont die künstlerischen Qualitäten des Stückes und fügt dann hinzu: »In der Wiener Freien Volksbühne wurde im vergangenen Herbst ein anderes Stück Eulenbergs begeistert aufgenommen. Vom Arbeiterpublikum!! Das zahlungsfähige Hamburger Bourgeoispublikum sollte sich aufrichtig schämen.«

Schon hier, bei relativ geringem Anlaß, steht der junge Ossietzky auf der Seite der kleinen Leute und erweist sich als sehr kritischer Beobachter des deutschen Bürgertums. Diese kritische Beobachtung bleibt eines seiner Themen, sein Leben lang, und wenn er bald darauf in seinen ersten politischen Leitartikeln zwischen 1912 und 1914 immer wieder mit dem deutschen Militarismus scharf ins Gericht geht, so vergißt er nie, im gleichen Atemzug den Untertanengeist der deutschen Bürger zu geißeln, die leider keine »citoyens« seien und die das Wilhelminische Regime erst möglich machten.

Wie deutlich er das, längst vor Ausbruch des Krieges, in seinem Zusammenhang mit der Frage der Bewahrung des Friedens sieht, beweisen unter anderem die folgenden Sätze aus einem Artikel, den er ›Das Phantom‹ überschrieben hat: »Den Deutschen, die sich in ihrer Mehrheit ja nicht als Staatsbürger, sondern als Untertanen fühlen, soll eingeredet werden, daß ihr Land von einer Welt giftiger Feinde umringt sei, die selber mitten im Frieden an unseren Grenzen in einer ständigen Hetz- und Minierarbeit begriffen sind. Fällt dieses Phantom einmal, so hat die Reaktion ausgespielt. Nur ein Volk, das in den Niederungen des Nationalismus watet, kann von einer Clique von Junkern und Großkapitalisten gegängelt werden.«

Man darf ohne Übertreibung sagen, daß wenige reife Journalisten und Politiker die Zusammenhänge zwischen Innen- und Außenpolitik in ihrer Verbindung mit politischer Unreife und bösartiger Vernebelung der Köpfe so deutlich gesehen haben wie dieser junge Mann. Einige Sätze aus einem noch früheren Aufsatz mit dem Titel ›Der heilige Mars‹ mögen das noch verdeutlichen: »Bei uns herrscht eine namenlose Überschätzung des Militarismus. Mars, der rabiate Kriegsgott, erlebt sein goldenes Zeitalter. Nirgends wird ihm mehr geopfert; nirgends ist seine Autorität größer, nirgends der Glaube an das Schwert stärker ... Albern und charakterlos ist die Lobhudelei und Beweihräucherung des Militarismus, in der sich das Bürgertum in seiner Gesamtheit gefällt ... Dieses blinde, urteilslose Vertrauen auf die bewaffnete Macht ist eine wahre Kulturschande ... Wie die reaktionäre Presse, treibt es auch der größte Teil der Liberalen ...«

In den Aufsätzen, die der Hilfsschreiber des Hamburger Grundbuchamtes nun Woche für Woche für ›Das Freie Volk‹, das Organ der Demokratischen Vereinigung, verfaßt, findet sich vieles, was schon in dieser Frühzeit des Publizisten Ossietzky in erregender Weise charakteristisch und aktuell ist. Ich kann nur noch ein Thema nennen, das ihn später immer wieder beschäftigen wird: Die deutsche Klassenjustiz, die dann ihrerseits schon damals nach ihrem mutigen und scharfsinnigen Kritiker greift. Im Sommer 1913 hat ein Kriegsgericht in Erfurt einige Reservisten, die sich an einer Wirtshausschlägerei beteiligt hatten, zu langjährigen Zuchthausstrafen verurteilt. Ossietzky veröffentlicht dazu einen hinreißend geschriebenen Artikel, aus dem ich hier nur einige Sätze zitieren kann:

»Drei Landwehrleute sollen auf fünf Jahre ins Zuchthaus wandern; ein paar andere erhalten bittere Gefängnisstrafen. Grund: Alkoholausschreitungen. Schaden hat es außer der Aufregung nicht gegeben. Was kann man bei einem bürgerlichen Gericht nicht alles für fünf Jahre Zuchthaus haben! Hunderttausende stehlen, seine Zeit abreißen und nachher als Rentner leben; im Affekt einen Mord begehen, den milde Richter als Totschlag auslegen ... Ein Richter müßte, von seinen Gefühlen überwältigt, reden. Das wäre in unserer tatenarmen Zeit wie eine Erlösung. Wir sind davor sicher! Die Beamten arbeiten mit derselben Gewissenhaftigkeit, mit der sie an jedem Ersten ihr

Gehalt einstreichen. Und nach einem besonders harten Urteil gehen sie ruhig nach Hause, nicht ohne Mitgefühl für den armen Teufel, der das Unglück hatte, in die Klasse hineingeboren zu werden, die nun einmal die Objekte der Gesetzgebung liefern muß.«

Kurze Zeit nach dem Erscheinen dieses Artikels stellte der preußische Kriegsminister von Falkenhayn Strafantrag gegen Ossietzky wegen »öffentlicher Beleidigung der Mitglieder des Erfurter Kriegsgerichts«. Der Angeklagte kam mit einer Geldstrafe davon; aber er hatte nun Gelegenheit gehabt, in eigener Person mit der deutschen Justiz Bekanntschaft zu machen. Kurz zuvor hatte er in einem Artikel zum Frankfurter Hochverratsprozeß gegen Rosa Luxemburg, im Februar 1914, den scharfsinnigen Satz geschrieben: »Wir sind in unserem politischen Leben nicht mehr *ein* Volk, wir sind zwei Schichten, von denen die eine die Sprache der anderen nicht versteht.« So einsichtig waren bürgerliche Journalisten selten.

Nachdem der Krieg ausgebrochen war, konnte Ossietzky zunächst nichts mehr publizieren. Aber wir wissen, daß er schon im Frühjahr 1915, als sich noch die überwältigende Mehrheit der Schriftsteller, Künstler und Journalisten in nationalem Geschrei überschlug, in Zusammenkünften der Friedensgesellschaft seine leise Stimme eindringlich gegen den Chauvinismus erhob; auch mitten im Krieg blieb er ein Liebhaber des Friedens. Und sein Blick richtete sich in eine bessere Zukunft; einer seiner Vorträge, gehalten im März 1915, schloß mit den Sätzen: »Der Imperialismus und der moderne räuberische Kapitalismus, der die ganze Welt als ein Ausbeutungsobjekt betrachtet, brauchen das Chaos; das arbeitende Volk braucht Organisation und Freiheit. Möge nach dem Weltkriege ein modernes, freiheitliches Deutschland entstehen!«

Aber bis dahin vergingen noch dreieinhalb schreckliche Jahre. Seit dem Juni 1916 war der Pazifist Ossietzky Armierungssoldat, und erst im Dezember 1917 gelingt es ihm, vom Lazarett aus, in den ›Monatlichen Mitteilungen des Deutschen Monistenbundes Hamburg e.V.‹ einen bescheidenen Platz für die Veröffentlichung seiner Aufsätze zu finden, mit denen er helfen will, den künftigen Frieden geistig und moralisch vorzubereiten.

Als im November 1918 endlich das Gemetzel zu Ende gegangen ist, reiht sich Ossietzky in die wiederum kleine Schar derer, die aus dem schrecklichen Geschehen gelernt haben. Er ist einer der wenigen, die mit ihrem Wort an das anknüpfen können, was sie als Warner und Mahner vor 1914 und sogar während des Krieges geschrieben haben. Und er weiß, daß das Schreiben, so schwer sich damit eine Existenz aufbauen läßt, seine Berufung ist. Gleichzeitig aber versucht er sich während der ersten Jahre der jungen Republik als Organisator. In der Deutschen Friedensgesellschaft, in der ich ihm im Sommer 1919 zum ersten Mal begegnet war, blieb er nur ein Jahr tätig; dann versuchte er, im 1919 gegründeten Friedensbund der Kriegsteilnehmer und seit 1920 vor allem als Organisator der alljährlichen »Nie-wieder-Krieg!«-Kundgebungen dem deutschen und internationalen Pazifismus eine Massenbasis zu geben. Für einige Jahre hatte er Erfolg; Hunderttausende kamen zu diesen Kundgebungen, deren Sinn es vor allem war, die Menschen aus der Illusion zu reißen, der Friede sei nun gesichert; unser Bemühen – auch ich war für den Deutschen Pazifistischen Studentenbund einer der vielen Redner – scheiterte an dem Vergessenwollen unserer Mitmenschen. Aber im Rückblick konnte Ossietzky mit Recht festhalten, die »Nie-wieder-Krieg!«-Bewegung habe bewiesen, daß es sehr wohl möglich sei, die Arbeiterschaft für den Pazifismus zu gewinnen, »wenn auch nicht organisatorisch, so doch für die Idee«, schrieb er und fügte hinzu: »Kein nationales Banner, kein Sowjetstern kann verhindern, daß die Sehnsucht nach Frieden in den Massen spontan durchbricht.«

Der sehr nüchterne Realist Ossietzky verlor nie seinen Glauben an das, was die Menschen trotz allem möglich machen könnten. Und er wollte ihnen dabei helfen.

Das ihm adäquate Werkzeug dafür war, dessen war er sich zu jeder Stunde bewußt, die Feder des Journalisten und die verbindende Kraft des Redakteurs. 470 Aufsätze, die Ossietzky zwischen Februar 1911 und Februar 1933 veröffentlicht hat, konnte Kurt Grossmann im Anhang seiner Ossietzky-Biographie bibliographisch namhaft machen. Hinzu kam seine Arbeit als Redakteur: zuerst, von 1920 bis 1924, in der linksliberalen, kämpferischen ›Berliner Volkszeitung‹, in der er das Auslandsressort leitete; danach an der Wochenzeitschrift ›Das Tagebuch‹; seit 1926 schließlich als Redakteur und seit 1927 zugleich als Herausgeber der ›Weltbühne‹. Dort waren ihm, wir wissen es, nur noch wenige Jahre vergönnt. Aber es waren sehr reiche Jahre; Woche für Woche warteten wir entschiedenen Liebhaber des Friedens und einer demokratischen Republik – von der wir hofften, daß sie eines Tages diesen Namen verdienen würde –

auf das kleine Heft, bei dessen Lektüre wir, so hervorragend sein Mitarbeiterkreis war, doch vor allem anderen den Leitartikel Ossietzkys zu lesen begehrten. Keiner hat mit so scharfer Klinge gegen den längst wieder erstarkten deutschen Militarismus und Nationalismus, gegen die Reaktion in Gerichtssälen und Parteien gefochten.

Da war es kein Zufall, daß vor allen anderen *ihn* die Rache der deutschen Justiz traf, deren wortmächtigster Ankläger er seit seinen frühesten journalistischen Arbeiten fast zwei Jahrzehnte lang gewesen war. Nicht erst in Hitlers Tausendjährigem Reich, sondern in der Weimarer Republik, an deren demokratische Entwicklungsmöglichkeiten er trotz allem glauben wollte, wurde Ossietzky auf die Anklagebank des Reichsgerichts gesetzt. Für einen Artikel, in dem ein Mitarbeiter Einzelheiten der deutschen Wiederaufrüstung dargestellt hatte, wurde Ossietzky als verantwortlicher Redakteur am 23. November 1931 wegen »Landesverrats und des Verbrechens gegen das Spionagegesetz« zu achtzehn Monaten Gefängnis verurteilt. Am 10. Mai 1932 trat er seine Haft an.

Fast ein halbes Jahr lag zwischen der Urteilsverkündung und der Aufforderung zum Strafantritt. Ossietzky hatte also Zeit genug, seine Freiheit durch die ganz legal mögliche Reise ins Ausland zu retten, und viele Freunde haben ihm dazu geraten. In dem großartigen Aufsatz, den Ossietzky unter dem Titel ›Rechenschaft‹ in der ›Weltbühne‹ vom 10. Mai 1932 erscheinen ließ, hat er ausführlich erklärt, weshalb er geblieben ist. Diese ›Rechenschaft‹ ist ein politisch wie journalistisch wie menschlich so eindrucksvolles Dokument, daß es mir fast als ein Unrecht erscheint, einige wenige Sätze aus dem großen Zusammenhang zu lösen; aber mehr läßt sich an dieser Stelle nicht zitieren.

»Ich gehe nicht aus Gründen der Loyalität ins Gefängnis«, schreibt er, »sondern weil ich als Eingesperrter am unbequemsten bin. Ich beuge mich nicht der in roten Sammet gehüllten Majestät des Reichsgerichts, sondern bleibe als Insasse einer preußischen Strafanstalt eine lebendige Demonstration ... Diesen Protest lebendig zu erhalten ... das bin ich auch den namenlosen proletarischen Opfern des Vierten Strafsenats schuldig, um die sich niemand außer den Parteifreunden gekümmert hat. Denn der Fall ›Weltbühne‹ ist der einzige seit langem, der eklatant geworden ist und die Öffentlichkeit wirklich erregt hat ... Der politische Journalismus ist keine Lebensversicherung: das

Risiko erst gibt seinen besten Antrieb ... Die Stimme der ›Weltbühne‹ kann nur Klang behalten, wenn ihr verantwortlicher Herausgeber seine ganze Person einsetzt und dann, wenn es ungemütlich wird, nicht die bequemere Lösung wählt, sondern die notwendige ... Etwas Ähnliches muß wohl auch das Reichsgericht empfinden, denn bis zum Vorabend meines Strafantritts hat niemand meine Bewegungsfreiheit beengt; erst heute hat man mir meinen Paß abgefordert. Meiner Abreise stand nichts im Wege. Schon aus diesem Grunde weiß ich, daß sie ein Fehler gewesen wäre. Es ist nicht meine Aufgabe, dem Reichsgericht das Leben angenehmer zu machen.«

In diesem Aufsatz hat Ossietzky auch noch einmal seinen politischen Standort (der bis heute so oft mißverstanden wird) sehr klar umrissen; er schrieb: »... daß mein Verstand sich noch immer zu der heute so verschmähten Demokratie bekennt, während mein Herz unwiderstehlich dem Zuge der proletarischen Massen folgt, nicht dem in Doktrinen eingekapselten Endziel, sondern dem lebendigen Fleisch und Blut der Arbeiterbewegung, ihren Menschen, ihren nach Gerechtigkeit brennenden Seelen.« Ja, der große Liebhaber des Friedens war auch ein Liebhaber aller Benachteiligten und ihres Ringens um mehr Freiheit und mehr Gerechtigkeit.

Zu Weihnachten 1932 öffnete eine politische Amnestie die Gefängnistore auch für Ossietzky. Noch einmal konnte er an seinen Schreibtisch zurückkehren und Woche um Woche warnen und mahnen; es ist so ergreifend wie belehrend, diese seine letzten Aufsätze heute wieder zu lesen. Nach zwei Monaten und einer Woche war dieses Kapitel im Leben eines streitbaren Demokraten für immer beendet: Am frühen Morgen des 28. Februar 1933 wurde er verhaftet – sein jahrelanges Martyrium in den Gefängnissen, Folterkellern und Konzentrationslagern begann. Der Schweizer Carl J. Burckhardt, der im Auftrage des Internationalen Roten Kreuzes das Lager Papenburg-Esterwegen besuchen durfte, hat erschütternd beschrieben, wie er den gemarterten Gefangenen Carl von Ossietzky antraf; dieser Text gehört in alle deutschen Lesebücher.

Zum Schluß noch ein Wort über die Bewegung für die Verleihung des Friedensnobelpreises an Ossietzky. Diese Kampagne, die ich ab März 1935, nach meiner Flucht aus Hitler-Deutschland, miterlebt habe, war ein ganz einmaliges Erlebnis. Denn hier haben nicht ein paar Dutzend vorschlagsberechtigte Leute um Namen gewürfelt, sondern in Tausenden und Abertausenden von Kundgebungen und Aufrufen und Unterschriftensammlungen wurde in der ganzen Welt, rings um Hitler-Deutschland herum, der Friedensnobelpreis für Ossietzky gefordert. Wahrscheinlich hat keiner von uns an den Erfolg dieser Kampagne geglaubt. Es ist jetzt fast ein halbes Jahrhundert her; aber ich habe noch die Schreie der Zeitungsverkäufer im Ohr, als ich auf dem Pariser Boulevard Montmartre ihren Ruf »Prix Nobel pour Ossietzky« hörte. Es war für uns, die wir fast einsam und verzweifelt den Kampf gegen Hitler-Deutschland und seine Kriegsvorbereitung führten, eine ungeheure Ermutigung – und die leider vergebliche Hoffnung, daß dieser Akt internationaler Solidarität doch noch Ossietzkys Leben retten könnte ...

Geblieben ist uns, die wir überlebt haben, die Verpflichtung, das Bild dieses Mannes lebendig zu halten für jene, die lange nach seinem Leben und Sterben geboren wurden. Deshalb sprechen und schreiben wir gerade in dieser Epoche der größten Friedensgefährdung über Ossietzky. Freilich, unsere Worte sind schwach im Vergleich zu den Texten, die er selbst geschrieben hat. Das Wichtigste wäre, wenn wir dazu beitragen könnten, daß recht viele junge Menschen durch uns hingeführt würden zu dem, was Ossietzky in seinen fast 500 Aufsätzen geschrieben hat. Gewiß, sie sind in vielen Fakten zeitgebunden, aber sie sind in ihrer Grundhaltung und in ihrer Sprache zeitlos aktuell. Lest Ossietzky – und ihr werdet Probleme auch unserer Tage richtiger erfassen und euren Mut festigen, dem Schlimmsten zu widerstehen.

Hansjörg Nikolaus Schultz

Albert John Luthuli (1898–1961)

Albert John Luthuli gehörte zu den wenigen Schwarzen Südafrikas, die eine verhältnismäßig gute Schulausbildung absolvieren durften. Er war immer ein guter, aber schon als Kind kein bequemer Schüler. Als er als Sechzehnjähriger von seinem Onkel Martin, einem einflußreichen Zulu-Häuptling, zur Fortsetzung der christlichen Erziehung in ein methodistisches Institut bei Pietermaritzburg geschickt worden war, organisierte er zum ersten Mal einen Streik. Es war ein ungewöhnlicher Streik, da sich in den Jahren des Ersten Weltkrieges die Aufmüpfigkeit der jungen Mitschüler Luthulis allenfalls gegen das Essen richtete. Es waren die Zeiten, in denen sich die Internatsschüler nicht trauten, beim Tischgebet ihre Augen zu schließen, da das Essen womöglich verschwunden war, wenn man sie wieder öffnete. Nein, die erste Streikaktion des Musterschülers Albert Luthuli richtete sich gegen einen sadistischen Erzieher, der sich eine eigenartige Strafarbeit für seine Schüler ausgedacht hatte: Die Jugendlichen mußten, immer wenn sie eines Vergehens geziehen wurden, Steine vom Fluß zur Schule schleppen. Eines Tages aber weigerten sie sich, dem Lehrer zu gehorchen, da ihre Eltern die beim Steinetragen zerrissenen Kleider nicht mehr ersetzen konnten. Der Rektor der Schule stellte sich natürlich auf die Seite des Lehrers. Doch die Schüler blieben bei ihrem Nein. Um ein Exempel zu statuieren, wurde vom Rektor einer der Boykotteure von der Schule gefeuert. Normalerweise wirkt das. Es war immerhin ein Privileg, das methodistische Institut zu besuchen. Doch plötzlich mußte der Rektor hören, wie – von Luthuli organisiert – sämtliche Internatsschüler ihre Koffer packten. Er blieb immer noch hart: »Eine leere Schule ist mir lieber als Schüler, die nicht gehorchen.« Trotzdem: Zwei Tage lang blieb die Schule leer, die Streikenden übernachteten in einem nahen Wald, und dann endlich gab der Schulmeister nach. Die Schüler durften wiederkommen, auf das Steineschleppen wurde fortan verzichtet.

Soviel Erfolg wie bei dieser Schul-Aktion im doppelten Sinne hat der spätere Lehrer für Zulu-Geschichte und -Sprache während seines jahrzehntelangen mutigen Kampfes gegen Unterdrückung, Apartheid und Unmenschlichkeit im südlichen Afrika nicht häufig gehabt. Und auch als Luthuli 1961 in Oslo den Friedensnobelpreis entgegennahm, da wußte er, daß er diese einmalige Auszeichnung nicht wegen etwaiger Erfolge in seinem Einsatz für Frieden und Humanität bekommen hatte, sondern für den konsequent gewaltfreien Weg, den sein disziplinierter Widerstand allen Rückschlägen zum Trotz gegangen war. Wie schon im jugendlichen Alter von sechzehn hat Luthuli dabei auch später nie daran gedacht aufzugeben: Nicht Haft, nicht Hausarrest und nicht die Ächtung durch die Behörden konnten ihn von einer Gewaltfreiheit abbringen, die nie taktisches Mittel, sondern immer tiefe Überzeugung eines christlichen Afrikaners war.

Der wahrscheinlich 1898 im einstigen Rhodesien geborene Luthuli entstammte einer aristokratischen Zulu-Familie, also dem am weitesten bekannten Bantu-Stamm im südlichen Afrika. Trotz des geschilderten Vorfalls genoß er seine Schulzeit so sehr, daß in ihm bald eine tiefe Achtung vor dem Lehrerberuf wuchs, die Luthuli zeitlebens nicht mehr losließ. Er wurde ein Pädagoge aus Leidenschaft und ein Laienprediger dazu, ein engagierter Christ durch das Milieu, in dem er aufgewachsen war. Und gerade diese für führende Zulu-Familien damals nicht seltene Verwurzelung im Christentum war es, die das politische Tun Albert Luthulis bestimmte und ihm die Überzeugung gab, daß die gewaltfreie Opposition gegen erschütternde Mißstände in seinem Land nicht durch eine Politik ohne hohe ethische Maßstäbe stattfinden dürfe. Das alles zusammen, der leidenschaftliche Christ, der ethische Politiker, der begabte Rhetor und der Pädagoge, ergab die überzeugende Mischung eines Bürgerrechtlers, der in vielem an den Friedensnobelpreis-Kollegen Martin Luther King erinnerte. Charles Hooper, ein Freund und Zeitgenosse des 1936 zu einem Reservats-Häuptling gewählten Luthuli, beschreibt ihn als einen Mann, der einen schon bei der ersten Begegnung anrührte, ohne daß man gleich die Ursache für dieses Gefühl zu definieren wußte. »Der Häuptling«, wie ihn Hooper immer nennt, habe britischen Charme und eine tiefe Wärme ausgestrahlt, ein starker Verstand war allezeit am Werke, was er machte, war integer und immer folgerichtig. Er hatte Phantasie und eine bildliche Vorstellungskraft und verlor sich doch nie in Phantasien oder gab die ihn prägenden Eigenschaften von Zucht und Disziplin auf.

Luthuli war ohne sonderlichen politischen Ehrgeiz, sein Handeln war nie vom Haß bestimmt. Daß die Weißen Südafrikas in der Einführung des allgemeinen Wahlrechts eine entsetzliche Bedrohung für sich selber sahen, erweckte in ihm eher den Wunsch, seine weißen Landsleute zu beruhigen. Und trotzdem war er einer der radikalsten Vorkämpfer für das Wahlrecht für alle. Beim Entwerfen politischer Strategien war es stets sein Vorteil, daß er sich so gut in die Empfindungen anderer Menschen, auch die der Herrschenden, hineindenken konnte. Freilich fand das Einfühlungsvermögen da ein Ende, wo es um Menschenleben ging. »Ich kann gut verstehen«, sagte er einmal, »daß ein Mann sagt: ›Ich will fünf Farmen haben.‹ Aber ich kann nicht begreifen, was in seinem Kopf vorgeht, wenn er sagt: ›Ich würde eher morden oder mich erschießen lassen als nur *eine* von ihnen aufzugeben.‹«

1910 wurde die Südafrikanische Union gegründet und zwei Jahre später, als Reaktion auf diesen Schritt, der Afrikanische Nationalkongreß, kurz ANC genannt, ins Leben gerufen. Luthuli war zu diesem Zeitpunkt noch ein Kind. Doch dreißig Jahre später sollte er Mitglied und die am nachdrücklichsten prägende Figur dieser ältesten und gediegensten Partei für die Interessen der Afrikaner werden. Durch den Nationalkongreß wollten die Schwarzen die Spannungen und Rivalitäten untereinander überwinden, um der weißen Regierung als Einheitsfront gegenübertreten zu können.

Die rassistische Regierung Südafrikas und vor allem ihr Minister für Eingeborenenfragen, der spätere Ministerpräsident Hendrik Verwoerd, begriffen zu Beginn der fünfziger Jahre rasch, daß ein Albert John Luthuli, der die Solidarität des ANC hinter sich wußte, zur Gefahr werden könnte. Sie stellten ihn vor die Alternative: Er solle entweder das geliebte Amt des Zulu-Häuptlings, in das er demokratisch gewählt worden war, aufgeben, oder er müsse auf die Kongreßmitgliedschaft verzichten. Man dachte, daß die schwarzen Afrikaner einen, der sich nicht mehr mit der Häuptlingswürde schmücken konnte, schon von selber nicht zum Präsidenten ihres Kongresses wählen würden. Trotzdem entschied sich Luthuli für den Kongreß, und er wurde gewählt. Was er selber damit wählte, war der Weg durch Gefängnisse und Polizeibüros, waren Folterungen und Prügel.

Als in Südafrika 1948 die Nationale Partei des Ministerpräsidenten Daniel Malan an die Regierung kam, wurde das Apartheid-Programm zur Regierungspolitik. Ab diesem Jahr spätestens wurde die überwältigende Mehrheit im Lande, wurden die Schwarzen zu einer anderen Kategorie Mensch erklärt. Und das sind sie bis heute geblieben in jenem waffenstrotzenden, westlichen Staat, der offiziell im Hin und Her der Weltmächte als »NATO-Flugzeugträger Südafrika« bezeichnet wird. Der bekannte Herzchirurg Christian Barnard hat in einem Anflug von Großmut vor einiger Zeit den »Neger als den besten Freund des Menschen« bezeichnet; und es kann schon mal vorkommen, daß man auf Pretorias Straßen einen Weißen trifft, der sein Augenlicht verloren hat und an einem Stock von einem Schwarzen geführt wird. Blindenhunde sind zwar billiger im Unterhalt, der Neger gilt aber als vielseitiger.

Seit 1948 also ist dieses Apartheid-Programm in Kraft, das den Schwarzen jegliches Wahlrecht nahm, ihre Wohngebiets- und Berufswahl entschieden einschränkte, ihnen jede Form von Streik verbot, gemischte Ehen unmöglich machte und ihnen manch anderes Menschenrecht nahm. Im eigenen Land wurden die Afrikaner zu Ausländern. 1950 wurde dazu noch der Supression of Communismus Act erlassen, der eine so breite Auslegung des Begriffes Kommunist bot, daß man mit seiner Hilfe jeden politisch Unbequemen erfassen konnte. Natürlich war im Sinne dieses Gesetzes auch Luthuli Kommunist. Zwar fand er es nicht unter seiner Ehre, als solcher bezeichnet zu werden; doch ist es wohl eine korrekte politische Standortbestimmung, wenn man Albert John Luthuli einen demokratischen Sozialisten nennt. Vor Journalisten legte er immer Wert darauf, als Sozialist englischer Prägung angesehen zu werden, er orientierte sich gerne an der Labour Party. Luthulis wirtschaftspolitische Forderungen waren so schlicht wie einleuchtend: Der Reichtum des Landes Südafrika soll allen Bürgern gleichermaßen zugute kommen, und die Privilegien der kleinen Minderheit von Europäern müssen abgebaut werden. Auch seine Kollegen, die schwarzafrikanischen Führer, warnte Luthuli schon frühzeitig – und leider großenteils umsonst – vor den materiellen Verlockungen und den daraus folgenden Abhängigkeiten von West wie Ost.

Ohne Stimmrecht nun war die schwarze Mehrheit im südlichen Afrika faktisch vom politischen und gesellschaftlichen Leben ausgeschaltet. Luthuli wurde bald nach Malans Machtübernahme klar, daß erstmals, seit Gandhi 1915 Südafrika in Richtung Indien verlassen hatte, wieder eine organisierte Oppositionsarbeit aufgebaut werden müsse. Und ebenso klar war für ihn von Anfang an, daß die Methoden der absoluten Gewaltfreiheit dabei von Gandhi übernommen werden müßten. Der zierliche Mann mit Nickelbrille, schwarzem Anzug und Stehkragen hatte kurz nach der Jahrhundertwende begonnen, in Südafrika von Stadt zu Stadt zu reisen und seinen indischen Mitbürgern – auch einer rassischen Minderheit – mit viel Erfolg Selbstbewußtsein zu predigen. Jetzt, im Jahre 1950, taten sich Inder, Mischlinge und die Afrikaner erstmals wieder zusammen, um gegen dieses Anti-Kommunisten-Gesetz zu demonstrieren. Am 16. Juni blieben die meisten Nicht-Weißen zu Hause, blieben für einen Tag der Arbeit fern. Es war nicht einfach für Luthuli, alle vom Rassismus verfolgten Gruppen gemeinsam zum Widerstand zu organisieren, zumal sich Inder und Afrikaner häufig fast feindselig gegenüberstanden. Und immer wieder war es dem charismatischen Luthuli zu verdanken, daß die Aktionen der braun-schwarzen Widerstandskoalition gewaltfrei verliefen. Seine Weisheit und sein jugendlicher Zorn, sein Selbstvertrauen und seine Menschlichkeit rissen mehr und mehr Landsleute mit. Anfang der fünfziger Jahre wurde Albert John Luthuli zum Symbol des Widerstandes gegen die Apartheid.

»Natürlich sind uns auch Zweifel gekommen, ob irgend etwas außer Gewalt und Blutvergießen Eindruck machen könnte«, schrieb er in seiner Biographie ›Let my people go‹. In diesem ebenso einfach wie eindrucksvoll geschriebenen Buch, das im Deutschen den Titel: ›Mein Land, mein Leben‹ trägt, schildert der Friedensnobelpreisträger die Geschichte seines Lebens, seines Kampfes und seines geliebten Südafrika. Es gab damals wie heute Zweifel, ob irgend etwas anderes als Blutvergießen bei denen wirke, die entschlossen scheinen, ähnlich den Siedlern in Rhodesien die blutige Ausschaltung der Bevölkerungsmehrheit so lange auszuüben, bis sie eines Tages »im Blut versinken«, wie das ein weißer Farmer einmal ausgedrückt hat.

Schon im Laufe von Luthulis Wirken entstanden ihm Konkurrenten unter der schwarzen Bevölkerung, die gegen die Gewaltfreiheit waren. Der jüngere Robert Sobukwe zum Beispiel, der dem Pan African Congress präsidierte, einer Organisation, die sich von Luthulis ANC absplitterte und bei der sich etwas ausbreitete, was auf den ersten Blick nur zu verständlich war: Haß. In der Tat war nämlich die Segregations-Politik in Südafrika von Regierung zu Regierung noch schlimmer geworden, und es ist leicht, etwa aus mitteleuropäischem Blickwinkel den Kopf über die zu schütteln, die grimmigen weißen Haß mit gleichem Gefühl beantworten. Doch hat sich überall in der Geschichte aus Haß fast logisch die Neigung zur Gewalttätigkeit entwickelt. Und ebenso, wie häufig genug die unbedingte Gewaltlosigkeit der Gewalt haushoch überlegen sein kann, braucht man nicht viel Phantasie, sich vorzustellen, wie überlegen die brutale, perfekt ausgerüstete Gewalt der südafrikanischen Polizei gegenüber der mittellosen Gewalt der Schwarzen war und ist. Sosehr die Gewaltlosigkeit provozieren muß, weil sie der weißen Erwartungshaltung von den bösartigen schwarzen Untermenschen so wenig entspricht, so sehr ist die Reaktion der Schwarzen auf die weiße Gewalt Bestätigung und die Legitimation für neue Brutalität.

Luthuli wußte, daß die Weißen, die überzeugt sind, daß sie Südafrika mit einer barbarischen feindlichen Horde von Schwarzen teilen, seine Landsleute nie in Ruhe lassen würden. Sie fürchteten die Schwarzen dann am meisten, wenn diese freundlich und diszipliniert, geduldig und nicht gereizt waren. Wörtlich schrieb er: »Der große gutartige Hofhund liegt an der Kette. Man hat dir gesagt, daß er ein knurrender, gefährlicher Köter sei. Seine Gutartigkeit muß deshalb eine Täuschung sein. Du hältst dich außer Reichweite und versetzt ihm wiederholt Stockschläge, um ihn zur Wut zu reizen. Wenn es dir gelingt, ist der Beweis erbracht, daß er eine wilde, grausame Bestie ist.« Und Luthuli wußte auch, wie dieses Spiel mit Menschenleben immer endet: Die Weißen machen die Kette des Hundes jedesmal etwas stärker.

In der Tat folgte auch zu Luthulis Lebenszeit einem gewaltsamen Aufstand von Schwarzen nicht nur dessen wollüstige Niederschlagung, sondern auch der Gegenaufstand. In Sharpeville zum Beispiel, im Jahre 1960. Da hatte Luthulis ANC eine Kampagne eingeleitet gegen die sogenannten Paßgesetze des Ministerpräsidenten Verwoerd. Die Schwarzen, so wollte es das Gesetz, mußten immer ihren Paß bei sich haben. Ohne Paß hatten sie kein Recht, zu arbeiten oder auf die Straße zu gehen; das einzige Recht, das ihnen blieb, war der Gang ins Gefängnis. Wie schon viele zuvor sollte auch diese Kampagne wohlorganisiert und wohlgeordnet verlaufen. Doch Luthulis Pläne wurden durchkreuzt von einem Aufruf seines schwarzen Gegenspielers Sobukwe, der die Afrikaner aufforderte, ihre Pässe zu Hause zu lassen und dies der Polizei zu melden. Verwoerds Polizisten reagierten ebenso gerne wie die des Premier Vorster 1976 beim Aufstand von Soweto, wo sie eine Kinderdemonstration mit gezielten Schüssen auf die Köpfe der Kinder beendeten. Die

Schüsse von Sharpeville ließen 69 Tote zurück. Anschließend forderte Luthuli zur Verbrennung der Pässe auf, er warf selber seinen Paß ins Feuer und wurde – zusammen mit 20000 anderen Südafrikanern – eingesperrt. Der Ausnahmezustand wurde verhängt, sämtliche Kongresse der Schwarzen wurden verboten. Mal wieder ein erfolgloser Kampf mit so einem Ende. Doch im Gefängnis, in dem einzusitzen ihm mittlerweile zur düsteren Routine geworden war, gab sich Luthuli schon wieder optimistisch: »Der Kampf geht weiter«, schrieb er, »mag er zur Ächtung, Verbannung, Verschleppung, Gefängnis führen oder nicht. Der Kampf geht weiter, und mit jedem wehrlosen Opfer, das die grausamen Menschen verletzen oder töten, verlieren sie an Boden.«

Freilich wird das bei realistischer Betrachtungsweise noch viele Jahre dauern, bis der Rassismus in Südafrika endlich den Boden verloren hat. Dort kommt auch heute alle Macht aus den Gewehrläufen derer, die auf Schwarze auch mit den Waffen demokratischer europäischer Staaten schießen können. Heute ist eine knappe Hundertschaft französischer Miragejäger das Rückgrat der Luftwaffe, liefert Israel seine Boden-Boden-Raketen, sind mehr als 250 Panzer der südafrikanischen Armee englischer Bauart und kommen die meisten Zerstörer und Unterseeboote der Marine gleichfalls aus Großbritannien. Und längst hat sich auch herumgesprochen, daß es französische Wissenschaftler sind, die sich federführend an der Herstellung der südafrikanischen Atombombe beteiligen. Überhaupt ist »Frankreich der größte Freund des Rassismus in Afrika«, wie das Tansanias Staatschef Julius Nyerere einmal ausdrückte.

Man kann in der Tat den Eindruck gewinnen, daß Gandhis Satz, an den sich Luthuli immer gehalten hat, daß »die gewaltfreie Aktion der Gewalt unendlich überlegen sei«, auf Südafrika nicht unbedingt übertragen werden kann. Die Verbündeten des Westens würden die Weißen in Pretoria damals wie heute nicht im Stich lassen. Südafrika ist ein attraktiver Handelspartner, nicht nur der Rohstoffe wegen. Zudem bilden Weiße in Südafrika ja keine aufgesetzte Fremdherrschaft wie einst die Engländer in Indien, sie müssen selber gewissermaßen als Eingeborene gezählt werden. Doch auch die Prediger der gewaltsamen Aktion, deren es nach den Schüssen von Sharpeville immer mehr gab, hatten alles andere als Erfolg. Nelson Mandelas Organisation Speer der Nation rechtfertigte Bombenanschläge damit, daß die Geduld der Schwarzen zu Ende sei. Außer Toten erreichte sie nichts. Und auch der 1977 im Zentralgefängnis von Pretoria ermordete Steve Biko, der Führer der Black-Consciousness-Bewegung, war mit seinem Vorhaben erfolglos. Er schrieb 1971: »Es muß Schreie geben, brennende Häuser, Menschen mit geballten Fäusten, Leiden in den Straßen, verwundete und blutende Menschen. Dann wird es Freiheit geben, ja Freiheit.« Solche Töne sind und waren immer dazu angetan, auch die leicht geöffneten Türen noch zuzuschlagen. Sie erschweren es den paar weißen Liberalen, vor allem an den Universitäten Südafrikas, sich gegenüber ihren Rassengenossen zu artikulieren. Und solche Töne führen letztlich auch zu einem neuen Rassismus: dem der Schwarzen. Ihn gab es ja nicht nur im Uganda Idi Amins; Nachteile der Hautfarbe wegen haben heute sogar die Weißen unter den leidgeprüften Schwarzen in Zimbabwe.

Mit beiden Kampftechniken ist es also im südlichen Afrika versucht worden – mit der Gewalt und mit der Gewaltfreiheit. Die Frage, wer den moralisch besseren Weg einschlug, wird sich wohl für den kaum stellen, für den ein Menschenleben, auch das des Feindes, das höchste Gut auf Erden ist. Wer indes beim politischen Kampf gegen die Rassendiskriminierung erfolgreicher war, läßt sich schwer beantworten. Moral und politischer Erfolg sind nicht unbedingt synonym. Patentrezepte liegen in Südafrika nicht vor. Und doch bleibt eine Hoffnung, bleibt ein Weg, der ungeheuer langen Atem und viele Jahre der Demütigung bis hin zur Selbstaufgabe bei den Schwarzen verlangt. Beobachter des Alltags in Südafrika skizzieren diese Hoffnung so: Die bisherige Versklavung der Schwarzen, ihre Teilhabe am blühenden Wirtschaftsleben als spottbillige Arbeitskräfte, wird zwangsläufig von Jahrzehnt zu Jahrzehnt ein Stückchen mehr durch eine Qualifizierung der schwarzen Arbeitskraft ersetzt. Anders können die Weißen ihr aufwendiges hochindustrialisiertes Wirtschaftssystem nicht aufrechterhalten. Die Qualifizierung der schwarzen Arbeitskraft bedeutet zugleich jedoch auch, daß schwarze Facharbeiter immer unentbehrlicher werden. Ist aber dieser Punkt erst einmal erreicht, dann können die Strategien der gewaltfreien Aktion, Streik und Boykott der Unterdrückten, wirksam eingesetzt werden. Der krumme Rücken, auf dem die weißen Herren ihren Wohlstand aufgebaut haben, muß sich so langsam strecken, daß niemand herunterpurzelt und im Fallen alles kurz und klein schlägt.

Für diese Sache, für den Bau des neuen Südafrika, wollte

Luthuli kämpfen, für diese Sache war er nötigenfalls sogar bereit zu sterben. Dieses Bekenntnis aus seiner Autobiographie nahmen die Mörder im Auftrag des großen Unbekannten – ähnlich wie bei King – mal wieder sehr wörtlich. So nahm 1967 auch kaum jemand von der Nachricht Notiz, daß irgendwo in Südafrika ein Güterzug einen Mann erfaßt und in den Tod gerissen hatte. Es war ein rätselhafter Tod des Nobelpreisträgers, den niemand aufklären wollte. Und doch gilt als sicher, daß der noch nicht Siebzigjährige vor den Zug gestoßen wurde. Gestorben war damit ein Unterdrückter, der zum Anwalt aller Unterdrückten geworden war, einer, den seine Landsleute liebten, ein überzeugender Politiker, der den Widerstand in seiner Heimat während der fünfziger Jahre so effektiv organisierte wie keiner in den beiden Jahrzehnten danach, da die Frustration in Aggression umgeschlagen war.

Heute aber, da es in Südafrika schon erste schwarze Ärzte oder Ingenieure gibt, ist es für die unterdrückten Farbigen wichtiger denn je, sich jenes Mannes zu erinnern, der Geduld und Mut aus einer in der Gewaltfreiheit tief verwurzelten Kraft schöpfte. Und der es bisweilen auch schaffte, seine Kräfte auf die übrigen Afrikaner zu übertragen. Und das, obgleich er dreimal von der Regierung geächtet worden war, obgleich er sich viele Jahre im Gefängnis aufhielt und hernach seine Wohnung nicht verlassen durfte, obgleich 1956 gegen ihn ein Hochverratsprozeß initiiert worden war, der sich über Jahre hinzog und Luthuli nervlich wie gesundheitlich an die Grenze der physischen Energie brachte. Trotzdem wandte er zweimal in dieser Zeit mit Erfolg eine typische Technik des gewaltfreien Kampfes an, eine Technik, deren Hauptziel die Wiedererweckung des Glaubens an eigene Möglichkeiten und die Solidarisierung der schwarzen Bevölkerung war. So zum Beispiel 1957 bei einem Bus-Boykott, der aus Protest gegen Fahrgelderhöhungen entstand. Die Arbeiter gingen täglich viele Kilometer zu Fuß zur Arbeit. Sie kamen dort so ermüdet an, daß der Verdienstausfall für die Regierung und die Arbeitgeber höher war als das Mehr an Fahrpreiseinnahmen. Die Preise wurden wieder gesenkt.

Auch der Kartoffel-Boykott von 1959 fand mit großer Beteiligung von Luthulis Landsleuten statt. Von der Strategie, vom Erfolg und vom Ablauf her darf jener Kampf, in dem die Kartoffel zum Symbol des Widerstandes gegen die Apartheid wurde, wohl als bedeutendstes Vermächtnis des Nobelpreisträgers betrachtet werden. Luthuli ging gegen die Erniedrigung mit friedlichen Mitteln an, die es den Weißen unmöglich machten, ihn zu ignorieren. Im östlichen Transvaal waren die Bedingungen, unter denen Schwarze arbeiten mußten, besonders entsetzlich. Auch herrschte dort ein großer Hilfsarbeitermangel. Die Regierung, um einen Ausweg nie verlegen, wenn weißen Farmern Arbeitskräfte fehlten, fand eine Lösung: Sie richtete die sogenannten Farm-Gefängnisse ein. Schwarze, die die Paßgesetze übertreten hatten – und das waren mindestens eine halbe Million Männer pro Jahr –, wurden statt ins Gefängnis den Farmern in sicheren Gewahrsam übergeben. Sie mußten Tag für Tag mit bloßen Händen nach Kartoffeln graben, häufig genug waren auch Kinder dabei. Aufseher haben sie mit Peitschen, von denen sie gerne Gebrauch machten, überwacht. In dreckigen Baracken und mit minimaler Kost wurden die Schwarzen untergebracht. Sie arbeiteten und lebten in Verhältnissen, die selbst der gemäßigte Luthuli als »bestialisch« bezeichnete. Gegen dieses System nun richtete sich der Boykott der Afrikaner. Es war ein Boykott gegen das Hauptnahrungsmittel, unter dem die Boykotteure genauso zu leiden hatten. Doch man hielt ihn drei Monate lang durch, nahm ungeheuerliche Entbehrungen hin. Die Beteiligung und der Erfolg waren wohl deshalb so groß, weil das Leid in den Farm-Gefängnissen erst mit dem Boykott so recht ins Bewußtsein der Menschen kam. Das plötzliche Kartoffel-Überangebot im südlichen Afrika wurde erdrückend, viele Händler gingen pleite. Die Regierung verstand, die offiziellen Farm-Gefängnisse sollte es nicht mehr geben.

An den Kartoffel- oder den Busboykott, ja sogar an den Schulboykott gegen das Steineschleppen sollte sich erinnern, wer heute für das kämpft, was Luthuli in seiner Dankesrede in Oslo bei der Entgegennahme des Friedensnobelpreises als Vision an die Wand malte: Das Ziel der Afrikaner sei es, eine Demokratie zu schaffen, »die keine feindlich getrennten Rassen, die nur *gleichberechtigte* Menschen kennt, eine gewaltige Brüdergemeinschaft, in der niemand auf Grund seiner Rasse oder Hautfarbe diskriminiert wird«. Die beste Waffe aber, mit der sich eine solche Utopie erstreiten läßt, ist die, keine Waffen zu haben. Deshalb hat wohl auch keiner in Südafrika diese Utopie je so konkret werden lassen wie Albert John Luthuli.

Carola Stern
Gustav Heinemann (1899–1976)

Auf der Suche nach den geistigen Vorfahren Gustav Heinemanns fand ich Julius Rupp, den Großvater von Käthe Kollwitz, deren Plakat Nie-wieder-Krieg die Menschen heute als Botton auf den Friedensmärschen und den Friedensdemos tragen. Rupp, der war ein Demokrat, ein Mann der 48er Revolution, die Heinemann so viel bedeutete. Rupp, der war ein Protestant, Prediger an der Königsberger Schloßkirche, Garnisonsgeistlicher, der für die Trennung von Staat und Kirche, für die Mitbestimmung der Laien in der Kirche focht und deshalb seine Kirchenämter aufgeben mußte. Rupp, der war ein Liebhaber des Friedens, der im September 1850 in Königsberg, der Stadt Immanuel Kants, den ersten deutschen Friedensverein gegründet hat.

Doch wer in der Mitte des vorigen Jahrhunderts als Protestant in Deutschland für Demokratie, für Frieden wirken wollte, mußte ein Nonkonformist, ein Außenseiter sein. Julius Rupp wurde zum Begründer der freireligiösen Bewegung, deren Anhänger in der Geschichte des deutschen Pazifismus eine bedeutende Rolle spielen.

Die Amtskirche, konservativ und monarchistisch, sah in solchen Freireligiösen zugleich Glaubens- und Vaterlandsverräter. Der Nationalprotestantismus verehrte im Kaiser den von Gott gesandten Monarchen und verteidigte das wilhelminische Reich als gottgegebene Ordnung. In patriotischen Predigten wurden Kriege als »geschichtliche Notwendigkeit« bejaht. Und so verwundert es auch nicht, daß sich im Ersten Weltkrieg zahlreiche protestantische Geistliche freiwillig zum Kriegsdienst drängten, in den Kirchen für den deutschen Sieg gebetet wurde und eine regelrechte Kriegstheologie entstand. Kaum einer, der sich der nationalistischen Begeisterung entziehen konnte; auch zahlreiche Sozialdemokraten, auch Pazifisten sind ihr erlegen. Kriegsbegeistert kommandierte der fünfundzwanzigjährige Martin Niemöller ein U-Boot der kaiserlichen Kriegsmarine. Kriegsbegeistert meldete sich der jüdische Bürger Emil Julius Gumbel, später ein glühender Pazifist, freiwillig zum Militär. Kriegsbegeistert schrieb der fünfzehnjährige Gustav Heinemann ins Schulheft: »Begeistert opfert jeder Hab und Gut, ja sein Leben für das Vaterland ... Ohne Zweifel haben wir jetzt schon einen hohen moralischen Gewinn zu verzeichnen. Die guten Eigenschaften unseres Volkes haben völlig die Oberhand gewonnen. Wenn der Krieg den erhofften, günstigen Ausgang für uns nimmt, ist ein neuer Aufschwung und ein weiteres Emporblühen unseres Vaterlandes zu erwarten und die erlittenen, unvermeidlichen Verluste werden bald ausgeheilt sein.«

Solche Sätze schrieb auch ich als Fünfzehnjährige während des Zweiten Weltkriegs. Viele von uns Älteren gelangten erst nach Krieg und viel Verblendung auf den Weg des Friedens. Das gilt auch für viele Protestanten, die noch in der Republik von Weimar den »Geist von 1914« gegen den »Schandfrieden von Versailles« und das »Kainszeichen« der Revolution beschworen. Vor dem Ersten Weltkrieg hatten die Kirchenleitungen den Vorschlag, an einem bestimmten Friedenssonntag in Liturgie und Predigt die Erhaltung des Friedens in den Mittelpunkt zu stellen, stets zurückgewiesen. Nach dem Ersten Weltkrieg folgten sie sogleich dem Vorschlag, einen »Trauersonntag der evangelischen Christenheit« einzurichten, weil der »Schmachfriede« von Versailles angenommen worden war. Nicht der Friede, sondern der verlorene Krieg stand im Mittelpunkt des Denkens. Nicht ein Mann des Friedens, sondern ein Generalleutnant, Graf Vitzthum von Eckstädt, wurde 1930 zum Präsidenten des Deutschen Evangelischen Kirchentags gewählt. Im Schmuck des EK I begründete der Graf seine Eignung für dieses Amt mit seiner vierzigjährigen Tätigkeit als Offizier.

Von dieser Art, von diesem Geist waren jene evangelischen Gemeinden, in denen eine kleine Schar von Protestanten und wahren Patrioten unter ungleich schwierigeren Bedingungen als Christen heute für den Frieden eingetreten ist. Wann endlich, frag' ich, werden junge Christen das Erbe dieser Männer heben?

Das Erbe des Stuttgarter Stadtpfarrers Otto Umfrid, seit den neunziger Jahren des vorigen Jahrhunderts ein führender Mann der Deutschen Friedensgesellschaft – von seinen Kollegen gemieden, von seinen Vorgesetzten gerügt, beschimpft als »Friedenshetzer«.

Das Erbe des Berliner Pfarrers Walther Nithack-Stahn von der Kaiser-Wilhelm-Kirche, Karl Auer und Friedrich Siegmund-Schultze.

Wann endlich, frag' ich, werden junge Christen das Bild Dietrich Bonhoeffers vor sich hertragen, des leidenschaftlichen Pazifisten, der von den Nazis ermordet worden ist?

Von Julius Rupp, geprägt vom Geist der bürgerlichen Revolution von 1848, bis zu Dietrich Bonhoeffer, dem Mann der Bekennenden Kirche und des Widerstandes gegen Hitler, reicht jene Tradition, in der Gustav Heinemann und seine Freunde stehen.

Der »alten« Kirche gehörte Heinemann nicht an; er hat ihr in Glaubensdingen ferngestanden. Seine Kirche wird die Bekennende Kirche. In ihr vollzieht der junge Christ schon nah der Vierzig die längst überfällige Trennung der Kirche vom Staat, nun vom Gewaltstaat Hitlers, und die Hinwendung zu einer Friedensethik, der es angesichts der Mitschuld der Christen an zwei Weltkriegen und angesichts neuer Massenvernichtungswaffen nicht länger um die Rechtfertigung von Kriegen, sondern um die Sicherung des Friedens geht. Mit beispiellosem Engagement ist der Protestant und Patriot Gustav Heinemann in der Bundesrepublik der fünfziger Jahre gegen die Wiederbewaffnung, für den Frieden und die Einheit Deutschlands eingetreten.

Nicht die damalige sozialdemokratische Opposition, nicht Kurt Schumacher, sondern Gustav Heinemann entwickelte die Alternative zur Außenpolitik Konrad Adenauers – eine Alternative, nach der die Wiedervereinigung Deutschlands das wirkliche Hauptziel der Bundesrepublik war, der Sowjetunion nicht mit Drohungen und Druck abgetrotzt, was von vornherein aussichtslos erschien, sondern erreicht durch Verhandlungen und Kompromisse.

Gegen Adenauers Politik der Westintegration und der Wiederbewaffnung macht Gustav Heinemann vor allem geltend, daß sie die deutsche Spaltung vertiefen und den europäischen Frieden gefährden werde. »Wer die Wiedervereinigung will«, sagt er 1952, »muß auf die Westeingliederung der Bundesrepublik verzichten, denn die Westeingliederung ist die Ausgliederung des deutschen Ostens.« Woher kommt bei diesem Rheinländer, in Schwelm geboren und ansässig in Essen, diese tiefe Sorge um die Einheit Deutschlands? Das ganze Deutschland soll es sein – das demokratische Deutschland soll es sein: das Credo der bürgerlichen Revolutionäre von 1848, in diesem Bürger lebt es fort. Und diesen Bürger trieb die Sorge, Deutschland, auseinandergerissen in zwei Teile sich feindlich gegenüberstehender Blöcke, könne die Kriegsgefahr vergrößern und zum Schauplatz eines dritten Weltkriegs werden. »Und das wäre«, so Heinemann, »wenn es je geschähe, für uns der Untergang; denn wir sind wahrlich nicht an der Frage interessiert, wer einen dritten Weltkrieg in der ersten oder letzten Schlacht gewinnt – wir überleben ihn nicht!« – »Wollen wir die Schraube ohne Ende auf beiden Seiten immer weiter bewegen, oder sollten wir nicht besser alles daransetzen, daß solchen Entwicklungen Einhalt geboten wird, daß sie zum Stillstand kommen?« Es klingt, als sei es vor drei Tagen, doch es ist vor dreißig Jahren ausgesprochen worden.

In der evangelischen Kirche wurde die Auseinandersetzung um die Wiederbewaffnung zu einer außergewöhnlichen Belastungsprobe. Nur eine Minderheit stand an der Seite Heinemanns, des Präses der gesamtdeutschen Synode. Die Mehrheit, auch im Rat der EKD, neigte Adenauer zu, der Sicherheit vor einer weiteren Ausbreitung des Kommunismus verhieß und der versprach, im Bündnis mit dem Westen, durch eine Politik der Stärke sei es möglich, der UdSSR die eine Hälfte Deutschlands wieder zu entreißen. Heinemann hat recht behalten und Konrad Adenauer seine Mehrheit. Heinemanns Gesamtdeutsche Volkspartei bekam bei den Wahlen 1953 wenig über ein Prozent der Stimmen. Heute allerdings läßt sich die deutsche Frage nicht mehr auf die gleiche Weise wie zu Beginn der fünfziger Jahre mit der Arbeit für den Frieden verbinden.

Ende der fünfziger Jahre sehen wir Gustav Heinemann und viele seiner protestantischen Freunde inmitten neuer Bündnispartner, inmitten von Sozialdemokraten und Gewerkschaftern als Träger der ersten Friedensbewegung in der Bundesrepublik. Nach einer vorangegangenen kurzen Phase der Zusammenarbeit gegen die deutsche Wiederbewaffnung in der Paulskirchenbewegung des Jahres 1955 finden sich diese Gruppen 1958 in der Kampagne »Kampf dem Atomtod« erneut zusammen. Wiederum kommt es in der Evangelischen Kirche Deutschlands zu schweren Auseinandersetzungen zwischen den Repräsentanten des seiner obrigkeitsstaatlichen Tradition nach wie vor verpflichteten Luthertums und Männern wie Heinemann, Niemöller, Gollwitzer, aktiv unterstützt und auch vorangetrieben sowohl von ihrem Mentor, von Karl Barth, als auch von den Bruderschaften. Wiederum unterliegen jene, zu denen Heinemann gehört. Die Institution evangelische Kirche findet sich nicht bereit, ein dauerhafter Rückhalt der Anti-Atombewegung in der Bundesrepublik zu sein; dennoch wird ihr Charakter entscheidend von den vielen Christen mitbestimmt, die jenem Aufruf folgen, den Männer ihres Vertrauens wie Heinemann,

Niemöller, Gollwitzer, Iwand, Kloppenburg, Heinrich Vogel und Ernst Wolf im März 1958 unterschrieben haben. Mit ihm wird die Bundesregierung aufgefordert, auf keinen Fall den »Rüstungswettlauf mit Atomwaffen mitzumachen«, sondern auf eine atomwaffenfreie Zone hinzuwirken. Am Ende der Erklärung steht ein Satz, der auf Vorschlag Martin Niemöllers in den Text aufgenommen wurde. Er lautet: »Wir werden nicht Ruhe geben, solange der Atomtod unser Volk bedroht.«

Daß sich die SPD energisch gegen Pläne der Regierung Adenauer wandte, die Bundeswehr mit taktischen Atomwaffen auszurüsten, bestärkte Gustav Heinemann in dem Entschluß, 1957 SPD-Mitglied und ihr Abgeordneter im Deutschen Bundestag zu werden. Der Widerstand gegen die atomare Bewaffnung wird zu seinem großen Thema in den Parlamentsdebatten des Jahres 1958. Wir wollen atomare Waffen ja nicht anwenden, sondern nur damit drohen, hält ihm die CDU entgegen. Heinemann erwidert: »Diese Drohung ist entweder nicht ausführbar... dann ist sie politisch wirkungslos, oder hinter dieser Drohung steht die Entschlossenheit, Atombomben und Wasserstoffbomben anzuwenden. Dann aber sind Sie in der (christlichen) Bedrängnis der Frage, ob Sie solches tun dürfen und tun können.«

Da andere Mächte, vor allem die Sowjetunion, Atombomben haben, werden diese zu einer Zwangsläufigkeit auch hierzulande, hält man ihm entgegen. »Zwangsläufig«, erwidert Heinemann, »das ist eine atheistische Denkkategorie. Von Zwangsläufigkeit kann nur derjenige sprechen, für den Gott nicht mehr im Weltregimente sitzt.«

»Indem Sie sich gegen atomare Waffen wenden, gefährden Sie und Ihre Freunde unser aller Sicherheit«, hält man Heinemann entgegen. Er erwidert: »Wir wollen nicht weniger Sicherheit... Wir wollen eine andere Sicherheit und eine bessere Sicherheit.«

»Zumindest ist der von Ihnen geforderte Verzicht auf atomare Waffen mit hohen Risiken verbunden«, heißt es aus den Reihen der CDU. Heinemann erwidert: »Das wissen wir selbst. Aber das Kriegsrisiko, das hier so drohend vor uns steht, das wird uns munter machen und, wie ich meine, auch willig machen müssen, ein anderes Risiko, ein Risiko friedlicherer Begegnungen und Auseinandersetzungen einzugehen. Denn jedes Risiko ist geringer als das Risiko des Krieges.«

Zwei politische Fronten entstehen in der Atomdiskussion der fünfziger Jahre: Oppositions- contra Regierungsparteien und eine weitere Front innerhalb der SPD. Die Gegner atomarer Aufrüstung, allen voran Gustav Heinemann, bedrängen unaufhörlich die Christliche Demokratische Union, sich der Frage zu stellen, ob atomare Massenvernichtungswaffen von Christen verantwortet werden können. Wer stellt Christdemokraten heute solche drängenden Fragen?

Doch gleichzeitig wird auch in dem gerade erst geschlossenen neuen Bündnis von Protestanten und demokratischen Sozialisten ein Gegensatz erkennbar. In der SPD folgt die Mehrheit dem Sicherheitskonzept des hochgeachteten Verteidigungsexperten Fritz Erler. Jedwede regionale Rüstungsbegrenzung, folgert dieser, setze ein Gleichgewicht des Schreckens voraus, hergestellt durch ein atomares Patt der beiden Supermächte. Wer sich gegen Atombewaffnung in der Bundesrepublik aussprach, mußte demnach die amerikanische geradezu begrüßen. Gustav Heinemann und seine Freunde, ungleich radikaler, wollten hingegen Massenvernichtungswaffen generell verworfen wissen, lehnten jegliche Atombewaffnung kompromißlos ab.

Als Pazifisten im traditionellen Sinn des Wortes dürfen wir Heinemann nicht sehen; er ist es nicht gewesen. »Ich weiß, daß Staaten Macht brauchen«, hat er gesagt. »Ich stimme zu, daß das Evangelium keine Grundlage für einen grundsätzlichen Pazifismus bietet.« Heinemann war ein Atompazifist und ist sich über die Konsequenzen daraus klar gewesen. Schon im Jahr 1951 sagt er in einem Vortrag: »Wenn ein Krieg mit Völkerselbstmord identisch wird, wenn er das größere Übel ist im Vergleich zu dem, was abgewehrt werden soll, wenn er eine auch nur halbwegs sinnvolle Lösung der strittigen Probleme nicht mehr darzustellen vermag, dann hört die Bejahung des Kriegsdienstes als einer möglichen Pflicht des Christen auf.«

Die Geschichte der Friedensbewegung in Deutschland ist eine Geschichte unablässiger Verleumdung durch ihre Gegner. Inmitten nationalistischer Aufbruchstimmung in Kabinetten, an Stammtischen und in den Kasernen des kaiserlichen Deutschland, inmitten der Welt des preußisch-deutschen Militarismus mußten sich die Gründer der deutschen Friedensbewegung, Menschen wie Bertha von Suttner, Alfred Herrmann Fried, Ludwig Quidde, als »komische Personen« belächeln und als »das schlechteste politische Gesindel in der ganzen Welt« beschimpfen lassen.

Inmitten über den verlorenen Krieg aufgebrachter Deutscher mußten sich Pazifisten in der Republik von Weimar beschuldigen lassen, sie trügen die Verantwortung für den verlorenen Krieg. Pazifistische Versammlungen wurden gesprengt, gegen Pazifisten Verfahren wegen Landesverrats eingeleitet, Mordanschläge unternommen.

Für bundesdeutsche Friedensinitiativen und -bewegungen gilt unabhängig von Zielen und der Zeit, daß sie allesamt vom Tage ihrer Gründung an beschuldigt wurden, Tarnorganisationen der Kommunisten zu sein oder deren Geschäfte zu betreiben. (Und es gilt auch, daß Kommunisten vom Tag der Gründung an versuchten, Einfluß auf sie zu nehmen.)

Kaum hatten Gustav Heinemann und seine Freunde 1951 die Notgemeinschaft für den Frieden Europas gegründet, da wurde ihnen schon vorgeworfen, illusionär und naiv zu sein, Toren und politische Träumer, den Kommunisten auf den Leim gegangen, wenn nicht gar von denen bezahlt. Im Karneval 1952 wurde durch Bonn eine Figur gezogen, die Stalin mit einem Trojanischen Pferd darstellte, aus dem Heinemann, Helene Wessel und Martin Niemöller herausschauten. Man wechsle die Figuren aus, nehme Erhard Eppler, Dorothee Sölle und den Pastor Heinrich Albertz – die Diffamierung wirkt ganz aktuell.

Schmerzlich hat Gustav Heinemann berührt, daß Menschen, »die die Bruderschaft in Christo proklamieren«, sich seinetwegen schämten, ihn nicht mehr »vorzeigen« mochten, ihn im besten Fall als Toren, im schlimmsten als Verräter sahen. Protestanten, die das Amt des Präses der Synode mit dem des CDU-Ministers in der Regierung Adenauer für sehr wohl vereinbar hielten, wählten den Oppositionspolitiker Gustav Heinemann 1955 aus seinem Kirchenamte ab. Das hat ihn sehr verbittert. »So viele Jauchefässer, wie sie in Pfarr- und anderen Christenhäusern bereitgehalten und bei Bedarf aus dem Fenster geschüttet werden, gibt es kaum in weltlichen Häusern«, schrieb ihm der Hamburger Theologe Helmut Thielicke, ein Mann, der politisch eher zu den Gegnern Heinemanns gehörte.

Unter seinen eigenen Briefen, mit denen er auf Beschimpfung und Verleumdung reagierte, beeindruckt mich am stärksten jener, den er an den CDU-Wehrexperten Werner Marx schrieb, der ihn beschuldigt hatte, den Wehrwillen der Bevölkerung zu beeinträchtigen. »Ach«, schrieb Heinemann an Marx, »ich muß mit tiefer Unruhe wieder erleben, was meinen Vater und Großvater in der Ära Wilhelms II. und mich selber gegenüber dem Hitlerspektakel von seinen ersten Anfängen an unruhig gemacht hat. Wir übernehmen uns ein um das andere Mal, und jedesmal werden diejenigen diffamiert, welche nicht erst nach dem Schlamassel, sondern vorher den Mund auftun.«

Die Friedensbewegung der achtziger Jahre weiß sich Gustav Heinemann auch durch die Denunziation durch ihre Gegner eng verbunden. Jungen Menschen, die man auslacht oder gar beschimpft, weil sie sich in der Friedensbewegung engagieren, sollte gegenwärtig sein, daß sie sich in der vornehmen Gesellschaft eines Präsidenten unserer Republik befinden, eines Präsidenten, der sie lehrt: Die Antwort auf Verleumdung ist nicht Haß, sondern das unbeirrte Bemühen, zu überzeugen.

Die Amtszeit des Bundespräsidenten Heinemann ist gekennzeichnet durch vielfaches Bemühen, den Bürgern zu erläutern, daß Friede mehr sein muß als nur die Abwesenheit von Krieg. Gustav Heinemann wird zum Befürworter und Förderer der Friedensforschung in der Bundesrepublik. Staatsbesuche in den von Deutschland überfallenen Staaten dienen der Versöhnung mit dem Nachbarn. Immer wieder fordert der Präsident in seinen Reden zur Friedenserziehung auf, dazu neue Gewohnheiten, neue Spielregeln, neue Verhaltensweisen einzuüben. Dazu gehört, einen Konflikt auch mit den Augen des Gegners zu beurteilen, an seiner Angst und Trauer, auch an seiner Empfindlichkeit und seinem Stolz teilzunehmen, Bereitschaft zum Kompromiß, wenn nötig zum Verzicht.

Dazu gehört, den Andersdenkenden und -handelnden nicht als Verderber unseres Volks zu sehen, sondern auch ihm guten Willen zuzugestehen. Das gilt im Verhältnis zu den Weltmächten, im Verhältnis der beiden deutschen Staaten wie auch im Verhältnis zwischen der Friedensbewegung und unserer Regierung. Ich zitiere ein wiederum sehr aktuelles Heinemann-Wort aus dem Jahr 1951:

»Wer gegen die ... Aufrüstung steht, hat der Bundesregierung den guten Glauben zu belassen, daß auch sie auf ihre Weise dem Frieden dienen will. – Und wer für die ... Aufrüstung eintritt, hat der Opposition bis zum bündigen Beweis des Gegenteils den guten Glauben zu belassen, daß es aus Besorgnis um diesen für falsch gehaltenen Weg geschieht.«

»Es wird darauf ankommen, daß wir keinen Augenblick die Bereitwilligkeit verlieren, auf den anderen zu hören, seine Gründe einmal entgegenzunehmen und sie nicht im voraus mit Diffamierung oder mit Pathos totzuschlagen« (Rede am 13. März 1952 in Berlin).

Auf dem Grabstein Julius Rupps in Königsberg steht die Inschrift: »Wer nach der Wahrheit, die er bekennt, nicht lebt, ist der gefährlichste Feind der Wahrheit selbst.« Gustav Heinemann lebte nach seiner Wahrheit. Als Adenauer auf die Wiederbewaffnung zusteuerte, legte er sein Amt als Innenminister nieder, ohne nach Pensionsberechtigung zu fragen. Mitgliedschaft zu politischen Parteien hat er davon abhängig gemacht, in welcher er jeweils am wirkungsvollsten seine Überzeugungen vertreten konnte. Stets war er darauf bedacht, Moral und Realitätssinn zu verbinden, keinen Illusionen zu erliegen. Das Ziel muß fest im Auge bleiben, die Methoden, um sich ihm zu nähern, müssen je nach den Gegebenheiten wechseln. Theologisch argumentiert der Präses der Synode; politisch argumentiert der Gründer der Notgemeinschaft und der Gesamtdeutschen Volkspartei, das Mitglied der sozialdemokratischen Bundestagsfraktion gegen Wiederbewaffnung und atomare Ausrüstung der Bundeswehr. Stets war Heinemann daran gelegen, für die Friedensbewegungen Menschen mit den unterschiedlichsten, gegensätzlichsten Auffassungen zu gewinnen. Duselei, auch solche für den Frieden, war ihm unerträglich; er war ein Mann der Argumente. Einige Wochen nach Gründung der Notgemeinschaft schrieb er an seinen Schwager Ordemann in Bremen: »Alle diese Friedensengel werden ... etwas von realistischer Politik lernen müssen.«

Er war der ungeduldigste Mann, den man sich denken kann, und der ausdauerndste zugleich. Wir müssen mit den Russen verhandeln, selbst wenn es aussichtslos erscheint, das war sein A und O, denn: »Das längste Verhandeln ist immer noch besser als der kürzeste Atombombenkrieg.« Er hat viel Niederlagen hinnehmen müssen, doch er resignierte nie. Er besaß, um es mit Jean Paul auszudrücken, die »Tapferkeit des Friedens«, den »Mut zu Hause«.

Die Freunde Gustav Heinemanns, der sich so bemüht hat, die deutsche Teilung zu verhindern, bewegt es tief, mitzuerleben, wie Gedanken und Wollen dieser großen Gestalt des deutschen Protestantismus in der Evangelischen Kirche der DDR und der mit ihr verbundenen Friedensbewegung überzeugend weiterleben. Vieles trennt die Deutschen heute. Doch es verbindet sie der Satz des Julius Rupp aus dem Wochenblatt des Königsberger Friedensvereins von 1850: »Wir sind bisher bemüht gewesen, den ersten Teil der Verkündigung auszuführen. Nun wollen wir uns auch dem anderen zuwenden: Und Friede auf Erden.«

Ulrich Herz
Alva Myrdal (1902–1986)

Alva Myrdal gehört in dieser Reihe der Liebhaber des Friedens zu den jüngst Verstorbenen. Ihre Rolle in den Bestrebungen für den Frieden muß daher mit etwas anderen Akzenten gezeichnet werden als es zu ihren Lebzeiten der Fall war. Man steht vor etwas Abgeschlossenem; man sieht ihr Wirken in der Perspektive des Rückblicks.

In solchem Rückblick verstärkt sich ein Bedenken, das man schon zu ihren Lebzeiten hegen konnte, nämlich ob nicht die Einreihung unter Liebhaber des Friedens in Alva Myrdals Fall in die Irre führt. Liebhaber des Friedens lenkt die Vorstellung allzu leicht zu einer Spitzweg-Figur mit der Friedensgießkanne. Damit kommt man weitab von der politischen Persönlichkeit Alva Myrdal. Sie war sachlich und rational, fast ein wenig kühl und im Umgang mit Menschen eher etwas distanziert, wohl eben um den sachlichen Anliegen den Vorrang zu geben. Nicht daß ihr »Gefühle« fremd waren, aber sie hielt sie bewußt in Zaum.

Und selbst das zweite Glied der Sammelbezeichnung, Liebhaberin *des Friedens* läßt bei dem, der sich ihren Lebensgang vergegenwärtigt, ein Zögern aufkommen. Gewiß ist ihr Name in der Weltöffentlichkeit vor allem mit der Verleihung des Nobelschen Friedenspreises verknüpft. Und gewiß galten mehr als 10 Jahre ihrer politischen Tätigkeit fast ausschließlich den Bemühungen um Frieden durch Abrüstungsverhandlungen in Genf und New York. Aber sie wehrte sich gegen eine Friedensrhetorik, die sich im Allgemeinen verlor oder gar ans Pathetische grenzte. Als sie einmal als »Vorkämpferin des Friedens« angesprochen wurde, erwiderte sie trocken-abwehrend: »Friede? Ich arbeite für Abrüstung.«

Das mag nun, objektiv beurteilt, ein »understatement« gewesen sein. Aber gleichzeitig war es eine für Alva Myrdal charakteristische Reaktion. Nicht, daß sie aus echter oder falscher Bescheidenheit den eigenen Einsatz verringern wollte. Sie war sich durchaus ihrer Schlüsselrolle in den internationalen Abrüstungsverhandlungen bewußt. Aber eben: Konkret ging es da primär um technische Details, sachliches Wissen und zähe Verhandlungsenergie. Das mit dem Frieden, schien sie sagen zu wollen, stehe eigentlich auf einem anderen Blatt; und da wären andere vor ihr zu nennen.

Auch darin hatte sie nicht ganz unrecht. Andere Ideen als die des Friedens waren bei ihr ebenso stark oder gar noch tiefer verwurzelt: die Gleichheit, die Solidarität, der Grundgedanke der vernünftigen Übereinkunft. Zur Friedensarbeit im engeren Sinn ist sie eher auf einem Umweg gekommen. Im Verlauf der sechziger Jahre wurde es ihr offenbar, daß das Wettrüsten das größte Hindernis auf dem Weg zur Verwirklichung dieser ihrer Werte und Ideale darstellte. Das Wettrüsten empfand sie als irrational und unmoralisch. Also wandte sich Alva Myrdals Aufmerksamkeit im Namen der Vernunft und Moral mehr und mehr dem Problem der Abrüstung zu. Ungefähr so hat sie es selbst in ihrer Dankesrede in der Paulskirche anläßlich der Verleihung des Friedenspreises des Deutschen Buchhandels dargestellt.

Zur Arbeit für die Abrüstung fühlte sie sich berufen, da die für den Gang der Geschichte Verantwortlichen versagt hatten. An einer erkrankten Menschheit kann man nur noch Sanitätsdienste tun. Die Chance der Vorbeugung, für Alva Myrdal natürlicher und vielleicht sogar viel angemessener, war nicht mehr vorhanden.

Alva Myrdal, geborene Reimer, stammte aus kleinbürgerlichen Verhältnissen. Der Vater konnte sich Baumeister und Landwirt nennen; das war damals, kurz nach der Jahrhundertwende, in der Periode des verspäteten schwedischen Übergangs von der Agrar- zur Industriegesellschaft, noch nicht so scharf unterschieden. Daß der Vater als selbständiger Unternehmer aktiver Sozialdemokrat war, gehörte auch zu dieser Zeitwende und diesem Milieu. Das stärkste Interesse des Vaters galt den Konsumgenossenschaften.

Die Familie lebte in Alvas Jugend in mehreren kleineren schwedischen Städten ländlichen Charakters und damit weitab von den akademischen Traditionen, die zu dieser Zeit in Schweden nur im Großbürgertum heimisch waren. Umso näher war man dem, was mit einem unübersetzbaren schwedischen Wort als »folkrörelser« bezeichnet wird: verschiedene ideelle Bewegungen, die sich unter den vom sozialen Wandel Betroffenen stark geltend machten. Man suchte diesen Wandel zu deuten und faßte ihn zu Recht als eine Entwicklung zu größerer Freiheit und zu demokratischer Mitbestimmung auf. Besonders im lokalen Bereich entwickelte sich unter dem Einfluß dieser Bewegung eine spontane Bereitschaft zu solidarischer Aktion »zum gemeinsamen Besten«, wie man dies nun auch definierte. Arbeiterbewegung, Genossenschaftsbewegung, Antialkoholbewegung und andere gingen dabei vielfach Hand in Hand.

Daß diese Gleichheitsbestrebungen auch Konsequenzen für die Rollenverteilung zwischen den Geschlechtern haben könnte, daran dachte man freilich kaum. Alva, begabt, lesehungrig, aber durchaus auch praktisch veranlagt, mußte sich daher ihre theoretische Bildung hart erkämpfen. Wirtschaftliche Hindernisse standen eigentlich nicht im Wege, auch nicht Vorurteile über eine »passive Rolle« der Frau. Aber Abitur und gar Studium für ein junges Mädchen – wozu denn das?

Nun, schließlich machte sie das Abitur, gegen den Widerstand der Eltern, besonders der Mutter, jedoch auf Umwegen und mit Verspätung. Sie absolvierte dann auch akademische Studien, die bereits nach zwei Jahren zu einem ersten Examensabschluß führten. Im gleichen Jahr, 1924, verheiratete sich die junge Studentin »eben doch« (wie es die Mutter von Anfang an vorausgesehen und gewünscht hatte). Der, den sie heiratete, Gunnar Myrdal, einem recht ähnlichen sozialen Milieu entstammend, sprengte nun aber alle vorgesteckten Rahmen, auch für Alva. Nach Begabung und Temperament war Gunnar Myrdal etwas wie eine Rakete, intellektuell und sozial. Vom ersten Tag dieser Ehe an kann man von Alva Myrdal eigentlich nicht mehr im Singular sprechen. Sie ist die Hälfte eines Zweierteams. Dieser Ausdruck aus dem Sportjargon mag etwas unangebracht erscheinen; aber er trifft etwas Wesentliches in dieser Vereinigung. Es wird ein Zweierleben der dynamischen Veränderungen und immer neuer Überraschungen.

In kürzester Zeitperspektive gesehen, war es dem Werdegang der exemplarisch zielbewußten Alva vielleicht sogar abträglich oder konnte so erscheinen. Ihre akademischen Studien folgten nicht mehr dem vorgezeichneten Muster. Paradoxerweise war es Alva, die dem intellektuell weitschweifigen Gunnar eine strenge Konzentration auf das Studium der theoretischen Nationalökonomie anwies, während sie selbst, von seinen vielseitigen Interessen motiviert, sich eine breitere und offenere Orientierung in den geistes- und verhaltenswissenschaftlichen Bereichen verschaffte.

Auch äußere Umstände trugen dazu bei, daß sich die beiden »Werdegänge« nun in immer neuen Kombinationen und Variationen umrankten. Im Jahre 1929 erhielten beide, Gunnar als schon etablierter Wissenschaftler und Alva als vielversprechende Studentin in der mittleren Laufbahn, ein Rockefeller-Stipendium für einen einjährigen Aufenthalt in den USA. Dieses Jahr wurde für beide zu einem Wendepunkt.

Alva war, wie schon erwähnt, von ihrem familiären und sozialen Ausgangsmilieu her politisch bewußt und in ihren Wertungen sozialdemokratisch orientiert, Gunnar zu dieser Zeit wohl noch eher ein »fahrender Geselle«, was die politische Überzeugung betraf. Aber was nun beide in Amerika schockartig erlebten, war die Problematik des menschlichen Zusammenlebens in der industrialisierten Gesellschaft. Alva berichtete später, daß sie hier in Amerika – in jener Zeit der nahenden großen Depression – »sozial erweckt« wurde. In einer für sie typischen Weise führte das dazu, daß sie ihre Studien, die bis dahin überwiegend vom Wissensdurst, von der intellektuellen Neugier bestimmt waren, nun bewußt auf die Erforschung der schroffen sozialen Wirklichkeit ausrichtete. Sie stellte sich, ihrem Wesen nach, sehr konkrete und letztlich praktisch-politische Fragen: Wie leben die Menschen, besonders Frauen und Kinder, in dieser rauhen, grausamen Welt? Und wie kann ihnen geholfen werden?

Auch Gunnar spricht davon, daß dieses gemeinsame Erleben der »Neuen Welt« für beide eine persönliche Krise bedeutete. Beide waren ja doch idealtypische Erzeugnisse eines abgelegenen, friedlichen, homogenen kleinen Landes. Hier erst wurden sie sich der globalen Perspektiven des menschlichen Daseins voll bewußt.

Daß Gunnar am Ende dieses amerikanischen Studienjahres einen Ruf nach Genf, dem Sitz des Völkerbundes, dieses ersten schwachen Versuches zur »Institutionalisierung« der globalen Menschengemeinschaft, erhielt, war wohl eher Zufall, aber konnte durchaus als »Gedanke« erscheinen. Alva folgte ihm, weil ihr Genf – mit dem Kinderpsychologen Jean Piaget – als ein gutes Milieu für die Abrundung und Integration ihrer Studien erschien, die sich mehr und mehr auf Sozialpsychologie und Sozialpädagogik konzentriert hatten. Gunnars Auftrag war eine akademische Lehrtätigkeit im Bereich der theoretischen Nationalökonomie.

Sicher hat der Aufenthalt in Genf bei beiden die internationale – oder jedenfalls übernationale – Einstellung verstärkt. Aber gleichzeitig wurde beiden klar, daß die »gesellschaftliche Veränderung«, die sie nun als ihre eigentliche Berufung empfanden, zu dieser Zeit offenbar nicht »von oben« durchgeführt werden konnte, am allerwenigsten von einem Völkerbund, der sich ihnen als ein sehr kümmerliches Instrument darbot. Nein, wollte man gesellschaftliche Verhältnisse verändern, so mußte man wohl dort anfangen, wo man alles angelernte Wissen mit der Erfahrung des vertrauten Milieus verknüpfen konnte.

In der Beschreibung von Alvas Werdegang sind wir nun an dem Punkt angelangt, wo sie, als gerade Dreißigjährige, erstmalig gesellschaftlich-aktiv, gesellschaftspolitisch in Erscheinung tritt. Und das in einer Weise, die kaum dynamischer – oder geradezu: dramatischer – hätte in Szene gesetzt werden können. Zielstrebig, fleißig, systematisch, wie es ihrer Natur entsprach, ging sie nach der Rückkehr nach Schweden daran, sich beruflich und politisch zu engagieren. Nach einigen publizistischen Vorarbeiten, in denen sie die Notwendigkeit einer frühen sozialen Einreihung der Kinder in gesellschaftliche Zusammenhänge – über die Familie hinaus – befürwortete, setzte sie die Gründung der ersten schwedischen Hochschule zur Ausbildung von Vorschulpädagogen durch und wurde selbst die erste Rektorin dieser Anstalt. Sie ließ eine Reihe von weiteren Schriften verwandten Inhalts folgen: über Kindererziehung, über die Stellung der Frau in der modernen, industrialisierten Gesellschaft, über rationale Formen des Wohnens. Besonders beachtet – aber auch kritisiert und verhöhnt – wurde ihr Vorschlag, in sogenannten Kollektivhäusern für mehrere Familien die Servicefunktionen wie Kinderbetreuung, Kochen und Aufräumen von gemeinsam angestellten Personen machen zu lassen, um den Müttern die Möglichkeit der Erwerbstätigkeit zu erleichtern. Das waren kluge, sachlich stark fundierte, in der Tendenz sozialreformerische, in der Argumentation ein wenig provozierende Vorschläge. Alva hatte sich inzwischen auch programmatisch der Sozialdemokratischen Partei angeschlossen, mit der sie sich schon vom Elternhaus her verbunden fühlte.

Für den, der sich im kleinen, übersichtlichen Schweden für Familienfragen, Kindererziehung, Probleme des Wohnwesens interessierte, war nun Alva Myrdal ein Name, an dem man nicht vorbeikam. Daß sie auch die Frau von Gunnar war, dem wissenschaftlichen Kometen, war sozusagen nur »zusätzlich«.

Aber im Jahre 1934 stieg nun plötzlich eine Doppelrakete gegen den schwedischen Himmel: ›Krise in der Bevölkerungsfrage. Von Alva und Gunnar Myrdal‹. Ein Buch, nun ja, was ist Besonderes daran? Ja, es war Besonderes an diesem Buch. In der schwedischen Öffentlichkeit weckte es eine Debatte wie nie ein politisches Buch zuvor. Es sprengte Schablonen des politischen Denkens, zum Beispiel die traditionelle Trennungslinie zwischen »links« und »rechts«. Ein klein wenig hatte es, bei aller Rationalität (die beiden Verfassern eigen war), mit politischer Zauberei zu tun. Auf eine ganz kurze Formel gebracht, besagte das Buch, von den erschreckend niedrigen schwedischen Geburtsziffern ausgehend, daß Schweden dem Schicksal eines »aussterbenden Volkes« nur dadurch entgehen könne, daß man radikale »familienpolitische« Reformen durchführte. »Familienpolitisch« hieß die raffiniert klug gewählte Formel. »Sozialpolitisch« hätte dasselbe bedeutet, aber einen schlechteren Klang gehabt (damals noch). Bald darauf fand man dann im schwedischen Sprachgebrauch eine Formel, die noch besser paßte und die in Schweden nie den ein klein wenig herabsetzenden Klang erhielt, der ihr im Deutschen vielfach anhaftet: die Formel vom »Wohlfahrtsstaat« (oder, wie es im Schwedischen weit treffender heißt, der »Wohlfahrtsgesellschaft«). Gewiß, manche der von den Myrdals vorgeschlagenen konkreten sozialpolitischen Reformen (Kindergeld, Mietzuschüsse, kostenlose Ausbildung usw.) waren oder blieben umstritten. Aber um das Myrdalsche Reformprogramm als Ganzes sammelte sich, möchte man sagen, »ein einig Volk von Brüdern« – und Schwestern, nicht zuletzt. »Die Myrdals« waren zu Symbolgestalten des sozialen Fortschritts geworden.

Mit dem Buch ›Krise in der Bevölkerungsfrage‹ und mit der Debatte, die sich an dieses Buch knüpfte, war Alva Myrdal Politikerin geworden. Politikerin ist sie bis zuletzt geblieben. Auch Gunnar hatte sich etwa gleichzeitig mit Alva der Sozialdemokratischen Partei angeschlossen, und auch er gelangte später zeitweilig zu hohen politischen Positionen. Aber da blieb immer ein Unterschied. Gunnar hatte seine Verankerung in der wissenschaftlichen Welt, Alva in der politischen. Sie wählte und bejahte Politik als Lebensberuf. Freilich immer kombiniert mit publizistischen Leistungen, für die sie sich in harter Arbeitsdisziplin Zeit abrang. Alva war insofern immer »parteiloyal«, als sie sich an die akzeptierten Regeln des politischen Spiels hielt. Gewissenskonflikte hat ihr diese Loyalität, nach eigener Aussage, nie verursacht – oder möglicherweise das einzige Mal bei der Frage, ob Bekämpfung der Atomwaffen auch Abstandnahme vom Ausbau der Atomenergie zur Folge haben müsse. Sie fand, daß sie diese Frage bejahen müßte, und wich damit von der

Linie ihrer Partei ab. Aber das war ein Spezialfall, und die Partei konnte ihrer damals neunundsiebzigjährigen Grand Old Lady diese erstmalige »Abweichung« nicht ernstlich nachtragen. (Bei Gunnar war man an Sprünge gewöhnt.)

Bereits 1939 stieß freilich Alvas innenpolitische Karriere an eine Schwelle, und das war nun wieder mit Gunnars weiterem Werdegang verknüpft. Gunnar wurde von der Carnegie-Stiftung zum wohl wichtigsten Auftrag seiner wissenschaftlichen Laufbahn nach Amerika berufen, und zwar zur systematischen Untersuchung der Negerfrage, dieses ›Amerikanischen Dilemmas‹ (wie er später sein Buch benannte). Alva, Mutter von drei Kindern, beschloß, ihm ein weiteres Mal in die Neue Welt zu folgen. Sie meinte, sie hätte auf ihrem eigenen Gebiet, der Sozialpsychologie und der angewandten Sozialpolitik, noch mancherlei zu lernen. Nachdem Amerika ihr beim ersten Besuch den Anstoß gegeben hatte zu den praktisch-politischen Experimenten im geschützten Laboratorium des kleinen Landes Schweden, wollte sie sich nun nochmals mit einer komplizierten sozialen Wirklichkeit konfrontieren lassen.

Alva Myrdal hatte noch einen besonderen Anlaß für ihre Entscheidung, die immerhin einen Abbruch in ihrer beruflichen und politischen Laufbahn bedeutete. Sie hatte in Schweden in den Jahren ihrer sozialpolitischen Tätigkeit bewußt eine Kontaktfläche nicht parteipolitischer Art offengehalten. Es galt, die Interessen der erwerbstätigen Frauen stärker zu vertreten. »Feminismus« war Alva Myrdal fremd, aber Gleichstellung von Mann und Frau, nicht zuletzt um der Familie willen, war ihr ein dringendes Anliegen. Alva Myrdal erlangte in Schweden wichtige Vertrauensposten in der Organisation der erwerbstätigen Frauen. Infolge ihrer weitsichtigen internationalen Orientierung drängte man sie dazu, auch in der internationalen Föderation, die ihren Sitz in New York hatte, eine entsprechende Rolle zu übernehmen.

Gunnars Arbeitsaufgabe in New York war klar umrissen; doch für Alva hatte der Umzug nach den Staaten Konsequenzen, die sie nicht hatte voraussehen können. In Europa brach kurz nach ihrer Ausreise der Krieg aus. Die Internationale Föderation der erwerbstätigen Frauen – wie überhaupt alle international ausgerichteten Gruppen und Kreise in Amerika – wurden damit vor ganz neue Aufgaben gestellt. Es galt, Emigranten und bedrohten Minoritäten beizuspringen, neue internationale Verbindungswege ausfindig zu machen. Alva geriet in Bestrebungen und Tätigkeiten, die ihr neu und ungewohnt waren. In den Wogen der Kriegswirren, die Individuen und Gruppen an die amerikanischen Küsten spülten, relativierte sich die Zugehörigkeit zu einer Nation; traditionelle ideologische Bindungen wurden ebenso hinfällig wie religiöse, soziale und andere gegenseitige Abgrenzungen. Für Alva hatte früher in der Arbeit – der pädagogischen, der politischen, der schriftstellerischen – immer »Ordnung geherrscht«. (Sie ist zeitlebens ein Ordnungsmensch geblieben.) Aber solche Muster ließen sich in den Kriegsjahren nicht aufrechterhalten. Alva geriet in ganz anderer Weise als in ihrer schwedischen Heimat in den Strudel dramatischen politischen Geschehens. Das waren für sie Erfahrungen neuer Art. Hier kam sie, die als Politikerin und wohl auch der Veranlagung nach gewohnt war, in Gruppen und Kategorien zu denken, erstmalig in direkten Kontakt mit individuellen Menschenschicksalen. Und sie erlebte die Notwendigkeit direkten, persönlichen Eingreifens, wo »Not am Mann« (oder Frau oder Kind) war.

Als Alva noch vor Amerikas Eintritt in den Krieg wieder nach Schweden zurückkehrte, weil die eigenen Kinder eines ruhigeren Milieus bedurften, waren auch da die Voraussetzungen für politische Arbeit im Grunde verändert. Alvas Dasein war erstmals »ungeordnet«; sie hatte keine feste Beschäftigung. Aber für ihren Werdegang waren es nicht verlorene Jahre. Ihr sachliches Pathos für gesellschaftliche Veränderung bekam einen menschlicheren Akzent, die Solidarität mit der *Menschheit*, im Individuum wie in der globalen Vielfalt, wird ihr ein konkreter Bewußtseinsinhalt.

Diese Erlebnisse während der Kriegsjahre ließen bei Alva eine Komponente zutage treten, die sicher bei ihr im Grunde schon vorhanden war, aber die man in den Jahren ihrer politischen Entfaltung nicht bemerkt oder vielleicht nicht einmal geahnt hatte. Die Charakterzüge, die man mit dem Begriff »Karriere« verbindet, traten im Verlauf von Alvas weiterer Entwicklung mehr und mehr zurück. Es blieb eine gewisse persönliche Distanz, ein fast instinktives Abrücken von allem, was auch nur an die Grenze des Pathetischen oder Sentimentalen führen konnte. Aber niemand konnte daran zweifeln, daß die Sorge um den Mitmenschen, als Einzelfall oder als Kollektiv, in Alvas Charakter volle Deckung hatte.

Nun trugen auch hier wieder äußere Umstände zur Weiterentwicklung und Vertiefung der neuen, weltweiten und weltoffenen Orientierung bei. Bei Kriegsende sah es eine Zeitlang so aus, als sollte die so allseitig gebildete und erfahrene Politikerin für die zweite Runde ihrer politischen Laufbahn auf dem typisch schwedischen – an sich durchaus hochqualifizierten – »Gutachterkarren« abgesetzt werden. Die Liste ihrer Gutachteraufträge um diese Zeit füllt viele Kolumnen. Aber hier kam nun buchstäblich »Rettung von oben«: Trygve Lie, Generalsekretär der UNO, berief Alva Myrdal an die Spitze der sozialen Abteilung des UNO-Sekretariats, sie wurde Nummer 3 in der Gesamthierarchie der Weltorganisation. Damit war Alva Myrdal für die Welt gewonnen. Und damit waren übrigens – durch Zufall? – »die Myrdals« wieder zwar nicht geographisch, aber dem geistigen und institutionellen Milieu nach vereint. Gunnar hatte sich nämlich, nach einem Zwischenspiel als schwedischer Handelsminister im ersten schwedischen Nachkriegskabinett, schon seit zwei Jahren als Chef der wirtschaftlichen Europakommission der UNO in Genf angesiedelt. Und wenn bei engstirnigen und vorurteilsvollen Personen jemals der Eindruck hatte aufkommen können, daß Alva sich im Schweif des Kometen bewegte, war das nun durch ihre Berufung nach New York nachdrücklich widerlegt. Hier kreisten zwei Kometen umeinander.

Von nun an steht Alvas Laufbahn endgültig im Zeichen von Aufgaben, die sich auf internationale Verhältnisse beziehen. Auf eigenen Wunsch ließ sie sich 1951 an einen leitenden Posten bei der UNESCO in Paris versetzen; es galt die Wiederherstellung der internationalen wissenschaftlichen Beziehungen. Sie wollte, zusammen mit den Kindern, doch Gunnar in Genf geographisch etwas näher sein. Die Anekdote besagt freilich, daß in einem dieser fünfziger Jahre »das Myrdalsche Familienleben an einem Sonntag stattfand«. Es war der einzige Familientreffpunkt des Jahres. Und die Kinder ließen sich auch nicht ganz nach Wunsch versammeln. Zu einer »Krise in der Familienfrage« hat das nicht geführt, jedenfalls nicht im Verhältnis zwischen Gunnar und Alva. Wenn sie sich in diesen Jahren auch nur sehr selten treffen konnten, hielten sie bestimmt an ihrer lebenslangen Abmachung fest: ihre Manuskripte gegenseitig aufs sorgfältigste zu lesen und schriftlich oder telefonisch zu kommentieren.

1955 wurde Alva Myrdal in schwedischen Dienst zurückberufen und zur Botschafterin in New Delhi – mit Indien, Ceylon, Burma und Nepal als ihrem Amtsbereich – ernannt. Von ihrem sechsjährigen Aufenthalt im Fernen Osten sei zunächst ein Kuriosum genannt: Das Myrdalsche Familienleben fand in dieser Periode ein paarmal jährlich in New Delhi statt. Gunnar hatte nämlich den Auftrag übernommen, die Verhältnisse der Entwicklungsländer in Südostasien zu studieren und zu analysieren, was etwa zehn Jahre später in dem monumentalen dreibändigen Werk ›Asian Drama‹ zum Ausdruck kam.

Für Alva bedeutete dieser neue Posten die erste Konfrontation mit den Problemen der Dritten Welt. Aber ihr öffnete sich auch Zugang zu östlichem Denken, östlichen Lebensmustern. Dies trug zu einer Weiterentwicklung dessen bei, was die Erfahrungen der Kriegsjahre in ihr geweckt hatten: spontane Bereitschaft zum Verständnis anderer Meinungen, anderer Wertungen und Attitüden; eine gewisse Relativierung eigener Standpunkte; eine Fähigkeit und Bereitwilligkeit, zu vermitteln, Gegensätze zu überbrücken.

Man darf das nicht mißverstehen. Alva Myrdal war und blieb eine Frau mit sehr bestimmten Ansichten. Ihr reiches Wissen, ihr klares Denken und ihre vielseitige Erfahrung ließen sie diese Ansichten auch mit einer gewissen Autorität aussprechen. Aber die indischen Erfahrungen, zusammen mit der Tatsache, daß sie hier als Botschafterin ein kleines, von weltpolitischen Aspirationen freies, neutrales Land vertrat, schrieben ihr für ihre zukünftige Arbeit eine gewisse natürliche Vermittlerrolle zu. Hier in Asien traf sie politisch, sozial und kulturell auf die Spannung Nord-Süd. Aber die Feuerprobe als Vermittlerin stand ihr an der Schneidefläche zwischen Ost und West bevor.

Damit sind wir, was Alvas äußere Karriere betrifft, nun an der Wende angelangt, von wo an Abrüstungsarbeit Alva Myrdals Hauptanliegen wird. Diese Aufgabe hat sie im Namen ihrer Regierung von 1962 bis 1973 als Chefdelegierte in den Gremien in Genf und New York ausgeübt. Am Rande sei gesagt, daß sie in den Jahren von 1962 bis 1970 auch dem schwedischen Reichstag angehörte und von 1966 bis 1973 Sitz in der schwedischen Regierung hatte. Aber der Schwerpunkt ihrer politischen Arbeit lag eben in den internationalen Abrüstungsverhandlungen.

In den zwölf Jahren ihrer Tätigkeit in dem Forum in Genf, das heute, erweitert und umstrukturiert, wieder den Namen Conference on Disarmament (CD) trägt, wurde sie dort zur wichtigsten Sprecherin und Akteurin der Gruppe der allianzfreien Staaten. Auch in den jährlichen Abrüstungsüberlegungen in der UNO-Vollversammlung spielte sie eine hervorragende Rolle;

aber von entscheidender Bedeutung war ihre Tätigkeit in den Genfer Verhandlungen. Dort standen sich zu ihrer Zeit zwei Supermächte schroff und unversöhnlich gegenüber – jemand mußte in die Bresche treten. Aber wie sollte das geschehen? Zwingen konnte man ja die Supergroßen nicht, überreden auch kaum. Da blieb nur eins: nämlich sie durch Sachargumente vom Wahnsinn des Wettrüstens zu überzeugen. Ihre einzige »Waffe« zur »Entwaffnung« der Mächtigen waren ihre umfassenden Kenntnisse, die sie sich mit eiserner Energie verschaffte. Aber durch ihren politischen Einfluß in Schweden konnte sie auch bewirken, daß ihr hochqualifizierte Mitarbeiter zur Verfügung gestellt wurden.

Alva Myrdal: Abrüstungsunterhändlerin, Abrüstungsvermittlerin in Genf, das war ihre weltpolitische Rolle. Ein tragisches Moment war, daß ihr in den Jahren ihres Wirkens in Genf wohl keine größeren *sichtbaren* Erfolge beschieden waren. Daß sie die Verhandlungsatmosphäre stark positiv beeinflußte, ist vielseitig bezeugt und mag entscheidend dazu beigetragen haben, daß die Conference on Disarmament immerhin zum bedeutendsten Forum multilateraler Abrüstungsverhandlungen heranreifte. Aber einen eigentlichen Durchbruch der verhärteten Fronten durfte Alva Myrdal nicht mehr erleben. Aber gewiß hat sie Teil daran, daß seit Mitte der achtziger Jahre eine solche Entwicklung sich anbahnt.

Nachdem sich Alva Myrdal 1973 – als über Siebzigjährige – aus ihrer Unterhändlertätigkeit zurückgezogen hatte, faßte sie nach einem mehrjährigen Forschungsaufenthalt in Santa Barbara ihre Erfahrungen auf dem Gebiet der Abrüstungsverhandlungen in einem mächtigen, äußerst sorgfältig durchgearbeiteten Buch zusammen. Schon der Titel des Buches zeugt von einer gewissen Enttäuschung und Bitterkeit: ›Das Spiel um Abrüstung‹. Vielleicht könnte jemand urteilen, freilich ohne Alva Myrdal direkt widerlegen zu können, daß sie in diesem Buch trotz aller konkreten Belege doch ein etwas *zu* hartes Urteil über die mächtigen Akteure, die »Spieler«, fällte. Aber das Buch ist eben, trotz aller Sachlichkeit oder vielleicht gerade infolge dieser strengen Sachlichkeit, eine trotzige Anklage gegen die Großen, daß ihnen (in der beurteilten Zeit) der *Wille* zur Abrüstung fehlte. Worum es ihnen ging, meint und belegt Alva Myrdal, waren die Gewinne, die sich möglicherweise aus dem »Spiel« erzielen ließen – für *einen* der Beteiligten und damit nach allem Ermessen auf Kosten der Menschheit.

Aber Alva Myrdals eigene Einstellung »zur Friedensfrage«, wenn wir es hier nun doch so nennen wollen, war keineswegs von Pessimismus geprägt. Eher fühlte sie sich nun als nicht mehr *offiziell* »Verantwortliche« freier in ihrem Agieren. Ihre Hoffnung knüpfte sie besonders an die seit Anfang der achtziger Jahre erwachende Friedensbewegung in Europa, in Amerika, in Japan und in ersten Ansätzen auch in den östlichen Ländern. Sie war bereit, dieser Bewegung nun auch von der Basis her zu dienen.

Das war nun keine neue Rolle, eher nur eine Verlagerung ihrer friedenspolitischen Tätigkeit. Zum Bild ihrer Persönlichkeit gehört nämlich auch, daß sie im Grunde in zwei Welten angesiedelt war: der Welt der Politik, in der notwendigerweise Sachen »von oben« betrieben werden, und der »folkrörelse«-Welt ihrer Jugend, wo man in kleineren, übersehbaren Gruppen von Gleichgestellten unermüdlich versuchte, in Fragen des Friedens, der Freiheit und der Menschenrechte »Druck nach oben« auszuüben. Dieser Zug ihrer Persönlichkeit war erstmalig in den Kriegsjahren und dann in entscheidender Weise durch ihren Aufenthalt in Indien verstärkt worden. Es lag kein Anflug von Heuchelei darin, daß sie ihre »Doppelrolle« – Arbeit von oben, Arbeit von unten – wechselweise und gegebenenfalls auch parallel ausüben konnte. Sie tat es aus Überzeugung, da sie sich zu beidem berufen fühlte. Als Vertreterin der offiziellen schwedischen Politik war sie Befürworterin progressiver internationaler Abrüstungsinitiativen, verfocht aber auch loyal die eher konservative schwedische Verteidigungspolitik. Aber gleichzeitig hatte sie nicht nur Verständnis, sondern bekundete mehrfach Sympathien für »utopische« Friedensideen, auch wenn diese zeitweise der offiziellen Politik zuwiderliefen. Die Berufspolitikerin mit dem sachlichen Pathos befreite sich nie ganz von ihrem utopisch-idealistischen Schatten. Einer ihrer letzten Einsätze war die Errichtung eines Friedensforums der schwedischen Arbeiterbewegung mit dem Zweck, laufend Informationen über Wettrüsten und Kernwaffengefahr in Massenauflagen zu verbreiten und damit die Forderung nach Abrüstung zu einer zwingenden Forderung des Volkes – der Völker – zu machen.

Im Hinblick auf diese verschiedenen »Dimensionen« ihres Friedenswirkens ist es daher nicht nur logisch, sondern gleichzeitig symbolisch, daß ihr am Ende ihrer Laufbahn – über Ehrendoktorate und andere Auszeichnungen hinaus – in drei aufeinanderfolgenden Jahren drei weltweit anerkannte Ehrungen zuteil wurden: »Sie erhielt 1980 den Albert Einstein Peace Prize in Anerkennung ihrer wissenschaftlich-literarischen Leistung, 1981 den Alternativen Friedenspreis des norwegischen Volkes – eben als Ausdruck dafür, daß sie in ihren hohen Ämtern die Sache des Volkes vertrat – und schließlich 1982 den nach der Meinung vieler lange fälligen Nobel-Friedenspreis, den sie mit einem anderen Veteranen der Abrüstungsverhandlungen, dem Mexikaner Alfonso Garcia Robles, teilte.

Schon Mitte der siebziger Jahre wurde Alva Myrdal von einer schweren Krankheit befallen, die drohte, ihrem Wirken ein vorzeitiges Ende zu setzen. Aber zu aller Erstaunen genas sie sicher nicht zuletzt aus eigener Kraft und bewahrte sich ihre fast unverminderte Leistungsfähigkeit. Die Nobelpreis-Verleihung war wohl die letzte Gelegenheit, bei der sie weltweit in Erscheinung trat. Die letzten Jahre ihres Lebens verbrachte sie in zunehmender und schließlich fast völliger Isolierung.

Aber ihr Vermächtnis hatte sie schon einige Jahre früher in folgende Worte gekleidet: »Sicher weiß ich nur zweierlei. Das eine ist, daß man nichts zu gewinnen hat, wenn man die Schwierigkeiten umgeht und sich Wunschträumen hingibt. Das zweite ist, daß es immer etwas gibt, was man selbst machen kann. In der alleranspruchslosesten Form lautet die Mahnung: studieren, alternative Vorschläge ausarbeiten, den Wirkungsgrad der Lösungen abwägen, auch wenn es nur Teillösungen sind. Sonst bliebe ja nichts anderes übrig als aufzugeben. Und Aufgeben ist des Menschen unwürdig.«

STURE LINNÉR
Dag Hammarskjöld (1905–1961)

Es war am 17. September 1961. Dag Hammarskjöld und ich hatten uns schon im UNO-Flugzeug zurechtgesetzt, das uns aus der kongolesischen Hauptstadt nach Elisabethville bringen sollte, zu Besprechungen mit Tschombé, dem leitenden katangesischen Politiker. Da hat der Generalsekretär plötzlich laut gedacht: »Vielleicht ist es doch unklug von uns, alle beide gleichzeitig Léopoldville zu verlassen. Die Lage ist ja hier so ungewiß, daß alles zu jeder beliebigen Zeit passieren könnte.«

Ich habe sofort und gerne auf die Reise verzichtet, um so leichter, als ich schon mehrmals mit Tschombé ohne Erfolg verhandelt hatte und gerade zu dieser Zeit lieber gewisse Fragen mit der Zentralregierung weiter treiben wollte. Offenbar erleichtert, hat mich Hammarskjöld aus dem Flugzeug begleitet. Wir sprachen eine Weile miteinander. Er bat mich, einige Manuskriptseiten durchzulesen, die er in meinem Hause, wo er zufällig wohnte, zurückgelassen hatte. Es handelte sich um den religionsphilosophischen Essay von Martin Buber: ›Ich und Du‹. Er hatte gerade angefangen, ihn ins Schwedische zu übersetzen.

Einige Stunden später ist das Flugzeug abgestürzt. Dag Hammarskjöld hat in der afrikanischen Nacht seinen Tod gefunden.

Wer war denn dieser Mann, nach seinem Tode fast heilig gesprochen, später auch oft scharf kritisiert, heute wieder in den verschiedensten Teilen der Welt als eine der wirklich großen Persönlichkeiten unserer Zeit verehrt?

Dag Hammarskjöld stammte aus einer adeligen Familie, in der die Männer seit Jahrhunderten dem Staat als Verwaltungsbeamte und Offiziere treu und selbstlos dienten. Einige von ihnen hatten auch eine Rolle in der schwedischen Geistesgeschichte gespielt. Der Vater war Jurist, der auch an deutschen Universitäten jahrelang Rechtswissenschaft studierte und der besonders dem Rechtshistoriker von Amira nahestand. Der ältere Hammarskjöld glaubte an ein übernationales Recht, durch das ein internationaler Rechtsstaat geschaffen werden könne. »Bei ihm«, so sollte der Sohn später schreiben, »taucht, noch undeutlich, der Gedanke einer Weltgemeinschaft auf, in der die Nationalstaaten im Schutz eines Internationalismus leben, der seine Stärke aus der eigenen logischen Natur des Rechts nimmt, nicht aus einem Diktat der Macht, und in dem darum die einzigen internationalen Organe, die erforderlich sind, rechtlicher Natur sind.« Eine Zeitlang führte er im Völkerbund den Vorsitz in dem Ausschuß, der sich mit der Kodifikation des internationalen Rechts beschäftigte. Vorher war er unter anderem Justizminister und, während des Ersten Weltkriegs, Staatsminister.

Wenn dieser strenge Pflichtmensch in der Familie das Gesetz vertrat, so war seine Frau das Evangelium: eine innig fromme, warmherzige Natur. »Von Gelehrten und Geistlichen mütterlicherseits erbte ich den Glauben«, hat Dag Hammarskjöld berichtet, »daß in dem wirklich radikalen Geiste der Evangelien alle Menschen gleich sind als Kinder Gottes und so von uns betrachtet und behandelt werden müssen ...«

Eine glänzende akademische Laufbahn führte Dag Hammarskjöld mit dreißig Jahren in die schwedische Regierung. Da hat er sich lange hauptsächlich mit Finanzfragen beschäftigt, allmählich aber mehr und mehr mit internationalen Wirtschafts- und Rechtsproblemen, wobei er oft auch den menschlichen und moralischen Wert der internationalen Zusammenarbeit hervorhob.

Soviel von seiner Herkunft und seinem äußeren Lebensweg. Was gab es aber hinter der Fassade? Wie war seine Denk- und Lebenshaltung?

In vielen Büchern und einer Menge von Aufsätzen wurden schon allerlei Versuche zur Deutung seiner Persönlichkeit vorgelegt, oft recht phantasievoll. Ich kenne Dag Hammarskjölds Größe und meine eigene Begrenzung genug, um nicht irgendwie darauf Anspruch zu erheben, den Schlüssel seines Charakters und seines Wesens zu besitzen, obwohl ich ihm eine Weile recht nahe stand. Mit diesem Vorbehalt möchte ich einige Beobachtungen wiedergeben.

Ich habe schon erwähnt, wie Dag Hammarskjöld als Kind von Pflichttreue und evangelischer Menschenliebe geprägt wurde. In einer Rede hat er erklärt, daß er diese zwei Ideale, völlig harmonisiert und den Forderungen unserer heutigen Welt angepaßt, in der Ethik von Albert Schweitzer wiedergefunden hat. Das Ideal des Dienens sei von der grundlegenden Einstellung zum Menschen, wie sie in den Evangelien verkündet wird, unterstützt und unterstütze sie auch.

Dieses Dienen braucht gar nicht großen und dramatischen

Aufgaben gewidmet zu werden. »Nur derjenige«, schreibt Schweitzer, »der jeder Tätigkeit einen Wert abgewinnen kann und der sich jeder mit vollem Pflichtbewußtsein hingibt, hat das innerliche Recht dazu, sich ein außerordentliches Tun statt des ihm natürlich zufallenden zum Ziel zu setzen. Von dem in der Menschheit vorhandenen idealen Wollen kann immer nur ein kleiner Teil zu öffentlich auftretender Tat werden. Allem übrigen ist bestimmt, sich in vielem Unscheinbaren zu verwirklichen, das miteinander einen Wert darstellt, der denjenigen des Tuns, das die Aufmerksamkeit auf sich zieht, tausendfach und abertausendfach übertrifft ... Die unscheinbar wirkenden Kräfte des Guten sind in denjenigen verkörpert, die das persönliche unmittelbare Dienen, das sie nicht zum Berufe ihres Lebens machen können, im Nebenamt betreiben ... Keiner (befindet sich) in der Lage, daß er nicht Gelegenheit hätte, sich irgendwie als Mensch zu verausgaben.«

Vergleichen wir damit Dag Hammarskjölds Worte von 1956, als er schon seit drei Jahren Generalsekretär der Vereinten Nationen war: »Der ›große‹ Zusammenhang verdunkelt so leicht den ›kleinen‹. Aber ohne die Demut und die Wärme, die du denen zeigen kannst, mit welchen du persönlich zu tun hast, kannst du für die vielen nichts tun, sondern lebst du in der Welt der Abstraktionen ... Besser aus ganzem Herzen einem Menschen Gutes tun als ›sich für die Menschlichkeit opfern‹.«

Als ich im Mai 1959 einige Tage mit Albert Schweitzer in Lambarene verbrachte, kam er in unseren Diskussionen wieder zu diesen Gedanken zurück und freute sich überaus, daß Hammarskjöld sich so sehr an diese Denkweise anschloß. Er hegte für den Schweden große Bewunderung. Heute noch liegt in Günsbach Hammarskjölds posthume Schrift ›Zeichen am Wege‹, eine Art Weißbuch über seine Verhandlungen mit sich selbst und mit Gott, auf Schweitzers Nachttisch. Er hat sie als Brevier wieder und wieder gelesen und mit vielen Marginalien und Unterstreichungen versehen. Schweitzer hatte mich übrigens gebeten, womöglich ein Zusammentreffen mit Hammarskjöld zu arrangieren. Leider ist es nicht soweit gekommen. Allerlei Probleme, in erster Linie die kongolesischen, zwangen Hammarskjöld wiederholt, den Besuch aufzuschieben, bis es dann schließlich zu spät war.

Sowohl Albert Schweitzer als auch Dag Hammarskjöld haben den Nobel-Friedenspreis erhalten (der letztere erst nach seinem Tode). Würdigeren Menschen hätte man die Belohnung nicht geben können. Denn was sie beide mit so überzeugender Kraft gezeigt haben, ist: Daß der Friede nunmehr nicht nur eine Sache ist, über die in technischen Verhandlungen zwischen Politikern entschieden wird. Der Friede sprießt hervor und wird bewahrt durch die ethische Grundhaltung des einzelnen Menschen, der in jedem anderen seinen Bruder sieht. Diese Anschauung ist gerade heute mit den Vernichtungsmitteln, über die wir nun verfügen, wahrer und wichtiger als jemals. Sie scheint auch von den sogenannten Laien immer mehr verstanden zu werden. Immer mehr Menschen sehen heute ein, daß die Scheidelinie zwischen Barbarei und Kultur nie eine geographische Grenze ist, die zwischen zwei Völkern verläuft, sondern eine moralische Grenze im Inneren eines jeden Volkes, ja eines jeden einzelnen Menschen. Wenn wir uns dessen bewußt sind, kann jeder – auch »ich und du« – im heutigen Schicksalsdrama eine sehr wichtige Rolle spielen.

Neben den Eltern und Albert Schweitzer haben auch die großen Mystiker, besonders die aus dem Mittelalter, einen wichtigen Einfluß auf die Geistesentwicklung Hammarskjölds gehabt. Mit Meister Eckart, Thomas von Kempen, dem Spanier Johannes vom Kreuz, um nur einige zu nennen, war er innig vertraut. Ihre Gedanken, ihre Worte kamen ihm spontan in den Sinn. In seinen Schriften nennt er sie nur bisweilen bei Namen; aber überall spürt man ihre Anwesenheit durch Zitate oder Anklänge oder durch die Stimmung, die sie vermitteln. Diese Mystiker erklärten ihm, wie man ein tätiges soziales Dienen in voller innerer Harmonie als Mitglied der Gemeinschaft des Geistes leisten kann. Selbstaufgabe war für sie ein Weg zur Selbstverwirklichung geworden. Als Generalsekretär hat Hammarskjöld von ihnen einmal gesagt: »Liebe – dieses so mißbrauchte und mißverstandene Wort – bedeutet für sie ganz einfach einen Überfluß von der Kraft, von der sie sich erfüllt fühlten, wenn sie in wahrer Selbstvergessenheit lebten. Und diese Liebe fand ihren natürlichen Ausdruck in einer anstandslosen Pflichterfüllung und in einem vorbehaltlosen Akzeptieren des Lebens, was es ihnen persönlich auch gab, Mühe, Leiden oder Glück. – Ich weiß, daß ihre Entdeckungen von den Gesetzen des inneren Lebens und des Handelns noch nicht ihre Bedeutung verloren haben.«

Aus den Schriften dieser Mystiker greife ich einige Hauptthemen heraus, die in Hammarskjölds ›Zeichen am Wege‹ immer wieder erscheinen:

Das Nu. Damit meint Eckart: nicht in der Vergangenheit leben, auch nicht in der Zukunft, sondern nun und hier. Im Nu ruhen die Ewigkeit und das Göttliche: *nunc aeternitatis.* Der Mensch soll dem Leben seine Schuld dadurch zurückzahlen, daß er auf den jetzigen Augenblick alle seine Kraft einsetzt, die ihm das Leben als verpflichtende Gabe geschenkt hat.

Damit hängt die *Abgeschiedenheit* eng zusammen: der Punkt im Inneren des Menschen, wo die bunte Mannigfaltigkeit der Schöpfung eliminiert und nur Gott vorhanden ist. Hammarskjöld will »die innere Stille bewahren – mitten im Lärm«. Kurz nach Ostern 1956, als er in Beirut auf einer UNO-Mission ist, meditiert er darüber:

Verstehen – durch Stille
handeln – aus Stille
gewinnen – in Stille.

Daran schließt er ein Eckartzitat: »Soll das Auge die Farben gewahren, so muß es selber zuvor aller Farben entkleidet sein.« Erst dann, in der Abgeschiedenheit, der Stille, kann das Innerste der Seele, ihr Auge, sehen, Gottes Licht spiegeln.

Ein dritter Grundbegriff aus Eckart: *gewöhntes Wollen.* »Es gibt ein zufälliges und wesenloses Wollen«, sagt er, »und es gibt ein schicksalsmäßiges und schöpferisches, ein ›gewöhntes‹ Wollen. Nie und nimmer gibt Gott sich in einem fremden Willen: wo er seinen Willen findet, da gibt er sich.«

Was Eckart damit meint, hat er selbst mit einem Bild erklärt. Lesen und schreiben zu lernen ist anfangs eine schwierige Arbeit. Aber plötzlich geht die Übung in Fertigkeit, Gewohnheit, Instinkt über. Wir beherrschen die Kunst, brauchen uns nicht mehr anzustrengen. Lesen und Schreiben sind mit uns eins geworden. So geschieht auch die Vereinigung mit Gott, so wird unser Wille derselbe wie der Wille Gottes, wird in uns Instinkt, gewöhntes Wollen. Oder, wie Hammarskjöld schreibt: »Die gestaltende Kraft wurde in uns Wille. Um schön wie ein Baum zu wachsen, müssen wir das Ruhen in der Einheit erreichen, wo der gestaltende Wille wieder Instinkt geworden ist.«

Betrachten wir Dag Hammarskjölds Entwicklungsgang vor diesem Hintergrund, so verstehen wir, wie er Handlung, *vita activa,* und Betrachtung, *vita contemplativa,* in einer schöpferischen Harmonie hat vereinen können. Das war eben für ihn charakteristisch: die einzigartige Kombination von Einsamkeit und weltumspannender Aktivität.

Dag Hammarskjöld stand auf der Höhe der literarischen und ästhetischen Bildung seiner Zeit. 1954 in die Schwedische Akademie gewählt – es war das erste Mal seit der Gründung der Akademie im Jahr 1786, daß ein Sohn seinem Vater folgte –, spielte er bald für die literarischen Nobelpreise eine wichtige Rolle. Poesie, und zwar abstrakte Poesie, war ihm unentbehrlich, und sein Geschmack und Interesse kannten dabei keine nationalen Grenzen. Mit der großen deutschen Dichtung der Vergangenheit und Gegenwart war er sehr gut vertraut. Sein Vater rezitierte gern noch mit neunzig Jahren Gedichte aus dem Gedächtnis, nicht nur von Goethe und Schiller, sondern zum Beispiel auch von August von Platen, unter anderem das Sonett, das so beginnt:

Wer wußte je das Leben recht zu fassen,
Wer hat die Hälfte nicht davon verloren
Im Traum, im Fieber, im Gespräch mit Toren.

Der Sohn hat bestimmt nicht viel Zeit im Gespräch mit Toren verloren, mit Ausnahme derer natürlich, die er beruflich nicht meiden konnte. Sobald er eine Weile frei hatte, zog er sich gern mit einer Gedichtsammlung zurück. Auch während offizieller Funktionen, zum Beispiel wenn er in der Generalversammlung der Vereinten Nationen langweiligen Reden zuhören mußte, konnte er so in sich selbst verschwinden. Mitunter habe ich selbst so etwas erlebt. So hatten wir einmal bei einem offiziellen Essen einen afrikanischen Außenminister zwischen uns, der bald ganz einfach eingeschlafen ist. Hammarskjöld, offensichtlich amüsiert, hat mit mir sofort von Dichtern zu sprechen angefangen, die er gerade zur Zeit liebhatte. Es war unter denen der Grieche Georg Seferis, der einige Jahre später den Nobel-Preis erhalten sollte, aber damals noch recht unbekannt war.

In ähnlicher Weise suchte er in der Musik und in der Kunst – und zwar vorzugsweise in der abstrakten Malerei und Skulptur – Kraft und Erholung. Neben diesen intensiven literarischen und künstlerischen Interessen zeigte Dag Hammarskjöld immer ein sehr starkes Gefühl für alle Erscheinungen der Natur, besonders für die kosmische Größe der Gebirgslandschaft. Auf tagelangen Wanderungen und Bergbesteigungen im nördlichsten Schweden war er wie selten glücklich. Mit tiefer Einfühlung, mit allen Sinnen wach, spricht er von seinen Naturerlebnissen: »Es wird einer dieser stillen Tage mit niedrigen, treibenden Wolken, an denen das Licht in der feuchten Luft einen weichen Silberton bekommt, der die Farben dämpft und harmonisiert, und man zu spüren meint, daß auch den Geräuschen alle Schärfe genommen wird ... Wir baden auf einer Landzunge, wo die Beeren von Cornus suecica rot brennen am Uferrand gegen die grauen Felsblöcke. Ein Habicht hängt hoch in der Luft über dem andern Strand. Drinnen in einer Bucht lockt ein Seevogel. Nach gellem Warnruf verstummt er plötzlich, nachdem irgendein Geräusch von uns ihn über das Wasser hin erreicht hat. Schwache Wellen schlagen manchmal mit einem leisen metallischen Klang gegen die Ufersteine. Wir sind Gäste in einer Welt, wo man die Stimme senkt, um nicht zu stören.«

Sollen wir uns nun diesen so überaus reich ausgestatteten Mann als einen Übermenschen, als Helden und Idol vorstellen? Ich glaube nicht. Und in seinem Buch ›Zeichen am Wege‹, von dem er gesagt hat, es gäbe das einzige richtige Profil von ihm, zeigt er deutlich, bisweilen vielleicht überdeutlich, daß er selbst sehr weit davon entfernt war, sich in irgendeiner Weise idealisieren zu wollen. Er hatte, wie wir alle, seine Schwächen, und gerade diese Begrenzungen machen ihn menschlich, tragen dazu bei, daß er uns heute noch nahesteht, wie er auch kommenden Generationen Inspiration und Zuversicht geben wird.

Auch blieben ihm bittere Enttäuschungen, im privaten wie in seinem öffentlichen Leben, nicht erspart. Er war von Anfang an und bis zu seinem Tod in tieferem Sinn ein Einzelgänger, wollte es sogar sein, aber litt doch daran. Eine Lebensgefährtin hat er nie gefunden; Freunde, die seinen sehr hohen Ansprüchen genügen konnten, gab es wenige.

Als Generalsekretär erzielte er zwar manchmal glänzende Erfolge. Seine erste aufsehenerregende Leistung kam schon 1954, als es ihm gelang, die amerikanischen Flieger, die seit dem Koreakrieg in China gefangengehalten wurden, durch persönliche Verhandlungen in Peking zu befreien. Zwei Jahre später, in der Suezkrise, gebot er England und Frankreich mitten im Angriff gegen Ägypten Einhalt und zwang in monatelanger Arbeit auch Israel, seine Eroberungen, die ganze Sinaihalbinsel und den Gazastreifen, bedingungslos zu räumen. Sogar Ben Gurion, der als Premier alles tat, um Hammarskjöld in seiner Friedensarbeit zu hindern, hat mir, als ich ihn viele Jahre später in Jerusalem besuchte, spontan die Größe seines ehemaligen Gegners gepriesen (und zwar mit Zustimmung seiner fanatischen und formidablen Frau Paula!). Als 1958 die Unabhängigkeit Libanons und Jordaniens bedroht und angelsächsische Truppen ins Land gekommen waren, ermöglichte er durch geschickte und rasche Maßnahmen den Abzug der fremden Kontingente.

Aber vor der Unterdrückung des ungarischen Aufstands durch die Sowjetarmee im Herbst 1956 stand er machtlos und gedemütigt. Und in der Kongokrise, die 1960 ausbrach, wurde er auch gerade von denen geschmäht, die ihm sehr vieles zu verdanken hatten. Kein Mensch hat mehr getan als Dag Hammarskjöld, um das Leben Lumumbas zu retten – davon bin ich völlig überzeugt, da ich gerade für dieses Ziel mit ihm aufs engste zusammengearbeitet habe. Zum Dank wurde er im Sicherheitsrat der Vereinten Nationen von Gromyko der »Teilnahme an diesem Verbrechen« angeklagt; er verdiene deswegen »die Verachtung aller ehrlichen Menschen«.

Der Widerstand gegen Hammarskjöld und die Vereinten Nationen ging aber nicht nur vom Ostblock aus. Frankreich, England und Belgien – um von Nordrhodesien unter Roy Welensky nicht zu sprechen – haben im Kongo, zusammen mit den dahinterstehenden mächtigen wirtschaftlichen Interessengruppen, den Kampf der an Naturschätzen reichen Provinz Katanga kräftig unterstützt und, trotz manch frommer Deklaration in New York, die Friedensarbeit der Vereinten Nationen sabotiert. Dag Hammarskjöld war kein dickhäutiger Mensch, und Verleumdungen und Intrigen dieser Art haben ihn tief verletzt. Er reagierte aber wie ein Bergsteiger, wenn er einen besonders steilen und schroffen Teil des Felsens meistern muß: Er blickte nicht zurück, sondern nahm nur einen noch festeren Griff und zwang sich, zäh und zielbewußt, weiter.

Wieviel besteht noch heute von der Leistung dieses Mannes in der Entwicklung des Weltfriedensbundes? Eine – wenn auch nicht die einzige – Antwort könnte in aller Kürze sein: Er hat sein Amt als den Embryo einer Weltregierung gesehen. Ob die Zeit und Organisation für eine solche visionäre Konzeption reif war, bleibt eine offene Frage. Jedenfalls hat er die Vereinten Nationen so stark und angesehen gemacht, daß sie trotz der immer schwächeren Leistung, unter der die UNO nach seinem Tode gelitten hat, doch weiterlebt. Selbst hat er die Vereinten

Nationen eine schwache Schöpfung genannt – aber zugleich die größte: den Traum der Menschheit. »Daher gern Tod oder Demütigung, wenn es das ist, was der Traum fordert.«

Es gäbe noch vieles, was ich von Dag Hammarskjöld erzählen möchte, und zwar einiges, was gerade ein deutsches Publikum interessieren könnte. So hat zum Beispiel ein schwedischer Gelehrter wichtige Parallelen zwischen der Lebensanschauung Hammarskjölds und der Dietrich Bonhoeffers hervorgehoben. Die beiden kannten sich nicht. Aber Bonhoeffers Buch ›Widerstand und Ergebung‹, das nach seiner Hinrichtung im April 1945 herausgegeben wurde, zeigt, wie nahe sie sich geistig waren. So betont auch Bonhoeffer, daß man erst in der vollen »Diesseitigkeit« des Lebens glauben lernt, das heißt, wenn man »in der Fülle der Aufgaben, Fragen, Erfolge und Mißerfolge, Erfahrungen und Ratlosigkeiten« lebt. Und er weist die falsche Jenseitigkeit ab, die in sich selbst versunkene Frömmigkeit, die sich von der Welt zu isolieren versucht. Unser Verhältnis zu Gott sei ein neues Leben im »Dasein für andere«. »Nicht die unendlichen, unerreichbaren Aufgaben, sondern das jeweils gegebene, erreichbare Nächste ist das Transzendente.« Aber er begegnet ihm als »jenseitig«, als »der Andere«, wie Hammarskjöld gesagt hätte, und Bonhoeffer bekämpft also auch eine *falsche* Diesseitigkeit.

Vielleicht erkennen wir am besten das Profil Dag Hammarskjölds in einem Gebet, das er zwei Monate vor seinem Tod schrieb:

> Gib mir einen reinen Sinn – daß ich Dich sehe,
> einen demütigen Sinn – daß ich Dich höre,
> einen liebenden Sinn – daß ich Dir diene,
> einen gläubigen Sinn – daß ich in Dir verbleibe.

Ger van Roon
Helmuth James von Moltke (1907–1945)

In einer Denkschrift schrieb Moltke im April 1941 die folgenden für ihn bezeichnenden Worte: »Verantwortungsgefühl setzt Freiheit wie Bindung voraus. Alle Handlungen, die die Gemeinschaft betreffen, und das sind alle nur denkbaren Handlungen, müssen von diesem Verantwortungsgefühl getragen sein.«

Freiwillige Einsatzbereitschaft war dem innerlich und äußerlich freien Moltke eigen; dazu kam ein starkes Verantwortungsgefühl. Die ganze Person setzte sich in jeder Handlung ein, unbeirrt vom sozialen Zufall oder Standesvorurteil, und das mit zupackender Schnelligkeit bei Entscheidungen. Die Kraft, Gedachtes folgerichtig und mit gelegentlichen Kompromissen in die Tat umzusetzen, der Phantasie nur den ihr gebührenden Rahmen im wirklichen Leben einzuräumen, und eine außerordentliche Arbeitsintensität stammten wohl von der Mutter. Bei seiner Frühreife hatte ihm das umfassende Wissen um die Verhältnisse in Deutschland und in der Welt einen unverkennbar skeptischen Zug aufgedrückt. Sein ganzes Wesen war auf praktisches Handeln ausgerichtet; er war gewiß kein abstrakt denkender Typ. Daher wurde seine Entwicklung von Menschen, denen er begegnete, viel stärker geprägt als von Büchern, die er studierte.

Helmuth James wurde am 11. März 1907 in Kreisau in Schlesien geboren. Er war das erste Kind des Helmuth Graf von Moltke und Dorothy, geborene Rose-Innes. Kreisau war eine historische Stätte. Das Gut hatte der Feldmarschall Helmuth von Moltke, der einem alten mecklenburgischen Geschlecht entstammte, aus einer ihm verliehenen Dotation erworben. Da er keine Kinder hatte, ging Kreisau nach seinem Tode auf den Sohn seines ältesten Bruders, den Großvater von Helmuth James, über. Aber immer blieb Kreisau mit dem Feldmarschall verbunden, und es enthielt viele Erinnerungen an ihn.

Die Eltern von Helmuth James waren sehr verschieden. Obwohl begabt, hatte der Vater niemals eine gründliche Erziehung genossen; viele seiner Begabungen lagen brach oder blieben undiszipliniert. Er war ein Suchender, in seinen reiferen Jahren stark durch eine feste Verankerung in der Christian Science geprägt. Die Mutter war eine harmonische, starke Persönlichkeit, voll Wärme und Güte; dabei besaß sie einen ausgeprägten Verstand, der sie in ihrem Denken und Tun unabhängig sein ließ. Sie stammte aus Südafrika und war die einzige Tochter des Obersten Richters der Südafrikanischen Union. Die Haltung ihres Vaters, liberal in des Wortes bester Bedeutung, war für die Entwicklung der Tochter sehr wesentlich gewesen, und über sie hatten auch ihre Kinder eine sehr starke Beziehung zu den Großeltern.

Im Hause herrschte ein freier Geist. Der Stil des Hauses entsprach dem der großen östlichen Landhäuser. Politisch dachte man in vielem anders als die Standesgenossen, fern von reaktionärer Einstellung und Engstirnigkeit. In manchem machte sich der englische Einfluß geltend, der schon vorher in der Moltke-Familie eine Rolle gespielt hatte. Die Kriegs- und Nachkriegsjahre hinterließen entscheidende Jugendeindrücke bei Helmuth James. Über die Nachkriegsjahre schrieb er später: »Nun kam für uns die Zeit der großen Parteikämpfe, in denen jeder den andern beschimpfte und seine eigene Lehre für die einzig seligmachende hielt. Diese Zeit hat auf mich eine große Wirkung gehabt, indem sie mich von der Falschheit aller überzeugte, und zwar dadurch, daß ich jede einmal vertrat. Ich glaube, es gibt keine Partei, für die ich nicht einmal gekämpft hätte.«

Weil er, obwohl er das Land sehr liebte, keine Lust hatte, Landwirt zu werden, entschloß er sich, Rechtswissenschaften zu studieren, zunächst in Breslau, dann in Berlin. Sein besonderes Interesse galt der Geschichte und Politik. Vor allem interessierten ihn die Sozialgeschichte und die Geschichte des Sozialismus. Er unterstützte die Politik der Weimarer Republik, beteiligte sich an Versuchen zur deutsch-französischen Verständigung und bejahte die Erfüllungspolitik, nicht weil er die Versailler Bestimmungen gerecht fand, sondern weil nach seiner Auffassung eine Regierung einen unterschriebenen Vertrag zu halten habe.

In Berlin lernte er Dr. Eugenie Schwarzwald, eine Sozialarbeiterin aus Wien, kennen. Sie hat ihn in der Entwicklung seiner Auffassung stark beeinflußt. Als Begründerin einer fortschrittlichen Mädchenschule und Leiterin mehrerer Wohlfahrtsorganisationen hatte sie in Berlin wie in anderen Städten in der Inflationszeit billige Volksküchen eingerichtet. Sie kam öfters nach Berlin und sprach dort über ihre Arbeit, regte die Jugend an, dabei mitzuhelfen, und brachte einen internationalen Kreis von Jugendlichen zusammen. Als Moltke mit diesem Kreis in Verbindung kam, machte er schon einen fast reifen Eindruck. Wie alle Moltkes war er ein Schweiger. Er war sehr groß, etwa zwei Meter, und in den Schultern etwas gebeugt. Auffallend war sein starkes soziales Interesse. Man nannte ihn den »roten Graf«. Er hatte einen scharfen Witz und sprach mit Autorität. Es war auch etwas Melancholisches an ihm, das seine sensible Natur erkennen ließ. Durch die Schwarzwalds lernte Moltke seine spätere Frau, Freya Deichmann, die Zuckmayers, aber auch Dorothy Thompson, eine bekannte amerikanische Journalistin, kennen.

In Gesprächen zeigte Moltke sich gut informiert. Mit wachsender Besorgnis verfolgte er den Aufstieg des neuen Nationalismus und tadelte die Haltung der Studenten. Als er einmal im Theater das Drama ›1914‹ sah und die Worte Bethmann-Hollwegs über den »Fetzen Papier« hörte, sagte er: »Du siehst, es ist der Rückfall des politischen Anstandes, was schließlich die Ursache des Krieges ist.«

Um seine Standesgenossen zu irritieren, ließ er sich einmal mit Sichel und Hammer photographieren. Aber er regte auch andere an. Er brachte ausländische Journalisten zum Beispiel mit den Problemen des deutschen Ostens in Berührung, führte sie nach Oberschlesien in das umstrittene polnisch-deutsche Gebiet und brachte sie nach Waldenburg, wo er auf die rückständigen Verhältnisse des Bergwerkgebietes hinwies. Er suchte nach Möglichkeiten, die soziale Lage der Industriebevölkerung zu verbessern. Als der Soziologe Eugen Rosenstock-Huessy, der an der Breslauer Universität lehrte, die Löwenberger Arbeitsgemeinschaft gründete, half Moltke mit, die Arbeitslager für Arbeiter, Bauern und Studenten zu organisieren. Hinter seiner »weltmännischen Unbekümmertheit« verbarg sich ein starkes Mitgefühl mit der Umwelt.

Wie sehr er sich für seine Umwelt interessierte, kann einem Brief Moltkes aus dem Jahr 1928 an seine Großeltern entnommen werden. In diesem Brief erzählte er von seinen Erlebnissen der letzten Monate. Er hatte sich aus der Organisation der Arbeitslager zurückgezogen, war nach Kattowitz gefahren, wo er sich über die Minderheitenfrage informieren ließ, und kritisierte, daß die deutschen Gruppen in Polen sich von Berlin aus regieren ließen. Dann war er nach Agram in Jugoslawien gefahren, um den kroatischen Bauernführer Radic zu besuchen, den er für die Lösung der schwierigen Agrarverhältnisse als »Mann der Zukunft« betrachtete und seit zwei Jahren kannte. In Heidelberg hatte er darauf an einer Diskussion über die Probleme des deutschen Ostens teilgenommen. Dann schrieb er: »Ich glaube, Schlesien und Wien sind die beiden Zentren, von denen aus Deutschland und Europa ihr echtes Interesse für den Osten und den Balkan wirklich zeigen können, und ich glaube, die ganze europäische Krise zwischen West und Ost und die Landwirtschaftskrise in ganz Osteuropa haben dieselbe Wurzel, und daß es unsere Pflicht ist, uns mit diesem Problem zu befassen.«

Die Zukunft sollte sich jedoch anders entwickeln, als Moltke es sich damals gedacht hatte. Nach dem Referendarexamen hatte er im Herbst 1929 gerade begonnen, bei der Berliner Handelsgesellschaft für einige Zeit nationalökonomische Probleme zu bearbeiten, als er von seinem Vater dringend nach Kreisau gerufen wurde, weil das Gut in große wirtschaftliche Schwierigkeiten geraten war. Der Inspektor hatte die Wirtschaft in völliger Unordnung hinterlassen und erhebliche Schulden gemacht. Vorläufig mußte Helmuth James seine eigenen Pläne aufgeben und sich um Kreisau kümmern. Das Gut, etwa 500000 Reichsmark wert, hatte 375000 Reichsmark Schulden, das heißt, eingetragene Belastungen, als er es übernahm. Und das geschah gerade in der Anfangszeit der Wirtschaftskrise, deren Folgen die Sanierung Kreisaus erheblich erschwerten. Mit Hilfe einer Anleihe und Osthilfe kam Kreisau durch die außerordentliche Arbeitskraft des damals 23 Jahre alten Moltke wieder hoch.

Als sich die Verhältnisse in Kreisau besserten, wurde es Moltke möglich, seine Berufspläne weiter zu verfolgen. Mitten in seine Ausbildungszeit vor dem Assessorexamen fiel die Machtergreifung durch den Nationalsozialismus. Da für Helmuth James eine Beamtenlaufbahn – er wäre gern Richter geworden – infolge seiner antinationalsozialistischen Einstellung nicht in Frage kam, entschloß er sich, sich als Anwalt für Völkerrecht und Internationales Privatrecht in Berlin niederzulassen. Als Anwalt hat Moltke, der selbst viele jüdische Freunde besaß und sich schon früher gegen antisemitische Auffassungen gewehrt hatte, Opfer des Nationalsozialismus unterstützt und beraten, besonders nach dem Erlaß der sogenannten Judengesetze. Er zögerte nicht, im Interesse seiner Klienten sogar die Gestapo zu besuchen und die Angelegenheiten ausgewanderter Juden zu betreuen. Darüber geriet er in Schwierigkeiten mit dem NS-Juristenbund.

Moltke hatte aber auch den Wunsch, mit dem freien Ausland

in Verbindung zu bleiben. Dazu besuchte er Anfang 1935 das Sekretariat des Völkerbundes in Genf und den Internationalen Gerichtshof in Den Haag und fuhr anschließend auf Einladung der Freunde seiner Mutter nach England. Dort entschloß er sich, die Examina abzulegen, die es ihm ermöglichen würden, als englischer Anwalt aufzutreten. Von seinen englischen Bekannten wurde er bei Altersgenossen und einflußreichen Engländern eingeführt. Diese Besuche hinterließen bei Moltke starke Eindrücke, und seitdem waren England und das Empire für ihn wichtige Faktoren in der Weltpolitik. Bei diesen Besuchen wurden Moltke auch die Argumente für die Beschwichtigungspolitik gegenüber Hitler vorgeführt. Ihr widersprach Moltke jedoch entschieden und warnte ausdrücklich davor.

Als der Krieg ausbrach, suchte Moltke ein geeignetes Tätigkeitsfeld. Mit Hilfe des Völkerrechtlers Bruns wurde er in die völkerrechtliche Abteilung der Ausland-Abwehr aufgenommen. Diese Abteilung, später Amtsgruppe Ausland, war eine Unterabteilung der militärischen Nachrichtenorganisation von Admiral Canaris. Zu Beginn seiner Tätigkeit bei der Abteilung Ausland arbeitete Moltke auch noch im Kaiser-Wilhelm-Institut für Völkerrecht. Da er büroverwendungsfähig geschrieben war, wurde er zum Kriegsverwaltungsrat ernannt. Uniform hat er niemals getragen, obwohl er dazu aufgefordert wurde. Die Gruppe hatte keine Weisungsbefugnis, sondern konnte ihre Ansichten nur gutachtlich vortragen. Daher schrieb Moltke: »Da ich aber nicht selbst handeln kann, sondern mich darauf beschränken muß, anderen Argumente zu liefern, die diese zum Handeln treiben, so ist jeder Schritt mit einer unsäglichen Anstrengung verbunden.«

Bei seiner Arbeit wurde Moltke besonders von dem Amtschef, Admiral Canaris, unterstützt. Dieser hatte ihm ausdrücklich aufgetragen, darauf zu achten, daß geltendes Kriegsrecht auch beachtet werde. Er mußte aus den anfallenden Unterlagen – zum Beispiel entzifferten Feindbefehlen, Aufsätzen in militärischen Zeitschriften, Nachrichten von Abwehr-Leitstellen und V-Männern, Berichten der deutschen Militärattachés und den Durchschlägen sämtlicher Berichte deutscher Auslandsmissionen an das Auswärtige Amt – kurze Stellungnahmen oder Gutachten zu völkerrechtswidrigen Vorgängen anfertigen. Außerdem gehörten dazu Stellungnahmen der Abteilung Ausland zu Grundsatzbefehlen der obersten militärischen Dienststellen, einschließlich des Oberkommandos der Wehrmacht, sofern sie völkerrechtlich relevant waren. Zäh und geduldig führte Moltke viele Verhandlungen mit den verschiedensten Dienststellen und konnte dabei in Einzelfällen mehrfach Teilerfolge erzielen. Denn er war nur ein kleines Rädchen in Hitlers Kriegsmaschine. Aber es bleibt aus heutiger Sicht eine wichtige Erfahrung, daß in diesem überwachten und durchorganisierten Staat eine solche Tätigkeit überhaupt möglich war. Die Teilerfolge, Verstöße zu verhindern, lagen auf dem Gebiet der Wirtschaftskriegsführung, der Kriegsgefangenen- und Kombattantenfrage und der Geiselerschießungen.

Auf die Dauer aber wurde es für Moltke und seine Mitarbeiter immer schwieriger, etwas zu verhindern. Vieles wurde ihnen gar nicht mehr vorgelegt, und oft erreichten Vorgänge sie erst nachträglich, weil man von ihrer abweichenden Meinung ausging. Zu Beginn seiner Arbeit in der Abteilung Ausland hatte Moltke erwartungsvoll geschrieben: »Wer aber jeden Tag weiß, was gut ist und was böse, und daran nicht irre wird, wie groß auch der Triumph des Bösen zu sein scheint, der hat den ersten Stein zur Überwindung des Bösen gelegt.« Ende 1941 jedoch, an einem Tag voll grauenhafter Nachrichten, klagte er: »Das, was mir augenblicklich am nächsten geht, sind die mangelhaften Reaktionen des Militärs ... Neue, schreckliche Befehle werden gegeben, und niemand scheint etwas dabei zu finden. Wie soll man die Mitschuld tragen? ... Mach ich mich nicht mitschuldig? Was sage ich, wenn man mich fragt: Und was hast Du während dieser Zeit getan? ... Wie kann jemand so etwas wissen und dennoch frei herumlaufen? Mit welchem Recht? Ist es nicht unvermeidlich, daß er dann eines Tages auch drankommt und daß man ihn auch in die Gosse rollt? Das alles sind ja nur Wetterleuchten, denn der Sturm steht vor uns. Wenn ich nur das entsetzliche Gefühl los werden könnte, daß ich mich selbst habe korrumpieren lassen, daß ich nicht mehr scharf genug auf solche Sachen reagiere, daß sie mich quälen, ohne daß spontane Reaktionen entstehen.«

Über die von seinen Landsleuten verübten Grausamkeiten war Moltke entsetzt. Er hatte, wie wenige andere, aufgrund der vielseitigen Auskünfte, die seine Abteilung erreichten, einen genauen Einblick in die Dinge, die vorgingen. Von dem, was erst in der Nachkriegszeit allgemein bekannt wurde, und diese Zeit zu einer der dunkelsten Perioden der Menschheitsgeschichte machte, war Moltke genau unterrichtet. Etwa eine Woche vor der berüchtigten Wannsee-Besprechung, bei der die »Endlösung« der Judenfrage beschlossen wurde, schrieb Moltke seiner Frau: »Ich kann mich gar nicht mehr von dem Gedanken trennen, wie wird dem deutschen Volk gesagt werden, was jetzt geschieht und was in den nächsten Wochen geschehen wird, und wie werden die Menschen darauf reagieren?«

Diese Erlebnisse haben die Entwicklung Moltkes – bei Kriegsbeginn war er 32 Jahre alt – stark geprägt. Vor diesem Hintergrund müssen seine Auffassungen und Aussprüche aus dieser Zeit gesehen werden. Entscheidend war seine religiöse Wandlung. »Der Grad der Gefährdung und Opferbereitschaft, die heute von uns verlangt wird, setzt mehr als gute ethische Prinzipien voraus«, erklärte er 1942 einem englischen Freund. Zum Denken und Handeln, zu Trost und Zuversicht bedurfte es inmitten aller Greuelnachrichten einer neuen Dimension. Mit Schrecken bemerkte Moltke, wie Menschen zu allen Grausamkeiten fähig waren. »Früher waren das für mich im Grunde Geschichten, zum mindesten das Alte Testament, heute aber ist mir all das Gegenwart. Es hat für mich eine ganz andere Spannung als je zuvor«, schrieb er seiner Frau. Und an anderer Stelle, als er sich mit der Bedeutung des Tischgebetes befaßte: »Es ist mir in diesen Jahren immer klarer geworden, daß in der Aufrechterhaltung der in den Zehn Geboten niedergelegten moralischen Grundgesetze die Existenz eines jeden von uns abhängt.«

Neben seiner Arbeit in der Amtsgruppe Ausland war Moltke auch der Motor des sogenannten Kreisauer Kreises der deutschen Widerstandsbewegung. Als um 1938 von einem Putsch gegen das Regime gesprochen wurde, waren er und andere der Auffassung, daß es keine Rückkehr zu früheren Zuständen geben dürfe, sondern daß tiefgreifende Erneuerungen notwendig seien. Das führte dazu, daß sie nach dem Ausbleiben des erwarteten Staatsstreiches ihre Auffassungen konkretisierten und Kontakt zu anderen Gruppen suchten. So entstand der Kreisauer Kreis. Der Kern der Gruppe bestand aus Jüngeren und Älteren, die sich in den schlesischen Arbeitslagern kennengelernt hatten. In den folgenden Jahren hatten sie den Kontakt untereinander aufrechterhalten. Aus Sicherheitsgründen wurde bei der direkten Arbeit nur eine begrenzte Zahl von Personen, die jeweils eine Gruppe vertraten, eingeschaltet. Nur Moltke war über alle Kontakte informiert. Auf Kreisau fanden drei größere Zusammenkünfte statt, wobei ein durch Spezialisten erweiterter Kreis die Grundlage für das Programm legte.

Dabei war es das Ziel der Kreisauer, jene Gruppen, die ihrer Meinung nach einen wichtigen Beitrag zu einer Erneuerung leisten konnten – nämlich die Arbeiter und die Kirchen –, zueinanderzubringen. Hinter dem Programm, das in zahlreichen Besprechungen und Zusammenkünften zustande kam, standen Arbeiterführer wie Mierendorff, Haubach und Maass und Bischöfe wie Preysing, Dietz, Faulhaber und Wurm. Der Kontakt mit den Bischöfen zielte auch darauf, in ihnen eine kritische Haltung gegenüber dem Regime zu wecken. Einflüsse des Kreisauer Kreises sind in Hirtenbriefen Preysings und, wenn auch in abgeschwächter Form, in der Fuldaer Erklärung des katholischen Gesamtepiskopats von 1943 spürbar. Kennzeichnend für die europäische Einstellung der Kreisauer war die Tatsache, daß sie als Konsequenz ihrer Einstellung Kontakte mit Widerstandsgruppen in den besetzten Gebieten suchten und zu beträchtlichen Konzessionen auf territorialem Gebiet bereit waren. Die Gründe zur Zusammenarbeit waren verschiedener Art. Das Ziel auf längere Frist war ein europäischer Staatenbund, die Vereinigten Staaten von Europa. Im Lichte dieses Endziels waren alle Kontakte mit anderen europäischen Ländern während des Krieges praktische Europapolitik, Vorbereitungen für den Aufbau des neuen Europa. »Für uns«, schrieb Moltke 1942, »ist Europa nach dem Kriege weniger eine Frage von Grenzen und Soldaten, von komplizierten Organisationen oder großen Plänen. Europa nach dem Kriege ist die Frage: Wie kann das Bild des Menschen in den Herzen unserer Mitbürger aufgerichtet werden? Das ist eine Frage der Religion, der Erziehung, der Bindungen an Arbeit und Familie, des richtigen Verhältnisses zwischen Verantwortung und Rechten.«

Neben diesem Ziel auf längere Frist gab es auch andere Gründe, Erwägungen humanitärer und politischer Art. Humanitärer Art, weil man einen Weg finden wollte, um die Bevölkerungen der besetzten Länder vor größeren, aus Berlin befohlenen Racheaktionen der Gestapo, den sogenannten Strafexpeditionen, zu warnen. Eine rechtzeitige Warnung konnte noch einigermaßen helfen. Daneben gab es in Einzelfällen die Möglichkeit, zu vermitteln und Haftentlassungen oder -erleichterungen zu bewirken. Eine Erwägung politischer Art war, daß die Kontakte die Mitglieder der Widerstandsgruppen der besetzten Länder dazu befähigen würden, ihre alliierten Partner über die Bedeutung, die Arbeit und die Schwierigkeiten der deutschen Widerstandsbewegung genauer zu unterrichten. Eine Voraussetzung dieser Zusammenarbeit war allerdings, daß der Nationalsozialismus und Faschismus von allen Teilnehmern als eine gefährliche Phase der europäischen Geschichte betrachtet wurde und nicht als eine Bewegung, die sich nur auf Deutschland und Italien beschränke. Im gemeinsamen Kampf für die übernationalen Werte von Christentum, Humanismus und Sozialismus würden sich ein gesamteuropäischer Aufbau und eine gesamteuropäische Zusammenarbeit ermöglichen lassen.

Bis vor einigen Jahren wurde der Kreisauer Kreis meist als eine Gruppe theoretisierender Intellektueller am Rande des aktiven Widerstandes betrachtet. Die Sprachregelung der nach dem 20. Juli 1944 verhafteten Mitglieder, vor dem Volksgerichtshof die aktive Mitwirkung am Umsturzversuch Stauffenbergs zu bestreiten und zu erklären, man habe sich auf die Planung der zukünftigen Neuordnung beschränkt, und die Einleitung der kurz nach dem Kriege veröffentlichten ›Letzten Briefe‹ Moltkes an seine Frau haben in der älteren Literatur verschiedentlich zu der irrigen Auffassung geführt, die Kreisauer seien vor der Konsequenz ihres Tuns zurückgeschreckt. Durch das heute bekannte Material ist diese Vorstellung wohl widerlegt.

Die Kreisauer »Weisungen an die Landesverweser« waren Bestandteile einer systematischen Planung zur Vorbereitung eines aktiven Eingreifens. In Verbindung mit anderen Gruppen des zivilen und militärischen Widerstandes unterbreitete Moltke den westlichen Alliierten Ende 1943 in einer von ihm inspirierten Denkschrift Vorschläge, die die Bildung einer Gegenregierung in Aussicht stellten und auf politische und militärische Zusammenarbeit abzielten. Die Neuordnungspläne des Kreisauer Kreises, dessen Motor Helmuth James von Moltke war, rücken damit in ein anderes Licht.

Die politische Konzeption Moltkes läßt sich teilweise in verschiedenen Dokumenten des Kreisauer Kreises finden; aber Moltke hat sich dabei nicht immer durchsetzen können. Das soll nicht falsch verstanden werden. Zu den Kreisauern gehörten ja Evangelische und Katholiken, Konservative, Liberale und Sozialdemokraten. Ihre Auffassungen von Staat und Gesellschaft konnten sich nicht in nahtlose Übereinstimmung bringen lassen. Zunächst ist zu sagen, daß Moltke ähnlich wie in der Löwenberger Zeit sich für eine Umkehr engagierte, radikal in dem buchstäblichen Sinne des Wortes. Einem englischen Bekannten schrieb er Anfang 1943, daß die Deutschen »eine Revolution brauchen, nicht einen Putsch«. Moltke war fest davon überzeugt, daß eine Neuordnung notwendig war. Nicht von der Rückkehr zu angeblich bewährten, teils vorrepublikanischen Formen, oft mehr oder minder autoritärer Prägung, erhoffte er sich die Rettung seines Landes. Er suchte, von unten nach oben denkend, eine weitgehende Selbstverwaltung mit dem Ziel, Freiheit und Verantwortung in einer neuen Ordnung zu verbinden. Das bedeutete an erster Stelle einen Bruch mit dem sakrosankten Obrigkeitsstaat. An die Stelle der staatlichen Zwangsorganisation sollte nach Moltke eine Vielzahl von sich spontan bildenden, einander überlappenden »kleinen Gemeinschaften« treten, die bei begrenztem Tätigkeitsfeld sich der Gesellschaft verantwortlich fühlten. Es war also Moltkes Absicht, die politische Ordnung durch vermehrte Partizipation, entsprechend den heutigen Bürgerinitiativen, zu verbessern. Als Konsequenz seiner Idee der »kleinen Gemeinschaften« forderte Moltke auf dem Gebiet der Wirtschaft »Betriebsgewerkschaften«, in denen sich Arbeiter und Unternehmer zu Leistungsgemeinschaften zusammenschließen sollten, ähnlich wie etwa die Arbeiterselbstverwaltung in Jugoslawien.

Es war für Moltke selbstverständlich, daß jeder Nationalismus der Vergangenheit angehören sollte. Deshalb stand für ihn die Wiedererrichtung des geschlossenen deutschen Nationalstaates, wie ihn Bismarck geschaffen hatte, gar nicht zur Diskussion. Er wollte eine weitgehende Föderalisierung Deutschlands unter Auflösung Preußens und Bayerns. Wie, mit Bezug auf die Weltproblematik, Carl Friedrich von Weizsäcker von »Weltinnenpolitik« spricht, so waren für Moltke die innereuropäischen Maßnahmen Innenpolitik. Daß Deutschland nach dem von Hitler entfesselten Krieg Gebietsverluste hinnehmen müsse, stand für ihn außer Frage. Sicher war Moltke westlich orientiert; aber er war kein Antikommunist. Er hat Ende 1943 die Notwendigkeit einer loyalen außenpolitischen Zusammenarbeit mit der Sowjetunion unter Vermeidung jedes außenpolitischen Konfliktes nachdrücklich betont. Auch um die Zusammenarbeit mit der Sowjetunion zu fördern, sei es notwendig, innenpolitisch mit einem starken linken Flügel zusammenzuarbeiten.

Die Verhaftung Moltkes im Januar 1944 war ein Teil des Operationsplanes des Reichssicherheitshauptamtes gegen die Abwehr und zugleich ein Versuch, den lästigen Moltke von dieser Stelle zu entfernen. Der Vorwand, die Warnung eines Kollegen vor Verhaftung, war keine schlimme Belastung. Die

Festnahme hatte nichts mit dem Kreisauer Kreis zu tun, dem die Gestapo noch gar nicht auf der Spur war. Erst nach dem Mißlingen des Attentats am 20. Juli 1944 wurden der Gestapo am 9. August die ersten Fakten über den Kreisauer Kreis bekannt. Über die Gerichtsverhandlung vor dem Volksgerichtshof haben Moltkes ›Letzte Briefe‹ ausführlich berichtet. Am 23. Januar 1945 wurde er hingerichtet.

Der Geist der Enge und der Gewalt, der Intoleranz und des Absoluten war Moltke aus Elternhaus und engerer Heimat fremd, und dieser Geist mußte in ihm daher Ablehnung hervorrufen. Das hat er auch in seinem Abschiedsbrief aus dem Gefängnis an seine Söhne ausdrücklich betont. In seinem Buch ›Das Geheimnis der Universität‹ hat Rosenstock-Huessy geschrieben: »Es ist keine Redensart, daß Jesus am Kreuz der Herr der Welt, der König Israels, der Stifter der Kirche siegreich wurde, weil es in jenem Moment die legitime Gewalt nur in der Form des Illegitimen geben konnte. So waren Helmuth James von Moltke und Dietrich Bonhoeffer im Augenblick ihrer Hinrichtung die legitime deutsche Staatsgewalt, und zwar die einzige. Wer das leugnet, leugnet die Epoche. Gott hat es so gewollt, daß es nur durch diese Männer hindurch noch Deutsche in der Welt nach 1945 geben soll.«

JÜRGEN FUCHS
Robert Havemann (1910–1982)

Als ich im Frühjahr 1982 begann, diesen Text zu schreiben, lebte Robert Havemann noch. Ich hoffte sehr, er werde sich noch einmal erholen, und schrieb an gegen die lähmende Ahnung, daß ich meinen Freund nicht mehr wiedersehen werde. Ja, Robert Havemann ist tot, er starb am 9. April 1982. Aber was heißt das? Ab in die Vergangenheit, ins Museum, ins Lexikon, ins andächtige oder offizielle Schweigen? Nein, ich werde keinen Nachruf schreiben. Ich werde unsere Diskussion fortsetzen. Wann sie begann? 1965, lange bevor ich ihn persönlich kennenlernte. Ich war fünfzehn, ging zur Schule in einer kleinen Stadt im Süden der DDR. Die Reden des 11. Plenums der Einheitspartei standen seitenlang im Zentralorgan. Die Namen Biermann, Havemann und Hermlin kamen vor als politische Sünder. Ihre falschen Ansichten wurden in Deutsch und Staatsbürgerkunde noch einmal »durchgenommen« an Hand von Zitaten aus dem ›Neuen Deutschland‹. Die mußten genügen. »Sollen wir etwa noch im Unterricht verbreiten, was diese Leute gegen den Staat ausgebrütet haben?« Nein, Herr Werlich, nein, Herr Rammler. Das Ganze war ernst und stand in der Zeitung. Keiner widersprach laut oder fragte nach.

Aber dann, etwas später, auf dünnem Papier, der vierte oder fünfte Durchschlag, kaum lesbar, aber gierig verschlungen: Gedichte von Wolf Biermann, Fritz Cremers Rede zur Freiheit der Kunst und Auszüge aus Robert Havemanns Buch ›Dialektik ohne Dogma‹. Der Titel schon ein Programm, dazu die biographischen Angaben: Naturwissenschaftler, seit 1932 in der KPD, gehörte antifaschistischen Widerstandsgruppen an, zum Tode verurteilt, 1945 freigekommen, Mitglied der Volkskammer, Nationalpreisträger, Verlust aller Ämter nach »relativistisch-skeptischen« Vorlesungen. Streit mit Staat und Partei. Ach, sagte ich mir, das kann es auch geben. Trotz KPD und Todeszelle verstößt ihn die Parteiführung, die niemals irrt. Etwas flackerte auf, eine Ahnung, eine Unruhe, ein Zweifel: Was ist los? Wo lebe ich? Was gibt es noch? Was ist das, Sozialismus? Was ist gelogen, was die Wahrheit?

Mit Pinsel und grüner Tinte schrieb ich auf die Tapete über meinem Bett, die Eltern sahen es nicht gern, Worte Robert

Havemanns: »Sozialismus = Solidarität, Widerstand, Zweifel an allem Hergekommenen, Selbstvertrauen, Entschlossenheit, die Verhältnisse zu ändern.« In der Rowohlt-Ausgabe von ›Dialektik ohne Dogma‹ habe ich später die Passage auf Seite 151 gefunden. Argumente gegen die Macht der alten Moral, gegen Demut, Fatalismus und die Einordnung des Menschen in die Hierarchie des Seins. Das war Munition, hier wurde gezündelt und Renitenz vorbereitet. Ernst Fischers Zeitschrift ›Tagebuch‹ kam hinzu, Bloch, ›Prinzip Hoffnung‹, Teil 1, in der DDR-Ausgabe des Akademie-Verlages, einem guten Lehrer sei Dank ... und die Nachricht hinter vorgehaltener Hand von einer Erzählung aus dem Leben des Iwan Denissowitsch, das Buch der Kafka-Konferenz mit interessanten Fotos, Anna Seghers neben Eduard Goldstücker, das Jahr 68. Dann viel Niederdrückendes, viel Verwirrung auch.

Ich wurde eingezogen zur »Nationalen Volksarmee« und erfuhr, was passiert, wenn die großen Worte mit denen des Kasernenhofes vertauscht werden. Und ich lernte einen anderen Zweifel kennen: Lohnt es sich, hat es Sinn, an allem Hergekommenen zu zweifeln? Was kommt an gegen dieses Geschrei, diese grobe, uniformierte Macht? Lieder? Dialektik? Denken? In den schlimmen Augenblicken der Schwäche, in denen die Selbstaufgabe fast herbeigesehnt wurde, beim Stiefelputzen oder Gewehrreinigen auf dem Flur, auch später im Gefängnis, fielen mir keine Gedichte ein (außer vielleicht Benns Zeile: »Die Krone der Schöpfung, das Schwein, der Mensch«), da kam mir nur das Wissen, das Beispiel zu Hilfe: Andere haben Schlimmeres erlebt und überstanden. Ich dachte an Solschenizyn und Robert Havemann.

Und was war mit dem Widerstand, mit der Entschlossenheit, die Verhältnisse zu ändern? Was mit den Worten meiner Großmutter: »Du darfst nicht töten«? Jetzt, in Uniform, in Reih und Glied, unter Eid? Ich wehrte mich gegen eine »Verpflichtung auf Zeit«. Das schien mir viel zu sein. Es gab auch heimliche Verabredungen in nächtlichen Gesprächen auf den Stuben: »Ich werde nicht treffen, wenn es ernst wird ... ich auch nicht.« Und Ernst konnte es ganz schnell werden, zum Beispiel, wenn einer über Nacht abkommandiert wurde zum »Schutz der Staatsgrenze«.

Was ich andeuten will: Widerstanden werden mußte einer Macht, einem Apparat, einer Obrigkeit, einem Unteroffizier, der immerzu Frieden und Sozialismus sagte. Unser moralischer

Impuls, unser versuchtes zaghaftes Nein kam aus einem »menschlichen Gefühl«, kam aus Empörung, aus Verachtung, aus Mitleid, nicht aus überlegenen, taktisch-klugen Argumentationsketten über »den Sieg des wirklichen oder realen Sozialismus und den Charakter der Übergangsperiode, die leider noch die Muttermale der alten Gesellschaft trägt, die wir zusammen mit allen gesellschaftlichen Kräften überwinden müssen«. Nein, so war es nicht. Ich schildere das so ausführlich, weil ich mit Robert Havemann immer wieder über diesen Punkt diskutierte. Die Situationen, in denen wir jungen Leute auf die Gewissensprobe gestellt wurden, schienen mir sehr vergleichbar mit denen, die im Dritten Reich und in der Sowjetunion Menschen dazu gebracht haben, sich auf ihre Art zu wehren, sich »zu bekennen«, wie es auch der antifaschistische Teil der Kirche nach 1933 getan hat.

Er hielt mir die Argumente der Aufklärung entgegen: Religion als Täuschung und Übertölpelung des Volkes, unwissenschaftlich, der von Menschen fabrizierte Gott, historisch betrachtet, ein Helfer der Herrschenden. Wissen ist wichtig, nicht Glauben. Wir leben in anderen, modernen Zeiten, müssen mutig, optimistisch, rational vorgehen, sagte er. Zitate von Engels, Laotse, Brecht und Biermann folgten, und dann, mit einer freundlich-suggestiven Handbewegung: »Das ist doch ganz klar.« In Gedanken, in der Atmosphäre dieser anregenden Gespräche vielleicht. Aber draußen, in der total-realen Wirklichkeit? Was bewahrt vor Unterwerfung und Lüge, vor der Herrschaft der Partei, des Staates, des Geldes, der Ideologie? Vor der »wissenschaftlichen Weltanschauung der Hauptverwaltung für ewige Wahrheiten«, der Robert Havemann seine aufsässigen »Rückantworten« entgegengestellt hatte?

Als ich ihn in Grünheide kennenlernte im Herbst 1973, traf ich einen freundlichen, eher zurückhaltenden Menschen, der zuhören konnte, Fragen stellte, von sich erzählte, ein Glas Kognak trank, Lieder seines Freundes Wolf Biermann vom Tonband vorspielte und eine Fähigkeit hatte, die mein Leben veränderte: Er nahm die Angst, ermutigte, stärkte das Selbstbewußtsein anderer Menschen, verspottete die Geheimpolizei, erzählte von seinen Gesprächen mit Hager und Ulbricht. Er entzauberte diese Götter, nahm ihnen die Macht, indem er ihr Geheimnis verriet: Es sind Menschen wie wir, sie haben Schwächen und Ängste, haben eine Biographie, eine Geschichte, sind gekommen und werden gehen den Weg alles Sterblichen. Vielleicht muß man übermächtigen Druck, Drill und verlogene, fordernde Propaganda längere Zeit erlebt haben mit all den dazu gehörenden Ohnmachtsgefühlen und Rückgratverkrümmungen, um ermessen zu können, wie befreiend die Persönlichkeit Robert Havemanns auf viele seiner Freunde, Bekannten, Hörer und Leser wirkte. Es ging eine Macht von ihm aus, auch ein Mythos, eine Stärke, die es fertigbrachte, die Übermacht des Apparates zumindest teilweise außer Kraft zu setzen. Für manche, die in Rivalitäten und Untertanenhaltungen gefangen waren, lag darin auch eine Gefahr, ein neuer Druck möglicherweise. Und die Gelegenheit bot sich an, ihn zu vergötzen – und so allein zu lassen.

Wie er war, wovon er sprach? Er lehnte sich in seinem karierten Hemd im Sessel zurück, mit Schlips und Anzug sah ich ihn nie, erzählte, ironisierte, schweifte ab, stellte Beziehungen her zwischen Naturwissenschaften, Philosophie, Kunst und Politik, berichtete von seinen Reisen nach China, von den Gesprächen mit Albert Schweitzer, lachte, machte Komplimente, regte sich auf, erklärte die Probleme von Gebrauchs- und Tauschwert, von technischer Revolution und Entfremdung am Beispiel des Personenwagens. Er fuhr selbst sehr gern mit seinem »Wartburg-Kombi«, ließ keinen anderen ans Steuer, erzählte, wie er früher mit Motorrädern herumraste und warum er im heutigen Ampelverkehr mittlere Geschwindigkeiten wählt, um schnell ans Ziel zu kommen. Ohne Übergang konnte er sagen: »Niemand von euch weiß, wie Brot schmeckt. Wie gut, wie würzig, wie einzigartig es ist, eine Scheibe trockenes Brot zu essen. Man muß im Gefängnis gewesen sein, hungrig, in Erwartung des Todes, um das zu wissen.«

Als ich wegen meiner Gedichte und Prosa im Frühjahr 1975 vom Staat bedrängt wurde und die Wagen der Staatssicherheit schon vor dem Haus standen, lud uns Familie Havemann nach Grünheide ein: »Hier brauchen sie ein paar Vollmachten mehr, um einen zu verhaften.« So wohnten wir, meine Frau Lilo und unsere gerade geborene Tochter Lili, in einem kleinen separaten Sommerhaus auf dem Grundstück unserer Gastgeber und blieben, vorerst, verschont von weiteren »Maßnahmen«. Ich fand Arbeit, wir konnten Havemanns Bibliothek benutzen, lernten Menschen kennen, luden unsere Freunde ein, diskutierten. Diese Solidarität bewahrte uns eine Zeit vor dem langen Arm der »Organe« und machte es mir möglich, die »Gedächtnisprotokolle« zu beenden. Ich lernte Robert Havemanns Alltag kennen, erlebte, wie er täglich antrat gegen die eigene gesundheitliche Schwäche. Nur noch ein Viertel seiner Lunge war funktionsfähig, die Zeit im Zuchthaus – verbunden mit schweren Rückfällen – hatte Spuren hinterlassen. Oft hing vom Wetter ab, wie es, so sagte er dann, »um die Puste bestellt ist«. Jede Erkältung konnte den Tod bringen. Er war diszipliniert, teilte seine Kräfte ein, freute sich, wenn Besuch kam, wenn es Neuigkeiten gab, wenn eine Veröffentlichung gelang, wenn er mit einem Manuskript vorankam, wenn Wolf Biermann ein neues Lied vorsang und einen Änderungsvorschlag annahm. Und es quälte ihn, keine Vorlesungen und Seminare mehr halten zu können. Er sehnte sich nach dem großen Zuhörerkreis, nach Mitarbeitern, nach Austausch und Praxis. Und er war ein widersprüchlicher Mensch, der seine Ausführungen über die »dringend notwendige vollständige Befreiung der Frau in Familie und Gesellschaft« mit nörgelnd-patriarchalischen Anweisungen ergänzte, der mit großer Radikalität die realen Zustände der östlichen normalisierten Gesellschaften analysieren und wenig später vom »Sieg der Oktoberrevolution« sprechen konnte. Und der andererseits, als die Nachricht von der Ausbürgerung Wolf Biermanns im Radio gemeldet wurde, die er vorher »für ganz ausgeschlossen« gehalten hatte, wie gelähmt im Sessel saß (»Jetzt sind wir auch dran. Ja, ich habe Angst.«), dann aber aufstand und mit großer Gelassenheit und der Umsicht des erfahrenden Illegalen seine Manuskripte versteckte und mir Ratschläge gab, was zu beachten ist, wenn eine Haussuchung droht.

Am 19. November 1976 sah ich ihn zum letzten Mal. Wir fuhren Richtung Ostberlin und wollten eine Namensliste von Menschen, die gegen die Ausbürgerung Biermanns protestiert hatten, zu einer bestimmten Adresse bringen. Drei Männer der Staatssicherheit unterbrachen unsere Fahrt und brachten mich ins Untersuchungsgefängnis. Man warf mir »staatsfeindliche Hetze« vor und wollte ganz genau wissen, »was der Havemann, der größte Philosoph aller Zeiten, hahaha, zu Hause treibt, der Herr Professor, der große Widerstandskämpfer, der Tod auf Latschen ...« So sprachen sie, umstellten sein Haus und erklärten die ganze Wohngegend zum »militärischen Sperrgebiet«. In kleinlicher, gemeiner Weise schikanierten sie ihn und seine Familie zweieinhalb Jahre lang. Ohne Katja Havemanns Mitarbeit (so wie in den Jahren zuvor seine Tochter Sibylle entscheidend geholfen hatte), ohne ihre uneigennützige, kluge Organisation des gemeinsamen Lebens, ihre mutigen und erfolgreichen Versuche, die Isolation zu durchbrechen, wäre ein Überstehen dieser Jahre unmöglich gewesen. Ich wurde im August 1977, ohne Prozeß, mit einer Urkunde über die »Entlassung aus der Staatsbürgerschaft der DDR« nach Westberlin gefahren, meine Frau Lilo und Tochter Lili folgten eine Woche später. Unseren Freunden Gerulf Pannach und Christian Kunert erging es ähnlich, monatlich kamen größere und kleinere »Transporte« mit Biermann- und Havemann-Sympathisanten über die Grenze. Eine »Lösung« wurde versucht. Was meiner Familie bis zur Ausreise beschert war, setzte sich bei Familie Havemann bis zum 8. Mai 1979 fort: Mindestens zwei Personenwagen der Staatsmacht – oder zwei Männer zu Fuß – folgten jedem im Abstand von wenigen Metern: beim Einkauf, auf dem Spielplatz, Tag und Nacht auf allen Wegen.

Robert Havemann wollte unter allen Umständen in der DDR bleiben. Jeder Weggang schmerzte ihn. Er sprach von Vertreibungen, aber auch von Niederlage und Versagen. Am Telefon und in Briefen berührten wir immer wieder diesen wunden Punkt. Auf Tonband sagte er: »Man will, daß ich auch den Weg der anderen gehe, es vorziehe, meine Zelte abzubrechen und mein Heil im Westen zu suchen.« Ich reagierte empfindlich, sagte ihm: »Mein Zelt war eine Zelle. Die folgenden Jahre sollten im Gefängnis stattfinden. Welches Heil suchen die, die weggeekelt werden? Sie wollen außerhalb von Gefängnissen leben, ihre Arbeit machen, sagen können, was sie denken. Wärst du nicht auch nach England gegangen, wenn sie dich in Brandenburg gefragt hätten? Woher kommt diese Strenge, die mich an die des Staates erinnert? Und das meine ich gar nicht touristisch, sondern auch politisch: Ist es etwa kein ausreichender, überzeugender Grund, wenn einer sagt: Ich möchte mal in Kopenhagen am Strand spazierengehen?«

Unsere Briefdiskussionen waren freundschaftlich und heftig. Ich will längere Passagen zitieren, weil so am besten deutlich wird, wie wir unsere Verbindung und Verbundenheit trotz Mauer aufrechterhalten konnten. Das sind Briefe aus den Jahren 1980/81, es ging vor allem um sein letztes Buch ›Morgen‹, das im Piper-Verlag erschien:

Lieber Robert,
ich habe Dein Manuskript gelesen. Die letzten Seiten fehlen, sie kommen später. Viele Passagen kannte ich noch aus Grünheide. Meine Zustimmung zum ersten Teil ist unverändert. Aus den

genannten Fakten und Deinen Schlußfolgerungen geht hervor: Es muß anders werden. Das wurde schon oft gesagt und gefordert, aber jetzt muß es geschehen. Es bleibt keine Zeit mehr. Du warnst vor Umweltkatastrophen, vor den Gefahren neuer Kriege, wendest Dich gegen die Gleichgültigkeit gegenüber den Verhungernden, verurteilst jegliche Diktatur und Barbarei. Du analysierst die äußeren Bedingungen, die die Existenz des Menschen prägen, ermöglichen oder in Frage stellen. Der Wissenschaftler Havemann fordert auf, über Alternativen nachzudenken, beschwört die Umkehr, begrüßt den Fortschritt, der nicht mit Riesenschritten von uns wegeilt. Bis zum 5. Kapitel stimme ich zu. Dann melden sich Zweifel. Dein Text wird dann sehr persönlich, ich muß Hemmungen überwinden, mich zu äußern. In ›Dialektik ohne Dogma‹ kam alles aus einer Distanz, die mich sehr überzeugte. Ich glaube, sie hat entscheidend dazu beigetragen, daß die ideologischen Schlingen, mit denen Deine Argumentation bekämpft wurde, nichts zu Fall bringen konnte. Die Anfeindungen der »Philosophen« wurden in ihrer linientreuen Beschränktheit deutlich. Du sprachst, wenn auch sehr auf unsere Wirklichkeit bezogen, wie aus einer anderen Dimension, ohne deshalb »entrückt« zu wirken. Jetzt beschreibst Du im neuen Buch über viele Seiten das Land Utopia mit Namen, Orten, technischen Einzelheiten usw. Du entzauberst das Paradies, nimmst ihm seine Faszination, die auch im Fernen, Unbekannten begründet liegt. Das Land Deiner Träume ist nicht das Land meiner Träume. Gerade das Nicht-Eingelöste, die bohrende Ungewißheit, der Zweifel, die Differenz, das produktive Minus ist doch das Interessante. Und Du versuchst, etwas außer Kraft zu setzen, was zu uns gehört: Wir kennen die Zukunft nicht. Mit dieser Ungewißheit, dieser Grenze, die auch hilfreich sein kann, müssen wir leben. Darin liegt eine Chance und ein Eingeständnis. Wir sind nicht Gott, ob es ihn gibt oder nicht.

Und noch etwas anderes. Die Wallfahrer ins gelobte Land kehren zurück mit veränderten Augen, wenn sie zurückkehren. Sie kommen aus Teheran, aus China (Was ist mit der Mauer der Demokratie? Helga Novak, die kürzlich mit einer Schriftstellerdelegation dort war, berichtete vom chinesischen Gulag; von einer alten deutschen Kommunistin, die 6 Jahre in Einzelhaft saß nach der Kulturrevolution). Sie kommen aus Kuba (So viele »Asoziale« und »Schmarotzer«, die in die USA wollen – was für ein Bild vom Menschen, welche Verächtlichkeit allein in den Worten!), aus Kambodscha und Vietnam. Es ist so, wie Manès

Sperber schreibt: »Das erfaßt der Wallfahrer nach Utopia erst, wenn er leidvoll erkannt hat, daß Utopia nicht ein Land ist, sondern ein Teil von uns selbst, eine unserer inneren Landschaften.« Du machst Utopia zu einer äußeren Landschaft, die man im »Wartburg« erreichen kann. Das ist die Rechnung, die zu schnell, zu willkürlich aufgeht. So, wie der »bessere deutsche Staat« nicht besser ist, sondern die falsche Erfüllung, die noch von sich sagt, sie habe die Wunschträume von Marx verwirklicht. Vom anderen (Wie fühlen Sie sich, Herr Carstens? Warum lächeln Sie so selbstsicher? Wie geht es der Frau Gemahlin? Heute ohne Hut? Bei der Hitze in Südamerika? Wollen Sie auch einen Abstecher nach Chile unternehmen? Ein reizendes Land. Und diese Menschen, diese Berge. Hier kann man investieren, nicht wahr?), vom anderen will ich jetzt nicht sprechen. Du verläßt in diesen Kapiteln die Welt – über einen Gebirgspaß in Jugoslawien. Das utopische Element wird phantastisch, der Kitsch ist nahe. Das Erträumte soll jetzt, zu Lebzeiten, da sein. Ja, das verstehe ich. Und sie rührt, diese herbeigesehnte Seligkeit inmitten der Todesdrohungen und Kriegserklärungen. Aber ich meine: In jeder wahren Schilderung des Jetzt und Hier (und sei sie noch so düster), in jeder wirklichen Beschreibung der Angst, der Hoffnung, des Verfalls, des Todes, in jedem Witz, jeder sarkastischen Bemerkung liegt doch auch Zukunft. Die Entlarvung des Lebensfeindlichen kommt den Lebenden zu Hilfe. In Berlin, Ankara, El Salvador und Warschau. Das Positive läßt sich nach meiner Meinung nur mit der kritisch-realistischen (auch im surrealen, vielgestaltigen, völlig freien Sinne) Darstellung des Negativen bestimmen. Das, was ist, muß erkennbar werden. Wie, ist egal. Die bejahende, freudige Schilderung eines guten, gesättigten Menschen, der voller Tatendrang und Optimismus Harmonie und Glück verbreiten will, lähmt, langweilt, ärgert, entmutigt: die Hungernden, die Zweifelnden, die Sehnsüchtigen, die Entmutigten. Sicher, das 6. Kapitel ist von anderem umgeben. Detektivisches ist vorhanden. Aber der Stilwechsel, der Übergang zu privaten Menschheitsträumen – mit einer deutlichen Begeisterung für die funktionierende Technik – überzeugt mich nicht. »Diese schmale Bergstraße zum Paß hinauf«, von der Du schreibst, würde ich nicht verlassen. Es ist wie bei gelungenen Liebesgeschichten: sie versuchen nicht einen Wortersatz für wirkliches Erleben. Utopia ist in Grünheide, in Westberlin, Moskau, Leipzig und London, wenn Menschen – in Ansätzen, manchmal, ein wenig – versuchen, ehrlich, gemeinschaftlich, solidarisch zu leben. Und Macht, Dominanz, Hierarchie in Frage stellen. Und sich selbst etwas besser erkennen. Fassaden, Versteinerungen, Vorurteile abbauen. Schöpferisch auf Widersprüche, Belastungen, Anfeindungen reagieren. Und wenn wir zugeben, daß wir selbst die anderen sein könnten – ohne daß damit Gut und Böse außer Kraft gesetzt wird. Das Äußere ist da mitgemeint, die Luft zum Atmen, der Schornstein, der Flugplatz, die Fabrik, das Kraftwerk, die Wiese vor dem Haus, der Fluß.

In der vergangenen Woche las ich bei Isaac B. Singer, in ›Feinde, die Geschichte einer Liebe‹: »Auf einem Sitzplatz lag eine jiddische Zeitung, die irgend jemand dort zurückgelassen hatte, und Herman Broder nahm sie auf und las die Überschriften. In einem Interview hatte Stalin erklärt, Kommunismus und Kapitalismus könnten koexistieren. In China gab es Kämpfe zwischen den Roten und den Armeen Tschiang Kai-scheks. Auf den inneren Seiten der Zeitung beschrieben Flüchtlinge die Greuel von Majdanek, Treblinka, Auschwitz. Ein entflohener Zeuge berichtete von einem Straflager im Norden Rußlands, wo Rabbiner, Sozialisten, Liberale, Priester, Zionisten und Trotzkisten wie Sklaven nach Gold gruben und an Hunger und Beriberi starben. Herman dachte, er sei gegen solche Schrecken unempfindlich geworden, doch jede Abscheulichkeit traf ihn wie ein Schock. Der Artikel schloß mit der Verheißung, daß eines Tages ein System errichtet werden würde, das auf der Grundlage von Gleichheit und Gerechtigkeit die Krankheit der Welt heilen würde. ›So? Sie wollen immer noch heilen?‹ Herman ließ die Zeitung zu Boden fallen (Anmerkung: Herman wurde von den Nazis verfolgt, mußte sich 3 Jahre in einem Heuhaufen verstekken). Phrasen wie ›eine bessere Welt‹ und ein ›helleres Morgen‹ schienen ihm wie eine Lästerung der Asche der Gemarterten. Immer wenn er das Klischee hörte, diese Geopferten seien nicht umsonst gestorben, stieg Zorn in ihm auf ...«

Lieber Robert, dabei verstehe ich, wie diese »Ferienreise« ins gelobte Land entstanden ist. Vielleicht will ich da auch hin und rege mich deshalb so auf. Vor allem wünsche ich mir die Grenzerleichterungen, das Durchwinken in jegliche Richtung, von dem auf Seite 37 die Rede ist: Dann könnten wir jetzt diskutieren und zwischendurch bei Fleischmann essen gehen. Ich kann es nicht ändern: Mit den genannten Kapiteln bin ich nicht einverstanden. Hoffentlich antwortest Du bald.

In Freundschaft

Jürgen

Lieber Jürgen,
ich weiß nicht, ob Du inzwischen den Rest des Manuskripts gelesen hast, aber ich denke mir, daß Du auch nach dieser Lektüre Deine Meinung nicht wesentlich ändern wirst. Ich bin darüber gar nicht verwundert. Daß wir sehr verschiedene Menschen sind, beinahe in jeder Hinsicht, wissen wir beide ja auch schon lange. Das ist sicher auch einer der Hauptgründe dafür, daß sich einer vom anderen angezogen fühlt. Ich weiß zum Beispiel, daß ein Grundelement meines Wesens, mein Optimismus, Dir fremd ist und Dich sogar erschreckt. Eine optimistische Zukunftsperspektive muß auf Dich den Eindruck von Oberflächlichkeit und sogar Selbstgefälligkeit machen. Aber Du weißt ja – haben wir nicht schon oft darüber gesprochen? – daß in meiner Konzeption der politischen Utopie die Unmenschlichkeit und Barbarei der Gegenwart »in Gedanken aufgehoben« und regelrecht außer Kraft gesetzt ist. Die Nazi-KZs, der Archipel Gulag, die Barbarei des Vietnam-Krieges werden nie vergessen. Aber um sie aus der Welt zu schaffen, muß man sich mit den sozialen und politischen Gründen, die in so harmlosem Gewand auftreten wie etwa die Ansicht, geistige Eigenschaften und Charakter seien erblich; oder in der Form der sexuellen Tabus, die für naturgegeben angesehen werden; oder in den Lehren der angeblich auch in der Natur des Menschen liegenden, ihm angeborenen Aggressivität, seinem Egoismus – all diese ideologischen Formen, die die Funktion haben, ihren sozialen Inhalt zu verschleiern, sind das eigentlich Barbarische unserer Zeit. Die ganze Reise ins Land Utopia habe ich nur darum geschrieben, um das Viele, das man heute und schon seit langem hierüber weiß, in anschaulicher Form zu popularisieren. Dies ist übrigens eine Methode, die schon Thomas Moore und François Rabelais in ihren utopischen Schriften angewendet haben. Bei aller Schärfe in ihrer Kritik an den herrschenden Zuständen, wie auch an den Zuständen der Herrschenden, waren sie beide von Optimismus durchdrungen; vom Optimismus der Renaissance zwar, an dessen großer Bedeutung es heute keinen Zweifel mehr gibt – trotz aller geradezu phantastischen Barbarei, die in jenen Zeitläuften an der Tagesordnung war. Ich denke, daß auch wir in eine historische Periode eingetreten sind, die man später einmal, wenn die Menschheit es schafft zu überleben, eine neue große Renaissance nennen wird.

Du zitierst den Schriftsteller Isaac B. Singer – ich muß, was wohl eine Schande ist, bekennen, daß ich ihn nicht kenne. Ich bitte Dich, mir etwas zu besorgen – da zitierst Du: »›So? Sie wollen immer noch heilen?‹ ... Phrasen wie ›eine bessere Welt‹ und ein ›helleres Morgen‹ schienen ihm wie eine Lästerung der Asche der Gemarterten ...« Ich hatte in meinem Leben viele gute jüdische Freunde. Wenn ich diese Zeilen lese, so höre ich sie auch und fühle mich dem, der so etwas sagt, ganz eng verbunden. Bin ihm nahe wie ein Bruder. Dieser Mensch braucht Hilfe, Wärme und Ermutigung, er bettelt mit diesen Worten darum. Er fragt, ob wir anderen nicht etwas tun können, was er nicht mehr kann, jedenfalls nicht allein und nicht ohne unseren Beistand. Man muß den Schimmer der Hoffnung in all dieser Verzweiflung sehen, der, so schwach er ist, doch das einzige strahlende Licht in dieser Klage ist. Wie deutlich ich Herman höre. Und bis zum heutigen Tage fordert er mich, uns heraus mit seinen Klagen, weil er ja eigentlich sagen wollte: »Nun widersprich mir doch bitte, wenn Du noch einen Funken Anstand in Dir hast!« Nichts wünschte sich Herman im Grunde mehr, als daß die Geopferten doch nicht umsonst gestorben wären. Meine Genossen, die mit mir zusammen verurteilt wurden, mein wohl in meinem ganzen Leben engster Freund Georg Groscurth, sie sind nicht umsonst gestorben. Und sie wußten das, als sie starben. Ich denke an die vergangenen 2000 Jahre des Christentums, wieviel Unmenschlichkeit, welche grausame Barbarei auch in seinem Namen. Aber bei allem, und Du weißt, daß ich das als religiös Ungläubiger sage: Christus ist nicht umsonst gestorben. Er steht mit allen großen Menschen in einer Reihe, die darauf hoffen, »daß eines Tages ein System errichtet werden würde, das auf der Grundlage von Gleichheit die Krankheit der Welt heilen würde«.

Lieber Jürgen, ist es nicht wahr, daß der Mensch alles Neue – das Gute wie das Böse – immer erst in Gedanken erschaffen muß, bevor er es verwirklicht? Das Neue ist immer mehr als die Negation des Negativen. Aber da diese Negation der erste Schritt zum Positiven ist, muß allerdings das Negative zuerst ganz in seinem Wesen erfaßt werden. Doch dies ist nur der allererste Schritt. Dann muß es in Gedanken negiert und als Positives – gedanklich – geformt werden. Dies ist der Schritt zur Utopie, ohne den der Schritt in die Wirklichkeit nur ein Tappen in Blindheit wäre. Was sage ich, es wäre ein richtungsloses Stolpern in absoluter Finsternis. Denn auch die Sehkraft, die uns die Utopie verleiht, ist nicht die gleiche reine Klarheit, mit der wir die Schrecken unserer Zeit zu sehen bekommen, so übermächtig und deutlich, daß viele von uns immer wieder alle Hoffnung fahren lassen. Warum das so ist? Weil uns nichts so sehr zu täuschen vermag, als das, was wir mit eigenen Augen in voller Klarheit zu sehen meinen. Nur durch rücksichtslose und grobe Vereinfachung können wir die verwirrende Vielfalt der Realität durchsichtig machen, ihr den Schleier der Transzendenz nehmen und uns von ihrer Herrschaft erlösen. Das ist schon ein sehr aktiver und sehr menschlicher Schritt. Das eigentliche Mensch-Sein beginnt aber erst, wenn wir uns entschließen, die Wirklichkeit nach dem Bilde in uns umzuformen. Was Du über die Veränderung der »inneren Landschaft« sagst und bei Sperber zitierst, alles ganz und gar bejaht. Mit einer Einschränkung: Das ist für mich eben nicht Utopia, gewiß aber eine soziale Quelle, aus der die Hoffnung auf Utopia ihre Kräfte schöpft. Wohl in Gedanken, aber nicht in der kleinen, abgeschiedenen Wirklichkeit des individuellen Lebens, kann man die bis in unser Herz greifende Barbarei dieser Zeit überwinden.

Viele liebe Grüße, endlich heute eine Postmöglichkeit.

Robert

Lieber Robert,
Dein Brief hat mich sehr bewegt und zum Nachdenken angeregt. Ich danke Dir! Ja, ich stimme Dir zu: »Das Neue ist immer mehr als die Negation des Negativen. Aber da diese Negation der erste Schritt zum Positiven ist, muß allerdings das Negative zuerst ganz in seinem Wesen erfaßt werden.« Nichts anderes meine ich: Das Negative, Böse, Entwürdigende muß zuerst in seinem ganzen Wesen erfaßt werden. Und das ist bis heute nicht gelungen. Das gedankliche Außer-Kraft-Setzen und »Umformen« geht mir bei Dir etwas zu schnell.

Einverstanden, es geht nicht nur um das individuelle Leben. Es geht um viele Menschen, um alle. Aber gerade aus diesem Grund frage ich nach dem einzelnen. Von ihm darf nicht abstrahiert werden. Wenn einem Unrecht geschieht, geschieht es allen. Und wo den anderen der »Einzelfall« egal ist, geschieht das Verbrechen, greift es um sich, die anderen sind zuerst Komplizen, dann selber Täter oder Opfer. Ich finde, wir sollten den einzelnen Menschen sehr wichtig nehmen. Große Menschheitsziele, die mit »den Massen« operieren und »Verluste« als traurige Notwendigkeiten für kommende Siege einkalkulieren, sind mir zuwider. Jede Ja-aber in dieser Frage kommt mir verbrecherisch vor. Auch wenn es von Parteien formuliert wird, die sich christlich, sozialistisch oder kommunistisch nennen. Und es ist mir egal, wie unser Jahrhundert später genannt wird. Ich feinde an, was über Leichen geht. Es gibt keine »historische Sicht« auf den Stalinismus – der andauert – und den Faschismus, den National-Sozialismus, der die entlarvende Tarnkappe von Militärdiktaturen trägt und viele Gesichter hat. Es gibt keine Rechtfertigung im Sinne der »Entwicklung der Produktivkräfte«. Diese »wissenschaftlichen« Rechtfertigungen sind aus meiner Sicht barbarisch. Diesen Fortschritt, diese Menschheitserlösung will ich nicht. Nicht ein einziger soll mehr als Mittel herhalten. Vor allem aus diesem Grund schreibe ich und interessiere mich für Politik. Ich weiß genau, daß Du meine Meinung teilst. Ja, wir müssen uns wehren und Widerstand leisten. Vielleicht auch das Leben einsetzen, wenn der Mut ausreicht. Du bist mir dabei Vorbild. Du und Menschen wie Heinz Brandt, Manès Sperber, Nadeschda Mandelstam, Jewgenia Ginsburg.

Ich denke an Nelly Sachs: »EIN FAUSTSCHLAG hinter der Hecke/Da liegt einer/Nichts Schlimmeres als Vorübergehen/Keiner bleibt stehen/Nichts zu sagen/Der Jasmin hat seinen Duft nicht gewechselt.« Ich möchte, daß der Jasmin seinen Duft wechselt.

Was Du in Deinem Brief das »eigentlich Barbarische« nennst, die Lehren über »angeborene Aggressivität« usw., da dachtest Du bestimmt an den Mißbrauch von Theorien durch die Nazis, die ihnen das Morden leichter machten. Die Psychologie, vor allem das analytische Vorgehen, wurde von Stalin und Hitler als Gefahr erkannt und bekämpft. Freud, Adler, Fromm, H.-E. Richter und viele andere, die für die neuen Erkenntnisse stehen, sind und bleiben sehr wichtig. Weder bei Dir noch bei Bahro wird dort angeknüpft und weitergedacht. Bahro bezieht sich in einigen Passagen auf Sève, den Franzosen, dessen Buch ›Theorie der Persönlichkeit‹ zum überwiegenden Teil aus interessanten Marx-Zitaten besteht. Er wurde als Mitglied der KPF in der DDR verlegt. Ich will das von hier aus nicht überheblich auflisten, aber ohne das Aufnehmen der sozial- und individualpsychologischen Erkenntnisse geht es nicht mehr. Und wenn ich in Bahros ›Alternative‹ nach der sehr genauen Analyse dann im 3. Teil lese, wie da »korrupte Elemente liquidiert« werden sollen, dann wird mir schlecht. Wieder diese mörderische Sprache! Und wenn Macht hinzukommt über andere, wird dann getan, was aufgeschrieben wurde? Werden dann die »leider notwendigen Maßnahmen« angeordnet? Nein und nochmals nein! Hier fehlt es nicht nur an menschlichem Gefühl und politischem Stil, sondern vor allem an Selbsterkenntnis. Die »innere Machtfrage«, der individuelle Führungsanspruch ist ungeklärt.

Lieber Robert, Du siehst es am Verschreiben: Das ist alles nicht ausgewogen – ein Westwort! – formuliert. Ich freue mich schon auf Deine Antwort in bekannter Deutlichkeit.

Herzlich!

Jürgen

Lieber Jürgen,
Dein Brief ist nicht systematisch aufgebaut, und dieses Spontane und Sprunghafte der Gedanken ist auch vollkommen richtig, weil es nicht definitiv, sondern flexibel ist. Das ist besonders nötig, wenn sich zwei wie wir so unterhalten, die aus äußeren Gründen daran gehindert sind, sich zusammenzusetzen und lange Gespräche zu führen. Stattdessen müssen wir Briefe schreiben, die einen schwierigen Weg der Beförderung und damit unbestimmte Laufzeiten haben. Etwa so, wie sich die Bewohner verschiedener Gestirne selbst bei höchstentwikkelter Technik niemals telefonisch unterhalten könnten, weil über Entfernungen von Lichtjahren die Laufzeit der gegenseitigen Mitteilungen vielleicht viele Jahre betragen würde. Gottlob sind's bei uns noch einigermaßen menschliche Laufzeiten.

Ich war mir nicht sicher, wie du auf mein neues Buch reagieren würdest. Ich war sehr gespannt. Ich hatte damit gerechnet, daß Du meine Ansichten über menschliche Beziehungen, besonders über Liebe und Sexualität, Tabus und Moral zwar nicht pauschal ablehnen, aber doch in vielen Aspekten mit Vorbehalten und sachlichen Einwänden kommentieren würdest. Gerade auch im Hinblick auf mein Leben und meine Probleme. Aber mit der prinzipiellen Schroffheit Deiner Ablehnung hatte ich nicht gerechnet. Mir wurde dann aber verständlich, daß meine optimistische Kommunismus-Utopie in Deine jetzige Situation einfach nicht hineinpaßt. Du wurdest monatelang von der Stasi gequält, gegen Deinen Willen zum Verlassen der DDR gezwungen und ringst nun um einen neuen Lebenssinn. Ich sah es und verstand es, aber es machte mich bekümmert. Nicht als Autor.

Eigentlich nichts von dem, was ich da in Erzählform aussage, ist meine originale Erfindung. Aber wer dem zustimmt, der glaubt eben noch in irgendeiner Weise an die Möglichkeit, daß eine bessere Welt aus der heutigen schlimmen Welt hervorgehen kann. Ich sah, daß Dich sehr tiefe Zweifel quälen, gerade an den klassischen Lehren des Marxismus. Oder irre ich mich da? Schreib' mir genau darüber... Ich möchte noch ein Zitat von Dir aufgreifen: »Ich feinde an, was über Leichen geht... Es gibt keine ›historische Sicht‹ auf den Stalinismus, der andauert. Es gibt keine Rechtfertigung im Sinne der ›Entwicklung der Produktivkräfte‹. Diese ›wissenschaftlichen‹ Rechtfertigungen sind aus meiner Sicht barbarisch.« Im Französischen gibt es das Wort, dessen Richtigkeit ich immer bestritten habe: Comprendre c'est pardonner. Verstehen heißt vergeben. Aus Deinen Worten lese ich mit Schrecken heraus, daß du nicht verstehen willst, was Du nicht vergeben kannst. Ich denke gar nicht daran, den Stalinismus oder gar seine Grausamkeiten in irgendeiner Weise zu »vergeben« oder »aus historischer Sicht zu rechtfertigen«. Aber, lieber Jürgen, wir müssen, um wirklich mit ihm fertig werden zu können, lernen, verstehen, wie dieses Ungeheuer zur Welt kam, wo seine Ursprünge waren, in welchen Gestalten es auftrat und noch auftritt. Bei allem Grauen in unserem Herzen müssen wir unsere Gefühle bändigen, damit wir es mit kaltem Verstand an der Gurgel packen können. Ich habe vor 25 Jahren, vor dem XX. Parteitag, als ich erklärtermaßen noch Stalinist war (siehe meine Artikel: ›Ja, ich hatte Unrecht‹), einen Artikel in der ›Einheit‹ über ein Buch von Walter Hollitscher geschrieben. Eine »auftragsmäßige« Kritik ohne mehr als spurenhafte Kenntnisse der Freudschen Lehren. Ich äußerte einiges Abfällige über den Begriff des Unbewußten. Sonst habe ich mich nie mehr zur Psychoanalyse in Publikationen geäußert. Was Du darüber in Deinem Brief polemisch schreibst, kann mich nicht treffen. Auch hatten wir beide nie einen ernsten Meinungsaustausch über diese Frage. Wahrscheinlich, soweit ich das Deinem Brief entnehmen kann, wären wir im Wesentlichen einer Meinung. Hast Du mal die Bücher von Adam Schaff gelesen, die sich mit den Versäumnissen des Marxismus auf dem Gebiet der Anthropologie beschäftigen? Als ich den Marxismus kennenlernte, was heißt »kennen«, nein, in der oberflächlichsten, vulgärsten Form der damaligen Parteibroschüren mit ihm in Berührung kam, hatten wir das Jahr 32. Ich war 22. Dann kam bald der Faschismus und die Illegalität, wo ich endlich gründlicher die Originalliteratur (›Kapital‹, ›Deutsche Ideologie‹, ›Empiriokritizismus‹, ›Was tun‹, Plechanows ›Rolle der Persönlichkeit in der Geschichte‹ u. a.) studiert habe. Von den innerparteilichen Kämpfen in der KPD, von den Auseinandersetzungen mit der SAP und KAP erfuhr ich nur wenig. Außerdem nahmen diese inneren Zerwürfnisse in der deutschen Arbeiterbewegung vor dem Hintergrund der Realität des deutschen Faschismus historisches Kleinformat an. Und schließlich, nach dem 3. Weltkongreß der Komintern, schienen diese Streitereien angesichts der Größe der Gefahr endlich beendet. Die große Einheit der Volksfrontpolitik wurde beschworen und beschlossen, der Kampf gegen den Faschismus war die alle einigende Aufgabe. Was wir damals von den stalinistischen Greueln zu hören bekamen, z.B. von den Moskauer Prozessen der 30er Jahre, schien uns nur antikommunistische, d.h. faschistische Hetze und Verleumdung zu sein. Wir glaubten das einfach nicht, weil wir es aus dem Munde des Todfeindes zu hören bekamen. Kannst Du Dir vorstellen, was es bedeutete, als wir 1956 durch die Geheimrede von Chruschtschow erfuhren, daß es die Wahrheit gewesen war?

Herzliche Grüße, der Brief muß weg,
Dein Robert

Nein, ich kann mir nicht vorstellen, wie der kritische, auf wissenschaftliches, logisches Denken spezialisierte Antifaschist die andere Tyrannis übersehen konnte. Aber halt, wie war das denn, als der ›Archipel Gulag‹ im Rundfunk verlesen wurde in Auszügen ... dieses Unbehagen ... das kann doch nicht wahr sein, ganz so schlimm nicht ... und ist das nicht mit Haß geschrieben ... und dann im Rias, verlesen von diesen satten deutschen Sprechern im Ton des Triumphes über ganz Sowjetrußland. Das war nicht 1937, nicht 56, nicht 68, im Jahre 74 war das. Und ich kannte Solschenizyn, hatte auch seine ›Krebsstation‹ gelesen, war bei der Armee gewesen, hatte Stasiverhöre hinter mir. Und doch: »Das kann nicht wahr sein« war meine erste Regung.

Und Robert Havemann? Er verteidigte Solschenizyn. Wenn ein Westbesucher mit linker Entrüstung vom »Reaktionär Solschenizyn, der in Amerika wüste Reden hält« sprach, winkte er ab »Lies ruhig, es ist die Wahrheit, lies seine Bücher. Wenn sie nur hier in den Volksbuchhandlungen ständen ...« Besucher. Immer kamen einige, nicht viele. Zwei Studenten aus Jena, die an die Ostsee trampten und über Grünheide fuhren, das dicht an der Autobahn liegt. Ein Lehrer aus Riesa, der strafversetzt wurde und dem alles egal war, also konnte er auch zu Havemann gehen. Eine Gruppe von Schülern, die mit ihrem Pfarrer im kirchlichen Rüstzeitheim um die Ecke wohnten für eine Woche: »Wir sahen das Namensschild.« Ein Schüler von ihm, der jetzt Professor ist und seinen Wagen im Wald stehen ließ. Eine Nachbarin und ihre Freundin aus Karl-Marx-Stadt. Zwei Lehrlinge aus Unterwellenborn mit Gitarre, die Lieder von Wolf Biermann sangen. Und Freunde: Wolf Biermann, solange er kommen konnte. Eva-Maria Hagen, Frank-Wolf Matthies, Lutz Rathenow, Sarah Kirsch, Thomas Erwin, Lutz Leibner, Kalle Winkler, Rainer Eppelmann, Familie Meinel, Claus und Gudrun Bredel, Bernd Markowsky. Aus dem Westen kamen Rudi Dutschke, Helga M. Novak, Peter Brandt, Manfred Wilke, Hartmut Jäckel, Lucio Lombardo-Radice ... vor allem Professoren, Studenten und Journalisten. Je nach Groß- und Grenzwetterlager. Je nach Stasi-Laune. Je nach »aktuellem Bezug«. Je nach Risikobereitschaft. Je nach Interesse. Und Enrique Gimbernat, der spanische Rechtsanwalt, der spät abends vom Grenzübergang Friedrichstraße mit dem Taxi nach Grünheide fuhr und sich um keine Visaangelegenheiten kümmerte: »Ich will Herrn Havemann morgen früh 10 Uhr beim Kreisgericht Fürstenwalde verteidigen. Unter Franco wurden auch bei politischen Prozessen die Wahlverteidiger akzeptiert.« Es gelang ihm, ins Gerichtsgebäude vorzudringen. Dann wurde er auf die Straße geschickt. Ein Volkspolizist forderte ihn auf: »Verlassen Sie umgehend das Staatsgebiet der Deutschen Demokratischen Republik.« Wann? Im Sommer 1979.

Und die Bewegung? Sprangen Funken hin und gar zurück? 1963/64, als Robert Havemann seine Vorlesungen hielt, ganz bestimmt. Danach lange nicht. Ja, seine Bücher wurden gelesen, in viele Sprachen übersetzt, in die DDR geschmuggelt, abgetippt, verborgt, beschlagnahmt ... Und ein Film lief im Fernsehen spät abends, ab und an ein Interview im Radio, »der Systemkritiker Havemann«. Es kamen Briefe, Besucher stellten Fragen, erhielten Denkanstöße. Aber auch das gab es: Ruhe, zähe, lauernde Stille. Nichts geschieht. Vorbei? Vergessen? Konflikte, Streit, negative Auswirkungen der langen Einzelkämpfersituation: »Ich bestimme, was zu tun ist.« Also tut sich nicht viel, kommt wenig zusammen, bildet sich keine Gruppe, keine Berliner Charta 77. Eitelkeiten, alte Geschichten. Dazu sehr gute Teile-und-herrsche-Arbeit der unermüdlichen Organe: »Was denn, zu dem gehen Sie? Haben Sie denn keinen eigenen Kopf zum Denken? Der braucht doch nur Publikum. Und Sie wollen Student sein?« Die Ausbürgerung der engsten Freunde, Hausarrest, verschärfte politische Gesetzgebung ...

Aber dann beginnt die polnische Revolution. Ein ganzes Volk kämpft um »Brot und Freiheit«, um gewerkschaftliche Rechte, um ein Leben ohne Angst, Zensur und Entwürdigung. Die DDR-Obrigkeit veranstaltet ein Manöver nach dem anderen, schürt heimlich die Abneigung gegen »Tschechen und Polakken«, drillt die Jugend, hetzt gegen »Solidarnosc«. Und überall (dreh dich, wohin du willst) werden großmächtige Raketen aufgestellt und sollen aufgestellt werden. Kampfziel: Totaler Frieden, siehe Hiroshima und Nagasaki. Das Nein vieler Menschen zum Wahnsinn dieser Rüstung und zur Vorbereitung des letzten Krieges wird lauter. In Polen versucht die Armee, »die Lage unter Kontrolle zu bringen«, blitzschnell, lückenlos, für alle Zeiten. Aber wie kann man regieren gegen Millionen, die sich zusammengeschlossen haben? Gibt es Antworten aus Santiago und Ankara? Kasernenhofruhe? Robert Havemann schreibt Briefe, unterbreitet Vorschläge, denkt öffentlich über atomwaffenfreie Zonen und ein wiedervereinigtes, neutrales Deutschland nach. Es gibt eine Berliner Konferenz der Schriftsteller zur Friedensförderung. Er wird nicht eingeladen, kommt aber neu ins Gespräch mit vielen DDR-Bürgern, denen schon lange bis zum Halse steht, was der Staat als Friedenspolitik ausgibt. Er lernt Pfarrer Eppelmann kennen, die langjährige Friedensarbeit der DDR-Kirche, die Bluesmessen, zu denen Tausende kommen, die Lesungen in den Wohnungen Ostberliner Schriftsteller. Ein »Berliner Appell« entsteht, er fordert »sozialen Friedensdienst«, Verzicht auf Paraden und Kriegsspielzeug, Hunderte unterschreiben, die Zahl steigt ... Und zu bemerken ist in Dresden und anderswo: Die friedensverhetzten jungen Leute wollen weiter, Hirtenbriefe und Schreiben an Generalsekretäre genügen ihnen nicht. »Frieden schaffen ohne Waffen« steht auf ihren Jacken und Stirnbändern, »Schwerter zu Pflugscharen«. Das ist verboten. Sie tun etwas Verbotenes. Aber sie tun es. Einige werden die Aufnäher abtrennen, aber nicht alle. Und man kann sie auch wieder aufnähen. Etwas hat begonnen und wird nicht so leicht aufhören. »Und wer hatte wieder seine Finger drin?« – um im Jargon der anderen Seite zu bleiben: »Der Havemann.« Ist er tot?

Seine Tochter Franziska, sie ist neun, mußte in der Schule einen Panzer malen. Schön bunt, mit Wasserfarbe. Sie schrieb unter die Zeichnung: Panzer töten Menschen. Die Lehrerin schüttelte den Kopf, war gar nicht einverstanden, und forderte Franziska auf, die drei Worte zu übermalen. Sie weigerte sich. Das erzählte mir Wolf Biermann, der Robert Havemann kurz vor seinem Tode noch einmal sehen konnte. So, in diesem Sinne geht es weiter, denke ich.

Hildegard Lüning

Oscar Arnulfo Romero (1917–1980)

Geboren wird er inmitten des Ersten Weltkriegs, am 15. August 1917. Doch seine Heimat El Salvador, das kleinste Land Mittelamerikas, liegt damals fern den Schlachtfeldern und im Windschatten der Geschichte.

Priester wird Oscar Arnulfo Romero inmitten des Zweiten Weltkriegs, am Ostersonntag 1942 in Rom. Doch er lebt unter der Obhut von Kirchenlehrern und Kirchenleitern, die ihn mit dem Glauben an einen Frieden im ewigen Leben bewahren vor jeder Versuchung zu einem Kirchenkampf um das Leben der Menschen in dieser Welt.

Erzbischof von San Salvador wird Oscar Romero im Frühjahr 1977. Da ist sein katholisches Land unter Militärdiktatur, und in der Hauptstadt kursieren Flugblätter mit der Aufforderung: »Diene Deinem Vaterland, töte einen Priester.«

Gestorben ist Oscar Romero in der Passionszeit 1980, erschossen und verblutet am Altar im »Land des Erlösers«, in El Salvador. Da ist seine Heimat ein Schlachtfeld, seine Kirche steht im Kampf um Gerechtigkeit und Frieden für das Leben der Menschen in dieser Welt, und der kleinste Staat Mittelamerikas rückt in den Mittelpunkt der Zeitgeschichte.

Zwischen diesen kriegerischen Daten entwickelt sich das Leben eines friedliebenden christlichen Zeitgenossen. Und es endet mit dem Paradox eines Märtyrertodes, der Gewaltherrschaft und Befreiungskampf, Unterdrückung und Widerstand neuen Auftrieb gibt.

Doch beginnen wir von vorn. Die Kleinstadt Barrios, in der Oscar Arnulfo Romero aufgewachsen ist, sucht man noch heute vergeblich auf den Landkarten der Handbücher mittelamerikanischer Geschichte und Gegenwart. Sein Vater ist Telegrafist. Von seiner Mutter verzeichnen die Biographen nur zwei Eigenschaften: tiefe Gläubigkeit und Güte. An der Erziehung des jungen Oscar werden frühzeitig Priester beteiligt. Sie führen das stille, ernsthafte und kränkelnde Kind gradlinig vom Kleinen Seminar, einem Internat zur Heranbildung von künftigen Geistlichen, in das Priesterseminar der Hauptstadt San Salvador. Die Jugendlichen im schwarzen Talar, die dort in den kirchlichen Dienst eingeübt werden, bleiben unberührt vom

Schmutz und Schmerz des Alltags ihrer Landsleute. Land und Leute sind zur Jugendzeit von Oscar Romero im Besitz der Kaffeebarone, seit 1913 beherrscht von einer Sippe, deren Reichtum sich auf die Monokultur des schwarzen Goldes Kaffee gründet und auf die Versklavung der Indios im »Land des Erlösers«. Die Weltwirtschaftskrise Anfang der dreißiger Jahre, der Sturz der Kaffeepreise auf dem Weltmarkt um 56 Prozent, die Abwälzung der Gewinneinbußen auf die Landarbeiter führen zu Massendemonstrationen, Volksaufstand, Militärputsch und einem Säuberungsfeldzug, in dem 30000 indianische Bauern ermordet werden.

Das ist 1932 die Lebenswirklichkeit in El Salvador, als Oscar Romero, 15 Jahre jung, auf dem Weg zum Priestertum ist. Seither und bis zum Tod von Oscar Romero, wird sein Fünf-Millionen-Volk von Militärdiktatoren regiert. Mit bewaffneter Macht schützt sich die schmale Schicht der alles Besitzenden vor den Ansprüchen der nichtshabenden Massen.

Hinter den hohen Mauern des Priesterseminars der Hauptstadt San Salvador, abgeschirmt von den sozialen, wirtschaftlichen und politischen Wirren der Gegenwart, studiert Oscar Romero die zeitlose Philosophie des christlichen Abendlandes. Zum Theologiestudium wird er dann in das Zentrum geschickt, an die Gregorianische Universität in Rom. Als er dort zum Priester geweiht wird, ist er 24 Jahre alt. Nichts an seinem bisherigen Lebenslauf und den nun folgenden 35 Jahren priesterlichen Wirkens hinterläßt bedeutsame Spuren. Oscar Romero beginnt als Dorfpfarrer und steigt auf der normalen Stufenleiter, die vornehmlich in Rom ausgebildeten Theologen zugänglich ist, in die Kirchenführung auf. Stationen sind: Bischofssekretär, Generalvikar, Direktor eines Kleinen Seminars, Rektor des Priesterseminars in der Hauptstadt San Salvador. Er ist nahezu 50 Jahre alt, als er 1966 Generalsekretär der Bischofskonferenz von El Salvador wird, ein Amt, das auf ihn zugeschnitten scheint, diesen Priester ohne persönlichen Ehrgeiz, voller Loyalität und Liebe zur römisch-katholischen Kirche, ihrer Liturgie, ihren Gesetzen und ihrer Disziplin.

Bis dahin, bis in die frühen sechziger Jahre, ist die Kirche, der Oscar Romero im »Land des Erlösers« dient, nicht sonderlich besorgt um das Problem, ob ihre Botschaft von der Erlösung aller Menschen von geknechteten Indios verstanden und geglaubt werden kann. Das ändert sich durch drei Ereignisse. Da gab es erstens die kubanische Revolution, die mit den Unterdrückern auch die herrschende Kirche von der Insel vertrieb. Die Frage »Warum?« und die Angst vor weiteren Siegeszügen des ideologischen Gegners namens Marxismus-Kommunismus forderten von der Kirche im katholischen Kontinent Lateinamerika eine erste Selbstbesinnung auf ihre Rolle. Sie fand sich in einer vorrevolutionären Situation mit der Minderheit der Reichen und Mächtigen identifiziert und mußte zu der Einsicht gelangen, die Erzbischof Oscar Romero später der Oberschicht seines Landes mit dem Bild umschrieb: »Man muß sich die Ringe von den Fingern abstreifen können, bevor einem die Finger abgeschlagen werden. Wer nicht aus Liebe und sozialer Gerechtigkeit teilen will, muß befürchten, alles durch Gewalt zu verlieren.«

Oscar Romero war noch kein Bischof, als alle in Rom versammelten Bischöfe der katholischen Weltkirche in einem symbolischen Akt des Verzichts auf Reichtum und Macht ihre je einzigartigen, edelsteinbesetzten Bischofsringe gegen schlichte einheitliche Metallreife tauschten. Das geschah während des zweiten die Kirche wandelnden Ereignisses, dem Zweiten Vatikanischen Konzil (1962–1965). Das Konzil forderte auch von den Kirchenführern im katholischen Kontinent Lateinamerika eine noch tiefergehende Selbstkritik, als die kubanische Revolution sie angeregt hatte. Denn dort wurde die alte theologische Erkenntnis der Einheit von Heilsgeschichte und Weltgeschichte aktualisiert. Der Glaube an ein Gottesreich der Gerechtigkeit und des Friedens war nun umzusetzen in wirksame Arbeit für Gerechtigkeit und Frieden. Das verpflichtete auch die Kirche in El Salvador, wo Politik gegen das Gemeinwohl betrieben wird und gegen die Hoffnung auf eine gerecht geordnete und befriedete Gesellschaft, zu politischer Stellungnahme. Diesem Anspruch wurde Oscar Romero später als Erzbischof von San Salvador gerecht. »Wenn ich als Bischof von der Politik sprechen muß«, erklärte er von der Kanzel seiner Kathedrale seinen politischen Widersachern, »dann tue ich das nicht, weil ich ein Politiker bin, sondern weil auch die Politik ein Bereich ist, der Gott untersteht. Der Gott, zu dem wir uns bekennen, ist kein toter Gott; er ist ein lebendiger Gott, der den Schmerz von Gefolterten und Sterbenden mitempfindet, der mit uns fühlt, aktiv ist, arbeitet und die Geschichte lenkt. Er begleitet uns, wie einst Israel, sein Volk, das Volk Gottes, das Mose aus der Knechtschaft der Ägypter in die Befreiung geführt hat.«

Ein solcher Glaube, gepredigt und praktiziert, wurde für Erzbischof Oscar Romero am Ende tödlich. Dem ging eine Entwicklung voraus, in der dieser Gott der Befreiung aus seiner Einbindung in die biblischen Bücher herausgeholt und lebendig wurde in Wort und Tat von Christen in El Salvador. Anstoß zu dieser Entwicklung gab das dritte die Kirche wandelnde Ereignis in Lateinamerika, die Lateinamerikanische Bischofskonferenz von 1968. Sie folgerte aus einer gründlichen Analyse der Lage, in Lateinamerika herrsche »institutionalisierte Gewalt«, und forderte von deren Inhabern: »Der Kampf gegen das Elend ist der einzige Krieg, der in unseren Ländern geführt werden muß.« Für sich selbst beschloß die Kirche auf der Lateinamerikanischen Bischofskonferenz von 1968 einen Frontenwechsel, ihre Lösung aus den Verquickungen mit der »institutionalisierten Gewalt« und ihren Eintritt in den Kampf gegen das Elend. Sie wollte wahrhaftig Kirche des Volkes werden, Kirche der Armen.

Die Armen in El Salvador sind die Masse des 4,8-Millionen-Volkes. Ich kann mir hier die Schilderung seines Elends ersparen. Es ist uns fernsehvertraut. Inzwischen ist wohl auch hinreichend bekannt, daß man auf den Spuren von Unterdrückung und Aufstand in Lateinamerika jetzt auf Priester und Ordensfrauen trifft, die sich eingenistet haben in den Hütten der Armen. Sie entdecken ihnen Gott an ihrer Seite, einen Gott der Befreiung, nennen, was sich dem widersetzt, Sünde und ermutigen ohnmächtige Christen zur Überwindung der sündhaften Herrschaft von mächtigen Christen. Das Christentum in El Salvador gerät seitdem – wie in vielen anderen lateinamerikanischen Ländern – in eine absurde Lage. Menschen, die sich zum gleichen Glauben bekennen und zur gleichen Kirche gehören, bekämpfen sich mit Hilfe einer gegensätzlichen Auslegung ihres Glaubens. Die Kräfte sind dabei freilich ungleich verteilt. Denn die Gewalt von oben wird von der nordamerikanischen Großmacht unterstützt und ist militärisch ausgerüstet.

In diesem Zwiespalt befindet sich die Kirche von El Salvador, als Oscar Romero im Jahr 1974 Bischof von Santiago de Maria wird. Das ist ein neugeschaffenes ländliches Bistum mit 487000 Einwohnern. Vorherrschend ist der Großgrundbesitz, eine kapitalkräftige, exportorientierte Landwirtschaft mit Kaffeeplantagen im Hochland, Baumwollpflanzungen an der Küste. Es gibt viele Konflikte um Land und Lohn, Spannungen, die schließlich zu militärischen Besetzungen führen und denen sich der Bischof von Santiago de Maria schlecht gewachsen zeigt. Oscar Romero, so vermerken seine Dorfpfarrer verbittert, suche in Konflikten nicht ihren Rat, lasse sich aber von hohen Militärs besuchen und um Rat fragen. Es erbost die Priester der Landarbeiter, Kleinbauern und Pächter, daß der Bischof in heiklen Situationen nicht ihnen und ihren Gemeinden nahe ist, sondern sich allein zurückzieht in sein Arbeitszimmer oder seine große, vorzüglich bestückte theologische Bibliothek und nach Gebet und Studium ihre Probleme mit schriftlichen Anordnungen zu lösen versucht. Oscar Romero wird von den Mitarbeitern in der Kirche der Armen des Bistums Santiago de Maria als Oberhirte mit einem realitätsfernen Verständnis von Kirche und Welt geschildert. Er meint, sagen sie, die Kirche bestehe aus »guten Reichen« und »guten Armen«, er distanziert sich gleichermaßen von »bösartigen Reichen« und »revolutionären Armen« und zielt damit vorbei am Kern der Probleme, die strukturbedingt sind, die in der extrem ungerechten Verteilung der Güter und aller Lebenschancen wurzeln und nicht durch Appelle an das Gewissen der Reichen und die Geduld der Armen zu bewältigen sind.

Die Basisgemeinden der Kirche der Armen von Santiago de Maria erleben ihren Bischof Oscar Romero nicht als Freund und Förderer, wenn sie aus ihrem Glauben an den befreienden Gott aktiv werden gegen Unterdrückung und Ausbeutung. Wo Basisgemeinden sich führend beteiligen an der Organisation von Demonstrationen, Protestmärschen, Arbeitskämpfen, Streiks, da fürchtet Oscar Romero um deren christliche Identität und beschuldigt die Basisgemeinden der unzulässigen Einmischung in die Politik. Natürlich gibt es auch andere Urteile über die ersten drei Bischofsjahre von Oscar Romero (1974 bis 1977). In denen erscheint er mit all den Qualitäten eines tieffrommen, väterlichen Seelsorgers. Gelobt und immer wieder hervorgehoben wird in allen Zeugnissen die Ehrlichkeit von Oscar Romero, was vermuten läßt, daß diese Tugend nicht weit verbreitet ist in der Kirchenführung von El Salvador. Und wenn seine Landsleute sagen: Der ist ein ehrlicher Mann, dann meinen sie: Der redet nicht mit gespaltener Zunge, bei dem sind Denken und Tun im Einklang, bei dem muß niemand fürchten, daß er aus Angst vor nachteiligen Folgen für sich oder das Ansehen seiner geliebten Kirche seine Überzeugungen verrät. Oscar Arnulfo Romero ist ein ehrlicher Mensch.

Dieser Charakterzug prädestiniert ihn nicht gerade für ein Amt, das diplomatische und kirchenpolitische Begabung verlangt. Trotzdem wird Oscar Romero an die Spitze der salvadorianischen Kirchenführung in die Hauptstadt berufen und am 22. Februar 1977 Erzbischof von San Salvador. Das geschieht, weil Vatikan und Militärregierung verbesserte Beziehungen zwischen Staat und Kirche erstreben und der bald sechzigjährige Oscar Romero geeignet erscheint, sie herzustellen. Offenbar stimmen die Machthaber und die Priester der Basisgemeinden in der Einschätzung von Romeros Haltung überein. Gegensätzlich sind nur die daran geknüpften Erwartungen. Die oben hoffen, die unten fürchten, daß sich der neue Erzbischof mit seiner ausgeprägten Sorge um die Integrität von Christentum und Kirche zugunsten der bestehenden Gewaltherrschaft benutzen läßt. Oscar Romero enttäuscht beide. Denn beide, seine falschen Freunde und seine aufrichtigen Kritiker, haben nicht damit gerechnet, daß ein durch und durch ehrlicher Mensch auf durchtriebene Verlogenheit reagiert. Es ist die Wahrheitsliebe, die in das relativ harmlose Profil des Kirchenführers Romero die ersten Kerben schnitzt.

Romero ist knapp drei Wochen im erzbischöflichen Amt, als der erste seiner Priester erschossen wird: der Jesuit und Landpfarrer Rutilio Grande. Wie alle nachfolgenden Priestermorde wird dieses hinterhältige Attentat rechtsextremistischer Terrororganisationen von einer massiven Verleumdungskampagne begleitet. Darin werden die Priester im Dienst der Armen schlichtweg als Kommunisten gebrandmarkt. Erzbischof Romero aber kennt Pater Grande und dessen Werk zu genau, um den leisesten Zweifel aufkommen zu lassen, daß hier ein Priester beseitigt wurde, der nur konsequent in der Nachfolge Jesu gelebt und den Armen die frohe Botschaft ihrer Befreiung glaubwürdig gemacht hatte. Der Mord an Pater Grande und die Rechtfertigung des Mordes sind eine Kriegserklärung an die Adresse der Kirche, die in El Salvador »befreiende Evangelisierung« betreibt. Erzbischof Romero nimmt den Fehdehandschuh auf. Er schreibt dem Staatspräsidenten General Molina, bis zur Klärung der Tatumstände, bis zur Rückkehr aller bis dato ausgewiesenen Priester und dem Ende der Unterdrückung des Volkes werde die Kirche das Gespräch mit der Regierung unterbrechen und er als Repräsentant der Kirche allen Staatsakten fernbleiben. Keine der erzbischöflichen Forderungen wird erfüllt. Der Kriegserklärung folgt der Krieg.

Er beginnt mit der militärischen Besetzung der Kleinstadt Aquilares, in der Pater Grande Pfarrer war. Alle Häuser werden durchsucht, wer eine Bibel besitzt, wird verhaftet, die Kirche beschossen, der Tabernakel geplündert, die Hostien, im Glauben der Katholiken Leib Christi und Brot des Lebens, auf den Boden geworfen und von Soldatenstiefeln zertrampelt. Man schreibt den 19. Mai 1977. Oscar Romero ist nun drei Monate im Amt als Oberhirte des Erzbistums, zu dem Aquilares gehört, und er weiß, welche Stunde seiner Kirche geschlagen hat mit dem Todesschuß auf den Bauern, der versucht hatte, den Glockenturm der Kirche von Aquilares zu ersteigen, um die Gemeinde zur Verteidigung ihres Gotteshauses zusammenzuläuten. Einen so ungeschminkten Angriff auf den Glauben, auf Menschen, Orte und Symbole, in denen er leibhaftig wird, und auf das Buch, das Gottes Wort enthält, hatte es zuvor im katholischen El Salvador noch nicht gegeben. Aquilares ist Auftakt zu einer regelrechten Kirchenverfolgung im »Land des Erlösers«. Sieben Geistliche und Hunderte von Laien im kirchlichen Dienst, die umgebracht wurden, begleitet Erzbischof Romero ans Grab, bevor er nach drei Jahren Amtszeit selber Märtyrer wird.

Doch wie immer in der Geschichte der Christenheit wächst mit der Verfolgung auch die Kraft des Glaubens. Dessen Zuversicht besingen die Basisgemeinden von Aquilares nach der Zerstörung ihrer Pfarrkirche im Refrain eines neuen Liedes:

> Eines Tages werden deine Glocken
> die Gewehre zum Schweigen bringen.

Währenddessen wird Oscar Romero zur Stimme der Verstummten. Der introvertierte Oberhirte, der zuvor gewohnt war, Entscheidungen in einsamer Meditation und mit Hilfe seiner theologischen Bibliothek vorzubereiten, sucht und schafft nun Raum für das beständige Gespräch mit dem Kirchenvolk.

Auf seine Anweisung wird die Mittelhalle des kolonialen Bischofspalastes in eine Cafeteria umgewandelt. So entsteht ein zwangloser Treffplatz, rege genutzt für den Erfahrungsaustausch von durchreisenden Bauern und Bischöfen, Arbeitern und Angestellten der Kurie, Dorfpfarrern und Priestern aus den hauptstädtischen Elendsvierteln, Professoren, Studenten und Ordensfrauen. Das Bischofs-Café wird auch zur Informationsbörse für in- und ausländische Journalisten, die mehr wissen wollen oder mehr berichten dürfen als die zensierten Massenmedien im vom Militär regierten El Salvador. Wenn er anwesend ist, steht die Tür zum Büro des Erzbischofs offen, jedermann, auch jede Frau kann ohne Vorzimmeranmeldung passieren, eine kleine Tasse Kaffee, heiß, süß, schwarz, wird sofort serviert und erleichtert das Gespräch. Romero selbst spricht wenig. Er ist ein Meister im Zuhören. Doch immer häufiger überrascht er seine Besucher wie die Gemeinden, Jugendgruppen, Priestertreffen und Arbeiterversammlungen, die er besucht, mit der Bitte: »Ich brauche euren Rat.«

Hirtenbriefe des Erzbischofs entstehen aus der gemeinsamen Erwägung der Lebenswirklichkeit des Volkes Gottes in El Salvador. Der erste, Romeros Osterbotschaft 1977, steht unter dem Leitwort: »Die Kirche lebt nicht für sich selbst.« Im zweiten Hirtenbrief vom August 1977 wird die Frage: »Wozu ist die Kirche da?« wieder aufgenommen und beantwortet mit dem Satz: »Wenn sich die Kirche in der Nachfolge Christi die Sache der Armen zu eigen macht, findet sie den richtigen Standort in dieser Welt.« Der dritte Hirtenbrief von Erzbischof Oscar Romero wird durch aktuelle politische Entwicklungen herausgefordert, die eine grundsätzliche Stellungnahme der Kirche erzwingen.

Inzwischen hatte es wieder einmal Wahlen gegeben in El Salvador, waren – nach schon bewährtem Muster – wieder einmal der politische Oppositionsverbund, diesmal unter Führung der Christlichen Demokraten, um den Wahlsieg betrogen worden und Hoffnungen auf einen friedlichen Wandel durch grundlegende Reformen zerstampft. General Carlos Humberto Romero, zuvor Verteidigungsminister und als solcher verantwortlich für grausige Massaker unter der Landbevölkerung, übernahm die Macht im Staate. Sein Namensvetter, Erzbischof Romero, nicht mit ihm verwandt, verweigerte im Juli 1977 die Teilnahme an der Amtseinführung des neuen Staatspräsidenten: »Wir brauchen die Macht der Regierung nicht, um das Wort Gottes zu verbreiten.« In der Folge demonstriert Staatspräsident General Romero mit zynischer Härte, welche Macht er hat, um die Kirche von Erzbischof Romero an der Verbreitung des Wortes Gottes zu hindern. Am schwersten bedrängt werden die Basisgemeinden der Bauern und Arbeiter. Tatsächlich hat die bewußtseinsbildende Evangelisation auf der Basis einer Theologie der Befreiung mit der Methode »Sehen, Urteilen, Handeln« viele Mitglieder der christlichen Basisgemeinden zum Eintritt in den politischen Untergrundkampf veranlaßt. Es sind die sogenannten Volksorganisationen, die sich in El Salvador die Sache der Armen zu eigen gemacht haben mit dem erklärten Ziel, deren Schicksal durch Revolution zu wenden. Die Volksorganisationen bildeten sich aus der in den Untergrund getriebenen parteipolitischen Opposition, aus Industriegewerkschaften, Landarbeiterverbänden, Studenten und Intellektuellen. Noch herrscht in den Volksorganisationen mehrheitlich die Hoffnung, daß die revolutionäre Umwälzung ohne bewaffneten Kampf herbeizuführen sei. Doch neben und aus den Volksorganisationen entwickelten sich Guerillafronten, und diese erstarkten, je mehr alle gewaltfreien Kräfte der Veränderung unterdrückt wurden. In dieser Lage und angesichts der personellen Verquickung der christlichen Basisgemeinden und der Volksorganisationen schreibt Erzbischof Oscar Romero seinen dritten Hirtenbrief.

Er wird Fronleichnam 1978 veröffentlicht und behandelt das Problem der Beziehungen zwischen der Kirche und den politischen Organisationen des Volkes. Sorgsam umschifft der Kirchenführer in dem Schreiben die Klippen, die sich aus dem Widerspruch ergeben, daß die Kirche als Kirche keinen politischen Auftrag hat, keine Politik treiben darf, keine politischen Lösungen bereithalten kann, und der Tatsache, daß nur durch Politik Gerechtigkeit und Frieden zu schaffen sind. Trotz dieser grundsätzlich und praktisch unlösbaren Widersprüche und trotz der Klarstellung des Wesens der christlichen Basisgemeinden, die keine mehr sind, wenn sie in Volksorganisationen aufgehen, lesen die Betroffenen aus dem dritten Hirtenbrief Romeros eine Ermutigung. Mitglieder der Basisgemeinden wissen nun, daß der Bischof ihnen zur Seite steht, wenn sie sich und ihren Glauben in die salvadorianischen Volksorganisationen einbringen. Nur in einem Punkt sieht der Erzbischof keine Chance für einen Freispruch der christlichen Gewissen, bei der Anwendung von Gewalt. Der bewaffnete revolutionäre Befreiungskampf wird von Romero mit der gleichen Schärfe verurteilt wie der Terrorismus der Streitkräfte und paramilitärischen Verbände.

In der Einstellung zur Gewalt läßt sich der Priester, Theologe und Kirchenführer Oscar Romero lebenslang keine Zugeständnisse abtrotzen. Da bleibt er immun gegen alle Theorien, die christliche Theologie zur Rechtfertigung von Angriffskriegen, Verteidigungskriegen, Bürgerkriegen und Befreiungskriegen im Verlauf der Kirchengeschichte entwickelt hat. Der Glaube, daß ein Christ in der Nachfolge Jesu unter keinen Umständen zur

Waffe greifen darf, wird Oscar Romero von beiden Fronten bestritten. Die gewalttätigen Machthaber und die Kirche an ihrer Seite, anschaulich in der waffen- und soldatensegnenden Gestalt des salvadorianischen Militärbischofs, rechtfertigen ihren Krieg gegen das eigene Volk mit dem Vorwand, sie würden das Land vor dem Zugriff des atheistischen Kommunismus retten.

Katholische revolutionäre Befreiungskämpfer werben um das Einverständnis ihres Erzbischofs mit dem Argument, sie würden das Volk dem Würgegriff des materialistischen Kapitalismus entreißen. Erzbischof Romero stimmt überein mit ihrem Ziel, ihre Waffen wird er nicht segnen. Die Liebe, die er lebt und lehrt, ist unbewaffnet, sie umfaßt auch die Feinde seines gequälten Volkes, die Verfolger der Kirche der Armen, die Mörder seiner Priester. »Brüder Mörder, wir lieben euch, wir bitten Gott darum, daß ihr bereut und euch bekehrt. Die Kirche ist zum Hassen nicht fähig. Sie liebt die Feinde und stirbt für sie, wie Christus gestorben ist mit der Bitte: Vater, vergib ihnen, denn sie wissen nicht, was sie tun.« Diese Sätze aus einer Predigt des Erzbischofs in der Totenmesse für einen ermordeten Priester spiegeln den Glauben Romeros, dem er bis in seinen Tod treu bleibt und den er ständig erneuert. Romero, von Natur aus scheu und grüblerisch veranlagt, häufig von Selbstzweifeln geplagt, die ihn früher gelegentlich so heimsuchten, daß er zur Wiederherstellung seines seelischen Gleichgewichts außer Landes ging, pflegt das Zwiegespräch mit Gott. Er sucht und schafft sich auch als Erzbischof dafür Muße, Stille, Raum. Er wohnt nicht im Bischofspalais des Stadtzentrums, sondern im Krebskrankenhaus der Karmeliterinnen am Stadtrand. Unter Sterbenden und unter Nonnen, die ihr Leben in weltabgeschiedener Klausur Gott weihen, ist Oscar Romero wirklich zu Hause: Bei sich, bei Gott, bei den Menschen, in deren Dienst er sich von Gott berufen weiß. Und aus dieser Heimstatt bezieht er die Kraft für sein öffentliches Wirken.

Dann gibt es eine kurze Zeit der politischen Entspannung. Mitte Oktober 1979 stürzen junge Offiziere den blutrünstigen General Carlos Humberto Romero. Sie bilden eine sechsköpfige Regierungsjunta, der sie das Vorwort »revolutionär« voranstellen und zu der drei Zivilisten gehören: ein Unternehmensvertreter, der Führer der Sozialdemokratischen Partei und ein Christdemokrat, Jesuit und Rektor der Jesuitenuniversität. An dieser Universität war im letzten Jahrzehnt die christliche Soziallehre in die salvadorianischen Verhältnisse übersetzt und die regimekritische intellektuelle Führungsschicht herangebildet worden. Deren Befund prägt die Regierungserklärung der »revolutionären Junta« und die Begründung ihrer Machtübernahme. Darin heißt es, die Regierung General Romeros sei gestürzt worden, weil sie »erstens alle Menschenrechte verletzt hat, zweitens die Korruption in der öffentlichen Verwaltung und in der Justiz geduldet und gefördert hat, drittens ein wahres wirtschaftliches und soziales Chaos herbeiführte und, viertens, das Land und seine ehrenhaften Streiftkräfte international zutiefst in Mißkredit brachte«.

Die Junta verspricht dem Volk, das Gegenteil zu wollen und zu schaffen, und ihr Regierungsprogramm enthält alle wesentlichen Forderungen der Volksorganisationen: Auflösung des rechtsextremistischen Terrorverbandes ORDEN (Organización Democrática Nacionalista), der von Offizieren begründet und geleitet wird, 80000 Mann unter Waffen hat und die Spinne ist im Netz der Gewaltherrschaft; Zusage einer Generalamnestie für die Exilierten und politischen Gefangenen, Garantie der politischen Freiheit, Pressefreiheit, Gewerkschaftsfreiheit; Maßnahmen, die zu einer gerechten Verteilung des nationalen Reichtums führen, zum Beispiel Landreform und Steuerreform.

Erzbischof Oscar Romero sieht sich das erste Mal seit seinem Amtsantritt in der Lage, das Gespräch zwischen Kirche und Staat wiederaufzunehmen. Doch er dämpft in seiner Stellungnahme zum Putsch der jungen Offiziere zugleich die Hoffnungen, die das revolutionäre Bilderbuchprogramm der Junta erweckt: »Wir haben aufmerksam die Botschaften studiert, die das offizielle Denken der neuen Regierung ausdrücken. In ihnen erkennen wir guten Willen, Klarheit der Ideen und ein klares Bewußtsein ihrer Verantwortung. Trotzdem wollen wir ganz klarstellen, daß diese Regierung das Vertrauen und die Mitarbeit des Volkes nur verdient, wenn sie zeigt, daß die in der Erklärung enthaltenen schönen Versprechungen keine leeren Worte bleiben und für unser Vaterland wirklich eine neue Epoche begonnen hat.«

Mit dieser Klarstellung offenbart Oscar Romero nicht nur seinen politischen Standort, sondern auch realpolitische Treffsicherheit. Und als drei Monate später, im Januar 1980, durch einen Putsch im Putsch den letzten Friedenstauben die Flügel gestutzt sind und die militärischen Falken unter christdemokratischen Tarnkappen wieder über El Salvador kreisen, da ist der

Kirchenführer Romero endgülitg frei von der Illusion, die Geschicke eines kleinen Volkes in Mittelamerika könnten gegenwärtig von dem Volk selbst bestimmt werden. Oscar Romero schreibt an den Präsidenten der Vereinigten Staaten von Amerika: »Als Bürger von El Salvador und als Erzbischof habe ich die Pflicht, für Glauben und Gerechtigkeit in meinem Land einzutreten ... Die politische Macht liegt in den Händen skrupelloser Militärs, die einzig und allein wissen, wie man das Volk unterdrückt und die Interessen der salvadorianischen Oberschicht verteidigt ... Jetzt wird berichtet, daß Ihre Regierung die Möglichkeit weiterer wirtschaftlicher und militärischer Unterstützung unserer Regierungsjunta untersucht. Herr Präsident, weil Sie ein Christ sind und weil Sie versprochen haben, die Menschenrechte zu verteidigen, wage ich die Bitte: Unterbinden Sie alle militärische Unterstützung der Regierungsjunta. Garantieren Sie, daß Ihre Regierung nicht interveniert, weder direkt noch indirekt durch die Ausübung von militärischem, wirtschaftlichem und diplomatischem Druck, damit das Volk von El Salvador seine Zukunft selbst bestimmen kann.«

Der Präsident der USA – er heißt zu der Zeit Jimmy Carter – erklärt dem Erzbischof El Salvadors in einem langen Antwortschreiben, warum die weitsichtige Politik der nordamerikanischen Regierung die salvadorianische Militärregierung nicht im Stich lassen wird – wörtlich: »Sie offenbart die besten Perspektiven.«

Erzbischof Oscar Romero ist ein Rufer in der Wüste. Drei Jahre lang hat er nun einem geknebelten Volk seine Stimme geliehen. Seine Sonntagspredigten in der überfüllten Kathedrale, vom erzbischöflichen Rundfunksender Ysax landesweit übertragen, sind die wichtigste Informationsquelle eines Volkes, in dem nur jeder zweite Bürger lesen und schreiben kann. Wer Romero zuhört – und das sind nach Ermittlungen einer Werbeagentur 73 Prozent der Landbewohner und 47 Prozent der Städter – weiß, was in der vergangenen Woche gegen Menschenrecht und Gerechtigkeit geschah. In Romeros Predigten bekommen alle Opfer Namen und Gesicht: die Entführten, die Verschwundenen, die Verhafteten, die Gefolterten, die Ermordeten, die Vertriebenen, die Flüchtlinge. Hunderte von Personen, Orten, Ereignissen solcher Art sind zu vermelden, und jeden Sonntag wird die Liste länger, die das erzbischöfliche Rechtshilfebüro Oscar Romero auf die Kanzel mitgibt.

Am Passionssonntag 1980 überschreitet der Erzbischof in seinem Ringen um Gerechtigkeit und Frieden die Grenze zwischen Kirche und Staat, Predigt und Politik. Er ruft Heer, Nationalgarde und Bereitschaftspolizei zur Befehlsverweigerung auf: »Brüder, ihr seid aus unserem Volk, ihr tötet eure eigenen Brüder. Gegen den menschlichen Befehl zu töten steht Gottes Gebot: Du sollst nicht töten. Kein Soldat ist verpflichtet, einem Befehl gegen Gottes Gebot zu gehorchen. Es ist Zeit, daß ihr euer Gewissen wiederentdeckt und eurem Gewissen gehorcht statt dem Befehl zu sündigen ... Im Namen Gottes und im Namen dieses leidenden Volkes, dessen Klagen jeden Tag heftiger zum Himmel steigen, bitte ich, flehe ich, befehle ich – im Namen Gottes: Macht Schluß mit der Unterdrückung.«

Das war die letzte Sonntagspredigt von Erzbischof Oscar Romero. Einen Tag darauf, am 24. März 1980, wird er während einer Totengedenkmesse am Altar seiner Krankenhauskapelle erschossen. Er stirbt in den Armen der Schwestern von der »Göttlichen Vorsehung«.

Die Beisetzung von Oscar Romero, am Palmsonntag 1980 in der Kathedrale von San Salvador, wird zur größten Glaubensdemonstration in der Geschichte des Landes. Sie endet in einem Blutbad. Die Sanitäter der Volksorganisationen bergen auf dem Domplatz 31 Tote und 148 Schwerverletzte. Die Führer der Volksorganisationen rufen zu einem achttägigen Generalstreik auf. Der Aufruf wird befolgt. Die Regierung verhängt den Belagerungszustand. Die bewaffnete Befreiungsfront antwortet: »Wir werden so lange Krieg führen, bis dieses Regime gestürzt ist.« Die politische Opposition, die Volksorganisationen und die Guerilla verbünden sich zur »Demokratisch-Revolutionären Front«. In El Salvador herrscht offener Bürgerkrieg. Das sind die unmittelbaren Folgen der Ermordung von Erzbischof Oscar Romero. Und diesen Aufstand hatte er sicher nicht im Blick, als er kurz zuvor angesichts vermehrter Morddrohungen sagte: »Wenn sie mich töten, werde ich auferstehen im Volk von El Salvador.«

Verstanden wird das Vermächtnis des Märtyrerbischofs wohl nur von Glaubensbrüdern und -schwestern, die in der Kirche der Armen auf dem Weg in Tod und Auferstehung sind. Diesen Weg hat Oscar Romero, dem wenige Wochen vor seinem Tod für seinen Kampf um die Menschenrechte von der Katholischen Universität Löwen der Titel eines theologischen Ehrendoktors verliehen wurde, anläßlich dieser Auszeichnung so beschrieben:

»Ich bin ein Hirte, der zusammen mit seinem Volk begonnen

hat, eine schöne und schwierige Wahrheit zu lernen: Unser christlicher Glaube verlangt, daß wir eintauchen in diese Welt. Das Verhalten der Kirche hat immer politische Auswirkungen. Die Frage ist, ob sie ihren Einfluß so benützt, daß er mit dem Glauben übereinstimmt. Durch die Verteidigung der Ohnmächtigen ist unsere Kirche in einen schweren Konflikt mit den Mächtigen geraten. Es ist eine Tatsache, daß in meinem Land seit drei Jahren die Kirche verfolgt wird. Doch die eigentliche Verfolgung erleidet das arme Volk. Und das Volk ist der Leib Christi in der Geschichte. Wie Jesus ist mein Volk ans Kreuz geschlagen.

Wir glauben, daß uns Jesus Christus Leben in Fülle brachte. Wir glauben an einen lebenden Gott, der den Menschen das Leben schenkt und will, daß alle Menschen in Wahrheit leben können. Diese grundlegende Glaubenswahrheit ist es, die unsere Kirche in die Mitte des Lebens und des Todes ihres Volkes stellt. Die Kirche muß sich entscheiden: für das Leben oder den Tod. Entweder wir dienen dem Leben der Salvadorianer, oder wir werden mitschuldig an ihrem Tod. Entweder wir dienen dem Gott des Lebens, oder wir dienen den Göttern des Todes. Unsere junge Kirchengeschichte ist also sehr, sehr alt. Es ist die Geschichte Jesu Christi, die wir bescheiden fortsetzen wollen.«

Hans Jürgen Schultz
Martin Luther King (1929–1968)

Das Gerücht, daß ein Anschlag auf ihn geplant sei, war ihm bekannt. Er hat die drohende Gefahr mit seiner Frau, seinen Eltern, seinen Freunden besprochen. Auf alle Warnungen antwortete er: Das Ziel, die Menschlichkeit zu retten, sei dem Wunsch, sein Leben zu retten, vorzuordnen. Das hört sich heroisch an. Aber Martin Luther King war nervös, als er am 3. April 1968 nach Memphis, Tennessee, flog, um dort auf einer Protestversammlung der Müllmänner die später berühmt gewordene Rede zu halten, in der er sagte: Ich möchte auch gern lange leben. Doch darüber kann ich mir momentan nicht den Kopf zerbrechen. Ich muß tun, was jetzt notwendig ist. Weil ich, wie ihr wißt, auf dem Berge war, machen mir die Drohungen nichts mehr aus. Ich bin glücklich, mit euch zusammen in das Land zu ziehen, das ich vom Berge aus gesehen habe ...

Am nächsten Tag, am späten Nachmittag, läutete bei Coretta Scott King das Telefon. Ein Mitarbeiter ihres Mannes war am Apparat und versuchte, ihr schonend beizubringen: »Doc wurde eben von einer Kugel getroffen; aber er lebt.« Zwei Stunden danach wurde der Tod Martin Luther Kings gemeldet. Auf dem Balkon eines Motels ist er durch einen Gewehrschuß in den Nacken getötet worden. Der Schütze, der von einer gegenüberliegenden Pension auf ihn zielte, war ein Kenner und Könner seines Handwerks. Er entkam. Um seinen Namen, James Earl Ray, wurde es bis heute nicht still. Nach einem abenteuerlichen Fluchtweg über Mexiko, Kanada und Portugal wurde er zwei Monate nach der Tat in London verhaftet. Erst neun Monate später bekannte er sich schuldig und wurde zu 99 Jahren Gefängnis verurteilt. Wer der Auftraggeber Rays war und ob ein Zusammenhang mit der Ermordung John F. Kennedys besteht, ist dunkel. Im Juni 1977 konnte Ray aus seinem Zuchthaus im Staat Tennessee ausbrechen und sich tagelang vor den Suchaktionen der Polizei verstecken. Der damalige Präsident der USA, Jimmy Carter, aus dessen Heimatstadt Georgia King stammte, teilte die Unruhe der Öffentlichkeit in der Frage nach den Hintermännern Rays und verlangte erneut restlose Aufklärung des Falls. Spekulationen – längst vergessen oder verdrängt – lebten wieder auf und durchgeisterten die Presse. Ralph Abernathy,

Kings Nachfolger in der schwarzen Bürgerrechtsbewegung, stellte sogar die These auf, die Gefängnisbehörden selbst hätten Rays Flucht inszeniert, um zu verhindern, daß er bei Gerichtsverhandlungen unerwünschte Wahrheiten enthüllt. Da die Affäre bis zur Stunde nicht ausgestanden ist, wundert es schon kaum noch, daß Ray am 3. Juni 1981 in der Bibliothek der Strafanstalt Brushy Mountain wiederum angefallen und niedergestochen wurde, ohne daß das Tatmotiv geklärt werden konnte.

Man weiß, daß der US-Geheimdienst CIA King in den sechziger Jahren bespitzelt, sein Telefon überwacht und seine Kreditkarten fotokopiert hat – in der aberwitzigen Absicht, ihn als Kommunisten, der enge Beziehungen zu Peking unterhalte, zu verdächtigen und zu entlarven. 1975 wurde ein Brief gefunden, den dpa am 18. November bekanntgegeben hat. Er war elf Jahre zuvor vom amerikanischen Bundeskriminalamt FBI an King geschickt worden, um ihm zu suggerieren, selbst Hand an sich zu legen: »Sie haben genau 34 Tage Zeit; Sie sind fertig, und das wissen Sie; Sie haben einen Ausweg, und den kennen Sie.« Zeugnisse dieser Art sind zahlreich. Aber zur »restlosen Aufklärung« scheinen sie nicht auszureichen.

Trotz dieser Nachwehen und der beharrlichen Weiterarbeit der Bürgerrechtsbewegung geht die Erinnerung an Martin Luther King langsam verloren. Sein Bild wird immer undeutlicher. James Baldwin, dessen Romane und Erzählungen die Welt der »Neger« und »Nigger«, für die King gekämpft hat, auf das sinnenhafteste vergegenwärtigen, fragte zehn Jahre nach dem Mord von Memphis: »Denkt noch jemand daran, daß Martin nicht von einem, sondern von vielen umgebracht wurde? Wer ist denn noch betroffen von dem Umstand, in einem Land zu leben, in dem etwas Blei genügt, um zu beseitigen, was uns zur Menschwerdung hilft?«

Zur Zeit des Todes von King kannte alle Welt sein Gesicht. Es gab kaum eine Woche, in der es uns nicht aus einer Zeitung oder vom Fernsehschirm ansah. 1963 erklärte ›Time‹ ihn zum »Mann des Jahres«. Er war weltweit zu einer Symbolfigur für alle Bemühungen um Befreiung von Unterdrückung und Unrecht geworden. Nur ein Dutzend Jahre hatte ihm für seine politische Tätigkeit zur Verfügung gestanden. Manche halten seine Politik für gescheitert. Aber sie wissen nicht oder wollen nicht wissen, wovon sie reden. Denn es war ein immenses Programm, das King sich vorgenommen hatte, und er hat nicht nur zu einer allgemeinen Klimaverbesserung, sondern zu handfesten sozialen und gesetzlichen Neuregelungen erfolgreich beigetragen. Einige hundert Jahre Rassenvorurteil und Rassenhaß können nicht in einem Dezennium überwunden werden. Um so erstaunlicher ist der Sieg über die drastischsten Diskriminierungen, wie sie etwa in Verbotsschildern mit der Aufschrift »Nur Farbige« oder »Nur Weiße« zum Ausdruck kamen. Es hat sich nicht von alleine so ergeben, daß Farbige im Theater nicht mehr auf die Empore, in den öffentlichen Verkehrsmitteln nicht mehr nach hinten verbannt werden. Die Geschichte – von King selbst ausführlich beschrieben und inzwischen in Lesebücher eingegangen – begann so:

Montgomery, Alabama, 1. Dezember 1955. Mrs. Rosa Parks, eine zweiundfünfzigjährige dunkelhäutige Näherin, eine freundliche Frau, bestieg einen Omnibus, um nach langem Arbeitstag heimzufahren. Der Bus war ziemlich voll, und Mrs. Parks setzte sich in die erste Reihe im Negerabteil. An der nächsten Haltestelle kamen mehrere weiße Passagiere hinzu. Der Fahrer befahl Mrs. Parks, ihren Platz einem weißen Mann einzuräumen. Sie war keine aufsässige Person. Sie wollte keinen Streit auslösen. Bloß, ihr Geduldsfaden riß, sie blieb sitzen und sagte: Ich bin müde. Der Fahrer winkte einem Polizisten, der sie festnahm und vor Gericht brachte.

Dergleichen passierte tagtäglich. Obwohl siebzig Prozent der Fahrgäste Schwarze waren, die denselben Preis zu zahlen hatten, blieb in den Bussen in Montgomery der meiste Platz für Weiße reserviert, und die Schwarzen waren schikanösen Behandlungen ausgesetzt. Zum Beispiel mußten sie vorn beim Fahrer das Billett lösen, durften jedoch nicht durch den Bus zu ihren Sitzen gehen, sondern hatten wieder aus- und dann durch die Hintertür noch einmal einzusteigen. Der Fahrer machte sich einen Spaß daraus, in diesem Augenblick Gas zu geben, so daß die Schwarzen bezahlt hatten und trotzdem nicht mitkamen. Diesem und ähnlichem Spiel setzte Rosa Parks mit ihrem kleinen Widerstand ein Ende.

Die Zeit war reif. Der gelehrige Onkel Tom, der sich seinen Platz anweisen ließ, gehörte der Vergangenheit an. Mit dem Minimum an Freiheit, das der Schwarze erworben hatte, war ihm bewußt geworden, daß man sich Geschichte nicht einfach gefallen lassen muß, sondern daß man an ihrem Verlauf mitwirken kann. Ein Wort sprach sich herum: discontent, Unzufriedenheit, so geht es nicht weiter! Und ihm folgte alsbald das nächste Wort: fight, Kampf. Unter der Oberfläche kündigten sich Explosionen an. Die Masse war mürbe, suggestibel, also bereit, allen Parolen zu glauben, die Veränderung versprachen.

Martin Luther King, seit kurzem Pfarrer in Montgomery, hatte schon seit Universitätstagen die Voraussetzungen und die Möglichkeiten koordinierter und zielgerichteter Aktionen der Schwarzen gegen das System der Ungerechtigkeit untersucht. Zur komplizierten Typologie von Macht, Herrschaft, Gewalt hätte er gern Gedanken beigetragen, die den üblichen Vereinfachungen entgegenwirken. Er studierte die einschlägige Literatur von Marx bis Thoreau. Aber nun blieb für ruhige theoretische Betrachtungen keine Zeit mehr. Am Abend nach der Verhaftung von Rosa Parks lud er einflußreiche schwarze Bürger in den Kellerraum seiner Kirche ein. Es kamen, womit er gar nicht zu rechnen gewagt hatte, Ärzte, Anwälte, Kaufleute, Gewerkschaftsführer, Lehrer, Angestellte der Bundesregierung und viele Geistliche. Nach einer stürmischen Sitzung, deren vernünftigen Kurs zu steuern fast mißlungen wäre, beschloß man den hernach namhaft gewordenen Omnibus-Boykott von Montgomery.

Ein paar Taxiunternehmungen stellten ihre aus 210 Wagen bestehende Flotte für den Boykott zur Verfügung und beförderten alle Schwarzen für zehn Cents, den normalen Bus-Fahrpreis. King war besorgt, ob man die Disziplin, die für diesen Plan nötig war, aufbringen werde. Er fürchtete Einschreitungen der Weißen, Ausschreitungen der Schwarzen. Gerüchte beunruhigten ihn. Aber am Morgen des 5. Dezember ergab sich ein ungewöhnliches Bild:

Die Trottoirs wimmelten von Frauen und Männern auf dem Weg zur Arbeit. Studenten gingen zu Fuß ins College. Die Taxen waren vollgestopft mit vergnügten Leuten. Manche ritten auf Mauleseln. Andere benutzten Einspänner. Jemand fragte ein altes Mütterchen, ob es denn die Strapazen verkraften könne und nicht wünsche, daß die Busse bald wieder führen. Darauf die Frau: »Gestern war meine Seele müde, und meine Füße waren ausgeruht; heute sind meine Füße müde, aber meine Seele fühlt sich wohl.«

Doch die zuversichtliche Stimmung dieses Tages hielt nicht lange vor. Die andere Seite dachte nicht daran nachzugeben. Ein Aktionskomitee wurde gegründet, dessen Vorsitz King übernahm. Länger als ein Jahr sollten die Anstrengungen dauern. Hoffnungen wuchsen; doch zugleich nahmen Rück- und Querschläge zu. King sah sich unversehens in die Rolle eines Führers einer groß und immer größer werdenden Bewegung versetzt – in eine Rolle, von der er sich gern dispensiert hätte, in der er sich unbehaglich und überfordert fühlte, aus der seine Freunde ihn indessen keinesfalls mehr entlassen wollten. Je mehr er sich engagierte, um so gereizter und gefährlicher wurden die Reaktionen. Bombenanschläge, massive Einschüchterungsversuche, obszöne Anrufe, brutale Drohbriefe – das wurde das tägliche Brot der Familie King.

Eines Abends – er war gerade unterwegs – detonierte ein Zeitzünder in seinem Haus. Wenige Augenblicke später strömten tausend schwarze Frauen und Männer herbei. Sie waren bewaffnet mit Messern, Pistolen, Knüppeln, Steinen, Flaschen. Tumult entstand. Feuerwehrleute und Polizisten kamen, sogar der Bürgermeister. Schließlich kam auch King, bahnte sich einen Weg ins Haus, sah nach Frau und Kindern, hastete auf die Veranda, wo er – flankiert von zwei schreckensbleichen Beamten – die Arme hob, um der drohenden und fluchenden Menge anzuzeigen, daß er etwas sagen wolle. Ein Mann forderte, man solle endlich abrechnen mit der Polizei, die Gelegenheit sei günstig! Zorn und Kampfgeschrei. Bis einer rief: »Hört erst den Doktor.« Und nun folgte eine der Reden von Martin Luther King in dem unverkennbaren singenden Tonfall der Baptistenprediger, der seinem Volk so vertraut war, aber aufmerken ließ wegen der kräftigen, wie im Sonett gemeißelten Sprache. Was man hier zu hören bekam, erinnerte eher an ein Plädoyer im Gerichtssaal als an die Predigt in der Kirche. King verstand es, das, was zumeist unausgesprochen als Wunsch, als Verlangen, als Sehnsucht vorhanden war, umzusetzen in klare Forderungen, die jedermann einleuchteten. Schon als Fünfzehnjähriger hatte er Preise für Rhetorik erworben. Dabei ging es ihm nicht um die Technik von Sprache und Sprechen, sondern um die Kunst des Überzeugens, das heißt um den Glauben an Wirkung durch Worte. Das Wort ist das Kampfmittel des Friedens. Ungefähr dies rief King der aufgebrachten Versammlung zu: Erst wenn wir ruhig werden, sind wir handlungsfähig. Wenn ihr Gewehre dabei habt, bringt sie nach Haus oder werft sie ins Meer. Wir brauchen sie nicht. Unsere Waffe ist, keine zu haben. Wer Gewalt mit Gewalt, Bomben mit Bomben, Tötung mit Tötung erwidert, löst keine Probleme, sondern begibt sich auf das Niveau seiner Gegner. Die Fähigkeit unserer Gegner, uns Leid zuzufügen, können wir nur wettmachen mit unserer Fähigkeit, Leid zu ertragen ...

Schweigen, Staunen, Betroffenheit in der Menge. King fuhr fort: »Der Bus-Boykott ist nicht meine private, sondern unser aller Angelegenheit. Deswegen soll im Lande jeder wissen, daß man unsere *Bewegung* nicht erledigt, wenn man *mich* erledigt...« Eine Frau schrie: »Gott segne dich, mein Sohn!« Amen-Rufe ertönten. Eine Gruppe begann Spirituals zu singen. Man ging nach Hause.

Nach aufreibenden Schwierigkeiten war am 21. Dezember 1956 das Ziel des Boykotts erreicht. Ein führender weißer Mann der Stadt bestieg zusammen mit King einen Omnibus. Und die wackere Rosa Parks war auch dabei. Sie fuhren den ganzen Tag, kreuz und quer. Abends zuvor war endlich ein die Rassentrennung aufhebendes Urteil des Obersten Gerichtshofs in Montgomery eingetroffen. Die Autobusgesellschaft, mittlerweile kleinlaut geworden, hatte ihre Fahrer zu höflichem Verhalten aufgefordert. Zwei weiße Fahrgäste stellten plötzlich fest, daß sie *hinter* einem Farbigen saßen. Das hatte es noch nicht gegeben. Der eine bedeutete dem andern: »Soviel ich sehe, werden wir diesmal keine weiße Weihnacht haben.« Der Schwarze drehte sich um und gab den beiden Männern die Hand.

Ich erzähle diese Vorgänge so ausführlich, weil das Experiment von Montgomery zum Modell für künftige Aktionen wurde. Die hier gesammelten Erfahrungen gleichen Versuchen in einem Laboratorium, in dem Martin Luther King die Konzeption einer gewaltlosen Verbesserung der Lage der Schwarzen entwerfen, prüfen und ausarbeiten konnte. Montgomery war nur der Ausgangspunkt. Von hier aus wurden Hoffnungslose mit Hoffnung, Resignierte mit Ideen infiziert. Überall entstanden Aktivitäten. Im Januar 1957 kamen Vertreter aus zehn Bundesländern zusammen, um – wie King sagte – das gesamte Potential des gewaltlosen Widerstands zu bündeln. King, auf den nun schon die Blicke der Nation gerichtet waren, rief die Southern Christian Leadership Conference zusammen und erhielt damit sein organisatorisches Vehikel. Zu einer imponierenden Organisation ist die Conference nie geworden. Von außen gesehen war sie nicht viel mehr als ein lockerer Verbund von ungefähr hundert lokalen Gruppen, die für die Schwarzen alle Bürgerrechte erwirken sollten. King wollte keine Zentrale, sondern Zentren. Er sah sie als Trainingsstätten, in denen Kommilitonen ausgebildet werden sollten nach einem strengen Plan mit folgenden Leitgedanken:

Der erste Leitgedanke: Es geht um direkte Aktion. Ein bestimmter Notstand – meistens handelt es sich um Probleme der zwischenrassischen Beziehungen – muß dramatisiert werden. Man darf sich dabei niemals auf vage Gerüchte und subjektive Eindrücke verlassen. Vielmehr ist der Notstand genauestens zu analysieren. Danach gilt es, die Bevölkerung des ausgewählten Operationsgebietes zu unterrichten über Methode und Zielsetzung der Aktion. Die Aktion braucht die Sympathien derer, die nicht an ihr teilnehmen, aber die beobachten.

Der zweite Leitgedanke: Zu Taten kann man erst übergehen, nachdem so lange und zäh wie möglich verhandelt worden ist. Wir wollen unsere Gegner für unsere Sache gewinnen, indem wir ihnen zeigen, daß unsere Sache ihre Sache und ihre Sache unsere Sache ist. Den Begriff »Sieg« kennen wir nicht. Er gehört in den Boxring. Bei einem Sieg bleibt eine der Parteien auf der Strecke. Wir aber wollen, daß von beiden etwas auf der Strecke bleibt, damit wir frei sind, gemeinsam weiterzugehen. Der Ort unserer Auseinandersetzung ist der Konferenztisch. Erreichen wir da nichts, haben wir uns zu besinnen, zu erforschen, um zu gewährleisten, daß die Aktionen, die wir nun einleiten, nicht vom Geist der Feindseligkeit bestimmt sind. Die besten Umgangsformen mit Gegnern erfindet die Liebe.

Der dritte Leitgedanke: Der Kampf um Rassengleichheit ist nicht harmlos. Er bringt unvermeidlich Leiden mit sich. Es kommt darauf an, Leiden zu akzeptieren. Zum Tun gehört das Dulden. Wir wissen, daß wir, wenn wir Gerechtigkeit zwischen Schwarz und Weiß herstellen wollen, durch Ströme von Blut hindurch müssen. Aber wir sind entschlossen, dafür zu sorgen, daß es – wenn es denn sein muß – nicht das Blut unserer Gegner ist.

Der vierte Leitgedanke: Das Ziel der direkten Aktion ist erst erreicht, wenn die beiden einander gegenüberstehenden Parteien zufrieden sind. Wir beabsichtigen keine Unterdrückung der Unterdrücker. Wir lehnen den umgekehrten Rassismus, zu dem wir permanent versucht werden, ab. Wir streben Versöhnung an. Versöhnung ist jedoch nicht Verwöhnung. Sie ist das Ergebnis harter Anstrengungen aller, die in den Kampf verwickelt sind.

Worte wie Leiden, Liebe, Versöhnung verlieren in Kings Mund jeden sentimentalen, auch jeden sakramentalen Beiklang. Sie sind Ausdrücke der Vernunft. Was nicht liebend praktiziert werden kann, muß unvernünftig sein – das war Kings Logik. Gewalt ist niemals auf Versöhnung aus, sondern auf Unterwerfung. Sie ist grundsätzlich autoritär, also antiemanzipativ. Sie schafft die Angst nicht aus der Welt, sondern ist ihr Produkt, bedient sich ihrer und vermehrt sie, bis sie unkontrollierbar gefährlich wird. Selbst die raffinierteste Instrumente verwendende Gewalt unterliegt irrationalen Gesetzmäßigkeiten. Wer ohne Gewalt politisch wirksam werden will, muß ihre Grundursachen durchschauen und ihnen begegnen können: er muß also Angst nehmen können. Seine Aufgabe ist die Verwandlung von verantwortungsloser Angst in angstlose Verantwortung.

Mit solchen – hier nur knapp und mit eigenen Worten skizzierten, von King wieder und wieder reflektierten und eingeprägten – Realideen haben viele Tausende das vielfältige Amt eingeübt: das Amt der informierten Aktion, der geduldigen Verhandlung, des angenommenen Leidens und der friedlichen Versöhnung. Was auf den ersten Blick aussieht wie eine politische Partei, war tatsächlich weit mehr: eine Lebensschule. In ihr studierte und probierte man neuartige Aktions- und Reaktionsweisen gegen jede Form von manifester und latenter Gewalt. Lernziel war eine Tugend des Entgegen- und Zuvorkommens. Man wollte durch Überlegung überlegen werden. Statt des Rückschlags antwortete man mit einem Vorschlag. Gewalt ist ein primitiver Reflex, gegen den man sich erziehen kann zu einer buchstäblich entwaffnenden Haltung, die einen instand setzt, den linken auch noch darzubieten, »so dir jemand einen Streich gibt auf deinen rechten Backen«. King bezeichnet dies Verfahren als »asymmetrisch«; es wird nicht Gleiches mit Gleichem vergolten, sondern eine gänzlich neue Relation geschaffen. Immer wieder hat er betont, daß Gewaltlosigkeit nicht nur ein Mittel der Unschädlichmachung einzelner Gewaltträger ist, sondern daß sie eine prinzipiell andere Einstellung verwirklicht, die alle die Gewalttätigkeit hervorbringenden und letztlich die Menschen selbstentfremdenden Denk- und Lebensstrukturen entschleiert, angreift und überholt. Gewaltlosigkeit ist tiefste Kritik der Verhältnisse, wie sie sind, ist Attacke gegen den Kult des Tatsächlichen, ist Antizipation einer Zukunft, die mehr ist als verlängerte Vergangenheit.

Jede bedeutende pazifistische Theorie und Praxis unseres Jahrhunderts hat Gandhi zum Paten. Gandhi war auch Kings Lehrer. Er war – eine recht rare Verbindung – Philosoph und Politiker in einer Person, Intellektueller und Staatsmann zugleich. In Gandhi erkannte King schon als Student das lebendige Vorbild einer Revolution großen Stils. Aus Interesse an Indien hat King Nehru besucht, kehrte aber enttäuscht zurück, um daheim aus klarerer Quelle zu schöpfen: aus Gandhis Schriften, die er als seine »Lebens- und Lehrbücher« stets zur Hand hatte und zitierte. King sah in Gandhi den »wahrscheinlich ersten Menschen in der Geschichte«, der Jesus – die Verkörperung liebenden Menschseins – und seine Ethik der Bergpredigt deprivatisiert und zu einem »positiven *gesellschaftlichen* Faktor« zu erweitern gewußt hat. Oft haben Religionen Macht spiritualisiert. Jesus aber hat Ohnmacht politisiert. Sein Leben und sein Sterben sind eine Mikrologie des Friedens. King hat am Kommunismus die Vernachlässigung des einzelnen, am Kapitalismus die Rücksichtslosigkeit gegenüber der Gemeinschaft beanstandet. Bei Jesus lernte er die maximale Bedeutung des Individuums für die Gesamtheit kennen. Bereits als kleiner Junge sang er: »I want to be like Jesu« – ich möchte gern wie Jesus sein. Das hieß für ihn konkret: Der vom Tod beherrschten Welt widersetze ich mich durch meine unbedingte Weigerung zu töten. Als Erwachsener empfand King eine zunehmende Nähe zu dem biblischen Jesus und eine zunehmende Ferne zu dem kirchlichen Christus. In diesen Zusammenhang gehört übrigens auch die Anziehungskraft, die hebräisches Denken auf ihn ausübte. Was für andere auseinanderklafft, etwa Altes und Neues Testament oder auch Sozietät und Person, das hat King zu einer schöpferischen Synthese vereinigt und ist damit zu einem Prototyp für eine Weltfrömmigkeit geworden, derer wir zu bedürfen scheinen.

Gandhi und King hatten in der Bergpredigt ebenso schlichte wie frappierende Thesen gelesen – zum Beispiel den Satz von dem Gott, der über Gute und Böse die Sonne scheinen und über Ungerechte und Gerechte den Regen fallen läßt. Das ist, hört man genauer hin, eine folgenschwere Behauptung. Sie bringt eine ständige Bezweiflung dessen mit sich, was man bisher für unumstößlich hielt. Wo soll ich denn hinkommen, wenn ich nicht einmal mehr meines Feindes gewiß sein kann? Der Feind, das ist in der Bergpredigt offenbar nicht zuerst jemand, den man woanders, sondern etwas, das man *vor allem bei und in sich selber* zu suchen hat. Deswegen hat es auch keinen Sinn, den Feind als etwas zu vergegenständlichen, was vernichtet werden muß oder was überhaupt von der Bildfläche verschwinden könnte. Er bleibt immer da. Der Glaube an die Möglichkeit der Ausrottung der Feinde ist der Glaube der Zeloten aller Zeiten. In der Bergpredigt wird er als Illusion enthüllt. Und mit den verblüffenden Aufforderungen und Einladungen zum liebenden Umgang mit Feinden wird der Grund gelegt für eine wahrhaft neue, keine weiche, keine vernebelnde, sondern eine kräftige, kritische, offensive Toleranz. Auf diesem Grund hat Gandhi, hat auch King seine Politik mit völlig andern als den üblichen Vorzeichen entwickelt und den Nachweis erbracht, daß es kein Hirngespinst ist, militärische und sonstige Gewaltinstitutionen zu ersetzen durch gewaltfreie Strategien. Wer nach Gandhi und King noch behauptet, es gäbe keine historischen Beispiele für waffenlose Umwälzungen, will einen Sachverhalt nicht zur Kenntnis nehmen nach der Devise, daß nicht sein kann, was nicht sein darf.

Es kann nicht anders sein: der sehr differenziert begründete, aber konsequent durchgehaltene Pazifismus Kings fand auch in der eigenen Umgebung nicht nur Zustimmung. Er wurde als »Martin Loser King« verspottet, als Martin Verlierer King. Dieser Titel hat ihn indes nicht verletzt, sondern veranlaßt zu erklären, daß »Widerstand und Ergebung« nicht zu trennen sind. Wer nicht zu verzichten bereit ist, wird zu vernichten geneigt sein. King wollte der tödlichen Zahn-um-Zahn-Mentalität entwachsen. Eine Frau stieß ihm, als er in einem Warenhaus Bücher signierte, einen scharfen japanischen Brieföffner lebensgefährlich zwischen die Rippen. Hätte er sich nicht bis zur Operation ganz und gar passiv, bewegungslos verhalten, er wäre gestorben. Die Polizei wollte ihn noch am Tatort um sein Einverständnis für die Strafanzeige ersuchen. Er winkte ab: Die Frau braucht einen Therapeuten, keinen Richter.

King wollte mit allem, was er dachte, sagte, machte, heute schon vor- und darstellen, was erst morgen möglich sein wird. Kommendes sollte vergegenwärtigt werden. Es sollte denen, die man überzeugen wollte, anschaulich vor Augen geführt werden, damit sie es mit Zutrauen, ohne Befremdung empfangen könnten. Friede muß nicht allein Ziel, er muß bereits Mittel sein. King setzte alle seine Kräfte gegen die Verwechslung einer konvulsiven mit der konstruktiven Revolution ein. Er propagierte und protegierte eine »Revolution der Werte«, die nicht bloß die Zustände, sondern auch die Menschen nicht lassen kann, wie sie sind. Er konzipierte die Revolution von einem »neuen Tag« her, den er – wie er so oft in seinen Reden berichtet hat – »vom Berge aus« gesehen hatte. King hatte Phantasie und war doch kein Phantast. Er war ein Mann mit einem Traum und doch kein Träumer.

Was er meinte, wenn er vom verheißenden Land sprach, verstand seine Umgebung genau. Er sah dies Land nicht *über* sich, sondern *vor* sich. Das war keine metaphysische, sondern metaphorische Sprache. Das Land, vom Berge aus zu sehen, das »gelobte« Land, war gleichbedeutend mit jenem Morgen, das Ernst Bloch »Heimat« genannt hat. Das ›Prinzip Hoffnung‹ schließt mit dem Wort Heimat. Heimat ist nicht Her-, sondern Zukunft. Statt ihr nachzutrauern, muß man ihr entgegensehen und -gehen.

King hatte die Vision, daß alle Menschen, Sklaven wie Sklavenhalter, Schwarze wie Weiße, Chinesen, Russen und Amerikaner, Juden, Moslems und Hindus, sich gemeinsam an den »Tisch der Brüderlichkeit« begeben, um miteinander zu teilen, was die Erde für sie wachsen läßt. Häufig benutzte er das Bild vom »Haus der Welt« und erzählte gern die Parabel von einer Familie, die verarmt, zerstritten und verstreut in verschiedenen Gegenden lebt und ein prächtiges Schloß erbt mit der Auflage, daß alle unter ein Dach ziehen und eine verträgliche Gemeinschaft bilden. Erbe verpflichtet. Und wir sind alle Erben. Ohne solche Schalom-Vision, für deren Veranschaulichung King Allegorien von der Kraft der Propheten des Alten Testaments erfand, wäre er in das »Loch der Traurigkeit« gefallen. Die Vision hat ihn jedoch dem Alltag nicht entrückt, sondern sie hat seinen Blick für ihn und seine Beschaffenheit geschärft. Aus der Spannung zwischen dem, was *ist*, und dem, was sein *sollte, müßte, könnte,* bezog er seine politische Nüchternheit, die eine geglückte Symbiose aus Geduld und Ungeduld, aus Ausdauer und Spontaneität, aus Optimismus und Skepsis war.

Gern hätte man King zu einem Apostel milder Gewaltlosigkeit oder gar zu einem Schutzpatron von law and order stilisiert. Doch damit ging und geht man einer Provokation aus dem Weg. Man übersieht die radikalen Aspekte seiner politischen Theorie. King war ein militanter, kein bürgerlicher Pazifist. Wer meint, so schrieb er, Pazifismus sei eine »Methode für Feiglinge«, verdreht die Wahrheit; denn die Tapferkeit zum Frieden verlangt ungleich mehr Mut als die Tapferkeit zum Krieg. Allerdings quälte King jener düstere Mechanismus, dem er selber zum Opfer gefallen ist: daß nämlich das Vernünftige das Unvernünftige hervorzulocken scheint, daß die Konfrontation mit Gewaltlosigkeit Instinkte der Gewalt weckt und eine Zerstörungslust entstehen läßt, weil die »volle Häßlichkeit der Gewalt eben gerade im Spiegel der Freiheit von Gewalt« zum Vorschein komme. Man könnte Hölderlins Satz umkehren: Wo das Rettende ist, wächst Gefahr auch. Deswegen muß Pazifismus als eine Gratwanderung beschrieben werden. Jeder Schritt ist riskant und will bemessen sein. Ein noch so friedfertiger Mensch kann oder muß sogar zum Werkzeug der Gegenseite werden, wenn er sich einverleiben läßt in ein Moral- und Sozialgefüge, das nicht anders als durch Gewalt – und zwar meistens legalisierte Gewalt – zu überdauern imstande ist. Der Pazifist muß, ohne seine Absicht preiszugeben, von vornherein die Folgen, den Erfolg mitkalkulieren, damit er nicht im Namen der Gewaltlosigkeit am Ende bloß Gewalt und ihre Nutznießer unterstützt.

Weil King diese Ambivalenz des Pazifismus, den er im übrigen niemals als »das Gute«, sondern stets nur als das »geringere Übel« definiert hat, bewußt war, verlangte er die Benennung »glasklarer Ziele« bei jeder Aktion. Seine Kampfmaßnahmen waren ebenso einfallsreich wie wirkungsvoll. King plante »Störungen« ohne »Zerstörungen«. »Bleibt unsere Arbeit frei von Gewalt, so kann sie, ohne daß ein Streichholz angezündet oder ein Schuß abgefeuert wird, erdbebenartige Ausmaße annehmen.« Er konnte zum »Ungehorsam«, ja zum Massenungehorsam aufrufen, niemals jedoch zum Abbruch von Kommunikation. Er warnte seine Freunde vor einer »Guerillaromantik« und sorgte in seiner Umgebung für streng rationale Operationen. Radau ist nicht schon radikal. Die Randalierer nannte er reaktionär, weil ihren Feinden zu ähnlich.

King geriet, wen wundert's, zwischen die Stühle. Er geriet in eine prekäre Lage zwischen den Vertretern dieser und jener, linker und rechter Gewalt. Auch die »Gewalt der Verteidigung« (Herbert Marcuse) mochte er nicht als Verteidigung der Gewalt anerkennen. Alle Rückfragen, ob nicht doch bestimmte Verhältnisse die Anwendung von Gewalt zuließen oder gar erzwängen, hat er für seine Person und für seinen Auftrag immer energischer abgewiesen. Gewalt erzeugt nichts Besseres als Gewalt.

Der Sommer 1963 brachte King, nach Jahren der Überanstrengung, eine gewisse Entspannung. Er konnte froh sein über sichtbare Resultate. Er unterstützte John F. Kennedys Bürgerrechtsvorlage im Kongreß mit einer großen, friedlichen Demonstration am Lincoln-Denkmal in Washington. Der anschließende Besuch im Weißen Haus stimmte ihn optimistisch. Aber drei Monate später wurde die aufkeimende Hoffnung gedämpft. Es kam der 20. November. »The President John Fitzgerald Kennedy is dead.« Die Kings sind wie gelähmt. Die Tochter kommt weinend aus der Schule; sie fühle sich nun wieder vogelfrei, erklärt sie den Eltern. King zu seiner Frau: »So wird es mir auch ergehen. Ich sage dir, dies ist eine kranke Gesellschaft.« John und ebenso Robert Kennedy hatten King nicht nur persönlich vielfach geholfen, sondern sie standen sich auch sachlich, vor allem in Fragen der Innenpolitik, nahe. Nach dem Präsidentenmord befiel die Bürgerrechtsbewegung eine schwere Depression. »Dieser Schuß«, so King, »galt und traf nicht zuletzt uns.«

Es folgte ein Jahr der Belastung und Hektik. An seinem Ende freilich stand ein Ereignis, das King und seine Anhänger beglückte. Er nahm am 11. Dezember 1964 den Friedensnobelpreis in Empfang. Das Geld kam vollständig der Bürgerrechtsbewegung zugute. Die Dankansprache Martin Luther Kings und die öffentliche Rede, die er in Oslo hielt, waren mondiale Friedensvorlesungen, das Publikum die ganze Welt. Nicht primär die Rassenfrage, das Universum war sein Thema. King hat auf Zusammenhänge, niemals allein auf Details Wert gelegt, ohne sie deswegen aus den Augen zu verlieren. Sein Kampf war dem »riesigen Trio Rassismus, Materialismus und Militarismus« angesagt. Die asozialen Zustände zu Hause und die Kriegführung in Vietnam hat er als eine unselige Einheit verstanden und gebrandmarkt. Je unverhohlener King auf die geheimen Bündnisse der amerikanischen Gesellschaft hinwies, um so rapider sank der einst so hoch eingestufte Beliebtheitsgrad. So fiel die Reaktion auf die Verleihung des Friedensnobelpreises und auf Kings bedeutendste Rede in seiner Heimat seltsam zwiespältig aus.

Wer war dieser Martin Luther King? So tätig er war (man bezeichnete ihn als »Man on the go«, weil er in einem Jahr 780000 Meilen reiste und 250 Reden hielt) – so tätig er also war, ein Tatmensch war er nicht. Er machte eher den Eindruck eines Grüblers. Unendlich ernst, etwas schwermütig, den Blick oft in die Ferne gerichtet, nachdem er die Dinge in der Nähe kurz und eindringlich aufgenommen und sorgfältig eingeschätzt hatte. Sollte ein Lächeln über sein Gesicht gehuscht sein, so wischte er es rasch wieder weg – als wäre es ein Versehen gewesen. Immer waren die Skrupel bei ihm. Er verdächtigte sich beständig der Korruption, um sich vor ihr zu bewahren. Er litt unter dem Druck des Bekanntseins. Rückten ihm die Fernsehkameras auf den Leib, so wußte er nicht, wo die Hände lassen. Dem Scheinwerferlicht entging er, wo er nur konnte, und Vortragsveranstaltungen und Gefängnisse (er war mehr als dreißigmal verhaftet) verließ er durch Hinterausgänge. Ein Mann, der jederzeit ins Weiße Haus konnte, aber auf den Straßen der Südstaaten besser Polizeibewachung beanspruchte, der vom Papst und von Regierungschefs gern in Audienz empfangen wurde, aber den der erstbeste Kneipenwirt um die Straßenecke mißtrauisch beobachtete und lieber gehen als kommen sah. Guckt man Kings Fotos an, wie er, Hand in Hand mit seinen Mitarbeitern, Freedom-Songs singt, so ist er ohne Zweifel das Zentrum der Gruppe; dennoch hat man den Eindruck, daß ihm die Texte manchmal banal erscheinen, daß die leiernden Melodien der populärsten Lieder ihm abscheulich in den Ohren klingen, daß er nicht wirklich dazugehört und eigentlich lieber woanders wäre. Wenige haben erkannt, ein wie sensibler und verwundbarer Mensch er war. Er war jemand, der von früh an wußte, daß er sein Leben lang gefährdet sein würde. Mit dreizehn Jahren hatte er schon zwei Selbstmordversuche hinter sich. King galt als »schwarzer Unruhestifter«. Eine Gruppe von Pfarrern warf ihm öffentlich Extremismus vor. In einer im Gefängnis auf Toilettenpapier geschriebenen Erwiderung fragte er zurück: »War Jesus kein Extremist?« Aber nicht die Unruhe nur und die Dissonanz, auch Ruhe, auch Einklang gehörten zu ihm. Wie Albert Einstein nahm er an und ließ sich von diesem Gedanken erfüllen, daß es »eine schöpferische Kraft in unserem Weltall gibt, die am Werk ist, die getrennten Erscheinungen der Wirklichkeit zu einem harmonischen Ganzen zusammenzufassen«.

Dieser Martin Luther King – Hans Hoekendijk charakterisierte ihn als eine bizarre Kombination von Rollen: Leiter, Symbol, Opfer –, er ließ sich nicht irritieren. Er war die leibhaftige Widerlegung des Klischees, das man von einem Neger hat: Er gab sich gepflegt, hatte beste Manieren, war ein ausgezeichneter Tänzer, wurde ob der sorgfältigen Wahl seiner Kleidung mit dem Spitznamen »Tweed« bedacht. Trotz sportlicher und streitbarer Veranlagung verzichtete er von Jugend an auf Selbstverteidigung, galt als stoisch, wurde wegen seines Gleichmuts bestaunt. Aber seit Kindertagen hat ihn die große Mißachtung der Schwarzen durch die Apartheitsfanatiker tief gekränkt. Mehr als einmal war er im Begriff, in blinder Wut loszuschlagen. Man hörte den Schmerz in seiner Stimme, wenn er darüber sprach. Und das war dann der Schmerz seines Volkes, dem er Ausdruck gab. Er machte sich zur Stimme derer, die keine haben.

Was mag diesen Menschen in eine so merkwürdige Situation gebracht haben? In seiner Grabrede, das wünschte er sich, sollte nichts weiter über ihn, nur dies vielleicht gesagt werden: *Ich habe versucht zu lieben.* Ja, und wenn man denn wolle, so dürfe man ihn einen Trommler nennen, einen Trommler für mehr Gerechtigkeit, einen Trommler für mehr Frieden. Tatsächlich wird man zugeben müssen, daß es nicht zuerst seine Ideen waren, die King Bedeutung verliehen haben. Wir können bei ihm nicht viel finden, was nicht andere schon vorgedacht hätten. Darauf hat er sich auch stets berufen. Ein imponierender Redner, ein »Trommler«, war er gewiß. Aber das erklärt noch nicht seine Wirkung und Nachwirkung. Um Politiker zu sein, war er zu nachdenklich. Für die Studierstube wiederum war er zu pragmatisch. King selbst hätte wohl gesagt, daß er seine Position dem Zeitgeist zu verdanken habe. Es war soweit in der Geschichte, die Stunde war gekommen, und nun mußte geschehen, was geschehen ist. Doch auch dies ist nur mit einer Randbemerkung richtig: Er hat die Herausforderung, die ihm von der Situation zugespielt worden war, auch wirklich angenommen. Er war ein Mensch äußerster Empfindlichkeit und Empfänglichkeit.

King hatte einen Lieblingsgedanken, mit dem er eine schöne Summe seines Denkens formuliert hat: den Gedanken von der Dreidimensionalität des Lebens. In Ansprachen hat er diesen Gedanken hundertfach, und zwar aus dem Stegreif, variiert. Die drei Dimensionen muß man partout als Zusammenspiel begreifen. Für sich allein genommen, verfälscht jede die Wahrheit. Sie ergänzen, sie bedingen, sie beleben einander. King entnahm diesen Gedanken der Apokalypse: »Die Länge und die Breite und die Höhe der Stadt sind gleich.« So wird das künftige Jerusalem beschrieben. An dieser Stadt wollte King mitbauen. In ihr würde sich leben lassen. Das Bild fand er unerschöpflich.

Die Länge, das ist die Selbsterfüllung, die Ichfindung, die eine Entwicklung, ein *Weg*, nicht ein Besitz ist. Die Breite, das ist die Anteilnahme, die Nachbarlichkeit, die Brüderlichkeit, die Dufindung. Und die Höhe, das ist die Öffnung, die Hoffnung, die Erkenntnis der Unverfügbarkeit, der Unfertigkeit, die Einsicht, daß vieles im Leben von weither kommt und daß alles, was ist, nicht alles ist, also auch anders, sogar schöner werden kann.

Mit seinem Talent, Herz und Hirn, Ergriffenheit und Begrifflichkeit in die Balance zu bringen, wußte King über die Gleichzeitigkeit der drei Dimensionen und über ein Leben, in dem sie in Hülle und Fülle entfaltet werden, begeistert und begeisternd zu reden. In der St. Paul's Cathedral in London, wo er seine Reise nach Oslo unterbrach, hat er auch über die Länge und die Breite und die Höhe der Stadt gepredigt. In der ersten Reihe saß ganz hingerissen inmitten der gespannt, aber wohlerzogen zuhörenden Honoratiorengemeinde Martin Luther King sen., also der gute alte Daddy King, der ihn begleitete, und er murmelte unter Aufwand außergewöhnlicher Beherrschung vor sich hin, was er daheim, in seiner Baptistenkirche, zweifellos laut dazwischengerufen hätte: »Sag es deutlich, mein Sohn, sag's deutlich!«

Leider gelingt es unsereinem nie oder selten, es so deutlich, wie es nötig wäre, zu sagen. Ich schließe deswegen nicht mit meinen, sondern mit geliehenen Worten, mit den Versen, die der emigrierte russische Lyriker Jewgenj Jewtuschenko in Mexiko hinschrieb, als er die Nachricht vom Mord an Martin Luther King erhielt:

> Er war ein Neger, aber weiß wie Schnee,
> und rein war seine Seele.
> Er wurde getötet von Weißen
> mit schwarzen Seelen.
> Als ich's erfuhr,
> traf mich die gleiche Kugel.
> Ihn tötete die Kugel,
> doch mich gebar sie neu,
> gebar mich als einen Neger.

Biographische Angaben

Albert Einstein (1879–1955)
Er wurde am 14. März 1879 in Ulm geboren. Von 1896 bis 1900 studierte er an der Eidgenössischen Polytechnischen Schule in Zürich und arbeitete ab 1902 als »Experte Dritter Klasse« am Eidgenössischen Patentamt in Bern. 1905 veröffentlichte er seine bahnbrechenden Arbeiten zur Quantentheorie und Relativitätstheorie. Auf die Berufung nach Zürich 1909 folgte 1911 ein Jahr in Prag. 1912 kehrte er nach Zürich zurück. Ab 1913 arbeitete er für die Preußische Akademie der Wissenschaften und als Direktor des Kaiser-Wilhelm-Instituts für Physik in Berlin. In den Jahren 1914 und 1915 begründete er die allgemeine Relativitätstheorie. Rückwirkend auf 1921 erhielt er 1922 den Nobelpreis für Physik. 1933 emigrierte er nach den USA, wo er in Princeton arbeitete. Obwohl er an der Entwicklung von Atomwaffen mitgewirkt hatte, engagierte er sich ab August 1945 in der Friedensbewegung. Nach einem Kreislaufkollaps starb Einstein am 18. April 1955 in Princeton.

Mohandas Karamchand Gandhi (1869–1948)
Am 2. Oktober 1869 wurde Gandhi als Mitglied der Kaste der Kaufleute in Probandar (Kathiawar) geboren. Von 1888 bis 1891 studierte er Jurisprudenz in London. 1893 wurde er von einer Anwaltskanzlei nach Südafrika entsandt, wo er sich zum politischen Führer der indischen Einwanderer entwickelte. In den Jahren von 1906 bis 1914 bildete er seine gewaltfreien Kampfmethoden bei der Organisation des Widerstandes gegen die diskriminierende Gesetzgebung der südafrikanischen Regierung heraus. Zwischen 1919 und 1947 stand Gandhi in Indien an der Spitze der nationalen Unabhängigkeitsbewegung gegen die Engländer, die 1947 zum Erfolg führte. Mit der Teilung des Landes in Pakistan und Indien konnte er sich bis zuletzt nicht abfinden. Am 30. Januar 1948 wurde er von einem Hindu-Fanatiker erschossen.

Dag Hammarskjöld (1905–1961)
Am 29. Juli 1905 wurde er in Jönköping (Südschweden) geboren. Er war von 1936 bis 1945 Staatssekretär im Finanzministerium, 1941 und 1942 Präsident des Reichsbahndirektoriums. Im Außenministerium arbeitete er von 1949 bis 1951 als Unterstaatssekretär, von 1951 bis 1953 als stellvertretender Minister. Im April 1953 erfolgte die Wahl zum UN-Generalsekretär, der sich eine Wiederwahl im September 1957 anschloß. In dieser Tätigkeit war Hammarskjöld bemüht, das Gewicht der Vereinten Nationen 1956 in der Suez- und

Ungarnkrise und 1960/61 in der Kongokrise als friedensbewahrende Macht zu erhalten und zu stärken. Am 17. September 1961 kam er bei einem ungeklärten Flugzeugabsturz in Afrika ums Leben. Posthum wurde er noch im gleichen Jahr mit dem Friedensnobelpreis ausgezeichnet.

ROBERT HAVEMANN (1910–1982)
Er wurde am 11. März 1910 in München geboren. Nach dem Schulbesuch studierte er Chemie. 1932 trat er in die KPD ein. 1935 promovierte er, 1943 habilitierte er sich. Wegen Angehörigkeit zu einer Widerstandsbewegung wurde er 1943 vom Volksgerichtshof zum Tod verurteilt, die Vollstreckung jedoch aufgeschoben. Nach dem Krieg leitete er das Kaiser-Wilhelm-Institut in Berlin-Dahlem. Ab 1946 war er Mitglied der SED. Aufgrund eines Artikel gegen die amerikanische Wasserstoffbombe erfolgte 1950 die fristlose Entlassung aus dem Kaiser-Wilhelm-Institut; Havemann wurde Direktor des Physikalisch-chemischen Instituts der Humboldt-Universität in Ost-Berlin. Er war Mitglied der Volkskammer der DDR von 1950 bis 1963. Aufgrund seiner von der offiziellen Parteilinie abweichenden Veröffentlichungen (vor allem ›Dialektik ohne Dogma‹, 1964) wurde er 1964 aus der SED ausgeschlossen, von der Hochschule vertrieben, seiner Akademiemitgliedschaft beraubt und immer neuen Schikanen ausgesetzt. Er stand zweitweilig unter Hausarrest. In den letzten Lebensjahren bemühte er sich verstärkt um eine unabhängige Friedensbewegung in der DDR. Am 9. April 1982 ist er in Grünheide gestorben.

GUSTAV HEINEMANN (1899–1976)
Er wurde am 23. Juli 1899 in Schwelm, Westfalen, geboren. Nach dem Studium der Rechtswissenschaft, Volkswirtschaft und Geschichte in Münster, Marburg und München war er als Rechtsanwalt und Justitiar tätig. 1936 bis 1949 war er Bergwerksdirektor der Rheinischen Stahlwerke in Essen. Während der NS-Zeit unterstützte er die Bekennende Kirche als einer ihrer Organisatoren. Mitbegründer der CDU in Essen, war er dort von 1946 bis 1949 Oberbürgermeister, 1947 und 1948 auch Justizminister von Nordrhein-Westfalen. Er war Präses der Synode der Evangelischen Kirche in Deutschland von 1949 bis 1955. 1949 wurde er zum Bundesinnenminister ernannt, gab das Amt aber aus Protest gegen Adenauers Wehrpolitik, der Wiederbewaffnung der Bundeswehr, 1950 zurück und trat 1952 schließlich aus der CDU aus, um zusammen mit Helene Wessel die Gesamtdeutsche Volkspartei zu gründen. 1957 trat er in die SPD ein und wurde Mitglied des Bundestages. Als Justizminister der großen Koalition 1966 bis 1969 reformierte er das Strafrecht. 1969 bis 1974 war er Bundespräsident. Am 7. Juli 1976 starb er in Essen.

Martin Luther King (1929–1968)
Am 15. Januar 1929 wurde er in Atlanta, Georgia, geboren. Auf Wunsch seines Vaters wurde er Pastor. Seine wichtigsten theologischen Lehrer waren Walter Rauschenbach und Reinhold Niebuhr. In Boston wurde er Doktor der Philosophie und der Theologie, später Ehrendoktor mehrerer Universitäten. Er heiratete die Konzertsängerin Coretta Scott King. 1954 wurde er Pastor in Montgomery, Alabama. Ein Jahr später begann er seine politische Tätigkeit in der Bürgerrechtsbewegung. 1957 wurde er Leiter der Southern Christian Leadership Conference. King führte zahlreiche Demonstrationen durch, unter anderem 1962 in Birmingham, Alabama, und 1963 den Marsch auf Washington. Er wurde mehrfach inhaftiert und von diversen Mordanschlägen bedroht. 1964 erhielt er als Führer der friedlichen Rassenintegration den Friedensnobelpreis. Am 4. April 1968 wurde er in Memphis, Tennessee, ermordet.

Karl Liebknecht (1871–1919)
Am 13. August 1871 wurde Karl Liebknecht in Leipzig geboren. Ab 1899 arbeitete er als Rechtsanwalt in Berlin. 1902 wurde er Stadtverordneter, 1907 Mitglied des Preußischen Abgeordnetenhauses und 1912 des Reichstages. Er war Führer des linken Flügels der SPD und 1907 Mitbegründer der Sozialistischen Jugendinternationale. Als einziger Reichstagsabgeordneter lehnte er 1914 die Kriegskredite ab. Anfang 1915 wurde er als Armierungssoldat eingezogen und im Januar 1916 aus der sozialdemokratischen Reichstagsfraktion ausgeschlossen. Am 1. Mai 1916 demonstrierte er auf dem Potsdamer Platz in Berlin gegen den Krieg, woraufhin er zu über vier Jahren Zuchthaus verurteilt wurde. Im Oktober 1918 wurde er begnadigt. Er war Mitbegründer der ›Gruppe Internationale‹ des späteren Spartakusbundes. Am 9. November 1918 proklamierte er die sozialistische Republik. Im gleichen Jahr war er an der Gründung der KPD beteiligt. Beim Januaraufstand der Spartakisten 1919 wurde Liebknecht festgenommen und auf einem Transport zusammen mit Rosa Luxemburg von Freikorpssoldaten ermordet.

Albert John Luthuli (um 1898–1967)
Er wurde um 1898 in Rhodesien geboren. Der christliche Angehörige eines Zulu-Stammes wurde Lehrer. 1936 wurde er zum Häuptling des Umvoti-Missionsreservats gewählt und 1952 zum Präsidenten des 1960 verbotenen Afrikanischen Nationalkongresses. Er vertrat den gewaltlosen Widerstand gegen die Apartheid-Politik und wurde 1953 zum ersten Mal von der rassistischen Regierung Südafrikas geächtet. 1956 begann ein Prozeß wegen Hochverrats gegen ihn, 1957 wurde der Busboykott organisiert, 1959 der Kartoffelboykott. In diesem Jahr wurde Luthuli der Zwangsaufenthalt in Stranger zugewiesen. 1961 wurde er mit dem Friedensnobelpreis ausgezeichnet. Am 21. Juli 1967 starb er durch einen mysteriösen Zugunfall.

Helmuth James von Moltke (1907–1945)
Als Sohn einer südafrikanischen Mutter wurde Moltke am 11. März 1907 auf einem Landgut in Kreisau (Schlesien) geboren. Er studierte Rechtswissenschaften, wollte in der NS-Zeit allerdings nicht als Richter arbeiten. 1931 heiratete er Freya Deichmann. Bei Kriegsausbruch wurde er in die völkerrechtliche Gruppe der Auslandsabwehr (Canaris) aufgenommen. Er war Mitbegründer des sogenannten Kreisauer Kreises des deutschen Widerstandes. Im Januar 1944 wurde er verhaftet und am 11. Januar 1945 vom Volksgerichtshof zum Tod verurteilt. Am 23. Januar 1945 wurde er in Berlin-Plötzensee hingerichtet.

Abraham Johannes Muste (1891–1966)
1885 wurde Muste in Holland geboren. Er emigrierte 1891 nach Amerika. Von 1909 bis 1917 war er als Pfarrer der Reformierten Kirche tätig, ein Amt, das er wegen seiner pazifistischen Überzeugungen im Dezember 1917 verlor. 1919 organisierte er die Streikaktionen der Textilarbeiter. Von 1921 bis 1933 war er Leiter des Erziehungsprogramms am Bookward Labor College und hatte 1933 bis 1936 führende Positionen in kleinen revolutionären Arbeiterparteien inne. Nach seiner Rückkehr zur pazifistischen Arbeit in der International Fellowship of Reconciliation im Jahr 1936, engagierte er sich in gewaltfreien Aktionen der Bürgerrechtsbewegung und war Koordinator der Anti-Vietnam-Bewegung. Kurz nach seinem Besuch der Kriegsschauplätze Vietnams starb er 1966.

Alva Myrdal (1902–1986)
Als Alva Reimer wurde sie am 31. Januar 1902 in Uppsala, Schweden, geboren. Sie studierte von 1923 bis 1934 in Schweden, den USA und der Schweiz in der Hauptsache Sozialpsychologie. 1924 heiratete sie Gunnar Myrdal. Zusammen mit ihrem Mann veröffentlichte sie 1934 das sozialpolitische Reformprogramm ›Krise in der Bevölkerungsfrage‹. 1936 bis 1948 war sie Rektorin der Sozialpädagogischen Hochschule in Stockholm. 1949 war sie Chefin der UN-Abteilung für soziale Fragen, 1951 bis 1955 der UNESCO-Abteilung für Sozialwissenschaften. Als Botschafterin war sie 1955 bis 1961 in Indien, Burma, Ceylon und Nepal tätig. Seit 1962 war sie Mitglied des schwedischen Reichstages, 1962 bis 1973 schwedische Chefdelegierte bei den Abrüstungsverhandlungen in Genf und New York, Mitbegründerin und zeitweise Vorsitzende des Internationalen Friedensforschungsinstitutes in Stockholm, 1967 bis 1973 Staatsministerin für Abrüstungsfragen. Den Friedenspreis des Deutschen Buchhandels erhielt sie (zusammen mit ihrem Mann) 1970, 1981 den Alternativen Nobel-Preis des norwegischen Volkes und 1982 den Friedensnobelpreis (zusammen mit Alfonso Garcia Robles). Alva Myrdal starb am 1. Februar 1986 in Stockholm.

Carl von Ossietzky (1889–1938)
Am 3. Oktober 1889 wurde Ossietzky in Hamburg geboren. Er war politischer Publizist, entschiedener Pazifist und Mitarbeiter der Deutschen Friedensgesellschaft. Als Redakteur arbeitete er von 1920 bis 1922 für die ›Berliner Volks-Zeitung‹, 1924 bis 1926 für die Zeitschrift ›Das Tagebuch‹. Ab 1926 war er Herausgeber der ›Weltbühne‹. Wegen »Landesverrats« und »Verrats militärischer Geheimnisse« wurde Ossietzky 1931 im ›Weltbühne‹-Prozeß zu 18 Monaten Haft verurteilt. Nach dem Reichstagsbrand 1933 wurde er von der Gestapo verhaftet und 1934 in ein KZ überführt. 1935 erhielt er den Friedensnobelpreis, den er nicht selbst entgegennehmen konnte. An den Folgen der KZ-Haft ist er am 4. Mai 1938 in Berlin gestorben.

Oscar Arnulfo Romero (1917–1980)
Am 15. August 1917 wurde er in Ciudad, El Salvador, geboren. Dem Theologiestudium an der Gregoriana in Rom folgte 1942 die Priesterweihe. In seiner Heimatdiözese San Miguel arbeitete er als Dorfpfarrer, Bischofssekretär und Generalvikar. In San Salvador war er als Rektor des interdiözesanen Priesterseminars tätig. 1966 wurde er Generalsekretär der salvadorianischen Bischofskonferenz. Die Bischofsweihe erhielt er im April 1970. Er war Weihbischof im Erzbistum San Salvador, ab 1974 Bischof der neu errichteten Diözese Santiago de Maria und ab 1977 Erzbischof von San Salvador. 1978 verlieh ihm die Universität Georgetown in Washington, 1980 die Universität Löwen, Belgien, die Ehrendoktorwürde. Im März 1980 zeichnete die Arbeitsgemeinschaft der schwedischen Kirchen Romero mit ihrem Friedenspreis aus. Am 24. März 1980 wurde er am Altar in einer Kirche in San Salvador erschossen.

Bertrand Russell (1872–1970)
Russell wurde am 18. Mai 1872 in Trelleck (Wales) geboren. 1910 bis 1916 war er Dozent in Cambridge. Als entschiedener Pazifist forderte er im Ersten Weltkrieg zur Kriegsdienstverweigerung auf, woraufhin er eine sechsmonatige Haftstrafe verbüßen mußte und seine Professur verlor. 1945 veröffentlichte er eine ›Geschichte der westlichen Philosophie‹, die in Großbritannien und den USA zum Bestseller wurde. 1950 erhielt er den Nobelpreis für Literatur. Er bot sich 1962 bei Staatsoberhäuptern und U Thant, dem Generalsekretär der UNO, als Vermittler an, um die Cuba-Krise und den chinesisch-indischen Grenzkonflikt zu beendigen. Zur Förderung der Friedensarbeit gründete er 1963 das Bertrand-Russell-Friedensinstitut in London. In den späten sechziger Jahren attackierte er neben seinem Engagement gegen Atomwaffen die amerikanische Vietnam-Politik und die Intervention des Warschauer Pakts in der Tschechoslowakei. Er war Mitbegründer des Internationalen Kriegsverbrechen-Tribunals. Am 2. Februar 1970 starb Russell in Penhydendreath (Wales).

Albert Schweitzer (1875–1965)
Er wurde am 12. Januar 1875 in Kayersberg im Elsaß geboren. Von 1893 bis 1902 studierte er, 1903 bis 1906 war er Stiftsdirektor am Collegium Wilhelmitanum. In Straßburg wurde er 1912 Privatdozent. 1913 ging er als Missionsarzt nach Lambarene (Gabun) und gründete dort ein Tropenhospital, wo er bis zu seiner Internierung 1917 arbeitete. Die Finanzierung des Spitals wollte er durch Orgelkonzerte, Vortragsreisen und schriftstellerische Arbeit sichern. 1918 kehrte er nach Straßburg zurück. 1924 nahm er die Spitalarbeit in Lambarene wieder auf. Er erhielt 1951 den Friedenspreis des deutschen Buchhandels, 1952 den Friedensnobelpreis und 1954 den Orden der Friedensklasse des Pour le mérite. Bis zu seinem Tod am 4. September 1965 arbeitete er in Lambarene.

Bertha von Suttner (1843–1914)
Als Gräfin Kinsky wurde sie am 9. Juni 1843 in Prag geboren. 1876 heiratete sie Freiherr Arthur Gundaccar von Suttner (1850–1902). Ihr großer schriftstellerischer Erfolg, der Roman ›Die Waffen nieder!‹, erschien 1889. Ihm folgten weitere Arbeiten im Dienste der Friedensbewegung. Bertha von Suttner war Alfred Nobel freundschaftlich verbunden und wurde zur Anregerin und Organisatorin der Friedensbewegung im österreichischen und deutschen Raum. 1891 gründete sie die Österreichische Gesellschaft der Friedensfreunde und nahm als deren Präsidentin an zahlreichen Friedenskongressen teil. Zudem war sie Vizepräsidentin des Internationalen Friedensbüros in Bern. 1905 erhielt sie den Friedensnobelpreis. Am 21. Juni 1914 starb sie in Wien.

Die Autoren

GÜNTER ALTNER
Ordentlicher Professor an der Pädagogischen Hochschule Koblenz. Geboren 1936 in Breslau, danach Studium der Theologie und der Biologie, Promotion in beiden Fächern. 1971–1973 Professor für Humanbiologie an der Pädagogischen Hochschule Schwäbisch Gmünd, seit Frühjahr 1977 Professor für ev. Theologie an der Erziehungswissenschaftlichen Hochschule Rheinland-Pfalz, Abt. Koblenz, Mitglied im Institut für angewandte Ökologie e. V. Freiburg, seit Frühjahr 1979 Mitglied der Enquete-Kommission des Deutschen Bundestages »Zukünftige Kernenergiepolitik«.

THEODOR EBERT
Geboren 1937, Friedensforscher an der Freien Universität Berlin, Stellvertretender Vorsitzender des Versöhnungsbundes e. V. und Mitglied der Synode der EKD, Schriftleitung von ›Gewaltfreie Aktion. Vierteljahreshefte für Frieden und Gerechtigkeit‹.

ELISABETH ENDRES
1934 in München geboren, studierte Germanistik und Geschichte in München, Fribourg (Schweiz) und Zürich. Von 1967 bis 1969 Kulturkorrespondentin in London. Als Literaturkritikerin Mitarbeiterin u. a. beim ›Merkur‹, ›Vorwärts‹, bei der ›Deutschen Zeitung‹, ›Frankfurter Allgemeinen Zeitung‹, ›Süddeutschen Zeitung‹ sowie bei Rundfunkanstalten. Von Beginn an Mitglied der Kritikerjury der Bestenliste des Südwestfunks. Publikationen: ›Jean Paul, die Struktur seiner Einbildungskraft‹ (1961), ›Autorenlexikon der deutschen Gegenwartsliteratur 1945–1975‹ (1975), ›Die Literatur der Adenauerzeit‹ (1980), ›Edith Stein – Christliche Philosophin und jüdische Märtyrerin‹ (1987); außerdem zahlreiche Aufsätze in Sammelbänden.

WALTER FABIAN
Geboren 1902 in Berlin. Nach Studium (1924 Promotion) Tätigkeit als Verlagslektor, Redakteur, Kritiker, freier Publizist. Daneben seit 1960/61 Lehrauftrag als Honorarprofessor für Erwachsenenbildung und außerschulische Jugendarbeit an der Universität Frankfurt am Main. Während der NS-Zeit im Widerstand, später im Exil (CSSR, Frankreich, Schweiz). 1960–1975 Mitglied des Deutschen Presserats. Seit 1965 Präsidiumsmitglied des PEN-Zentrums Bundesrepublik Deutschland. 1969 bis 1973 Bundesvorsitzender der Humanistischen Union. Seit 1971 erster Vorsitzender, seit 1977 Ehrenpräsident der Deutsch-Polnischen Gesellschaft der BRD. Träger der Carl-von-Ossietzky-Medaille (1971). Seit 1985 Ehrenpräsident des PEN-Zentrums der Bundesrepublik.

Ossip K. Flechtheim

Geboren 1909 in Nikolajew (Rußland), seit 1910 in Deutschland, 1927 bis 1931 Studium der Rechts- und Staatswissenschaften an den Universitäten Freiburg (Breisgau), Paris, Heidelberg, Berlin und Köln. Dr. jur. 1931, bis 1933 Referendar. 1933 Entlassung aus politischen und »rassischen« Gründen, 1935 Verhaftung und Emigration. 1935–1939 Studium in Genf. 1939–1951 Dozent und Professor an verschiedenen amerikanischen Hochschulen. 1946/1947 Sektionschef beim US-Hauptankläger für Kriegsverbrechen in Nürnberg. 1947 Dr. phil. in Heidelberg. 1951–1952 Gastprofessor an der Freien Universität Berlin. 1952–1959 Professor an der Deutschen Hochschule für Politik in Berlin, 1954–1955 Gastprofessor an der University of Kansas City. 1957 Habilitation. 1959 außerordentlicher, 1961 ordentlicher Professor für die Wissenschaft von der Politik an der Freien Universität Berlin (Otto-Suhr-Institut). 1960/1961 Direktor des Otto-Suhr-Instituts an der Freien Universität Berlin. Mitglied des Akademischen Senats der Freien Universität Berlin 1971 und 1972. 1974 emeritiert.

Jürgen Fuchs

Geboren 1950 in Reichenbach (Vogtland). Abitur, Lehre bei der Eisenbahn, Armeedienst, Studium der Psychologie in Jena, seit 1971 literarische Veröffentlichungen. 1975 Lese- und Publikationsverbot wegen »staatsgefährdender und pazifistischer Tendenzen«. Parteiausschluß. Arbeit in einem kirchlichen Kinderheim. Freundschaft mit Robert Havemann und Wolf Biermann. 1976 Verhaftung und 1977 Abschiebung ohne Prozeß nach Berlin (West). Arbeit in einer sozialen Beratungsstelle; freier Schriftsteller.

Ulrich Herz

Geboren 1913 in Deutschland, 1934 aus pazifistischer Überzeugung Emigration nach Schweden, Studium der Gesellschaftswissenschaften und der Verhaltenswissenschaften und praktische soziale Arbeit; 1940 bis 1942 in Schweden aus Sicherheitsgründen interniert; anschließend Abschluß der Studien bei Gunnar Myrdal u. a. und akademische Lehrtätigkeit; danach sieben Jahre in der schwedischen Erwachsenenbildung tätig, schließlich acht Jahre journalistische Tätigkeit bei Presse, Rundfunk und Fernsehen; seit 1967 freier Publizist. Schwedische, deutsche und englischsprachige Veröffentlichungen zur Ideen- und Sozialgeschichte, über UNO, Entwicklungsländer und Abrüstung. Aktiv in der Friedensarbeit auf nationaler und internationaler Ebene: als »non-govermental member of the Swedish govermental delegation« Teilnahme an Abrüstungsverhandlungen in der UNO-Generalversammlung 1978 und 1982.

Robert Jungk
1913 in Berlin geboren, mußte er 1933 Deutschland verlassen und ließ sich 1957 nach langen Wanderjahren in Österreich nieder. Als promovierter Historiker und Honorarprofessor der Technischen Universität Berlin befaßte er sich mit den interdisziplinären Forschungsansätzen und gründete 1964 das erste Institut für Zukunftsfragen in Europa, das sich den künftigen Folgen heutiger wissenschaftlich-technischer Innovation widmet. Er veröffentlichte zahlreiche Bücher, darunter ›Die Zukunft hat schon begonnen‹ (1952), ›Heller als tausend Sonnen‹ (1956), ›Der Atomstaat‹ (1977), ›Zukunftswerkstätten‹ (mit Norbert R. Müllert, 1981), ›Menschenbeben‹ (1983), ›Und Wasser bricht den Stein‹ (1986), ›Prinzip Ermutigung‹ (1987), ›Die Zukunft ist noch nicht zu Ende‹ (1987). 1986 erhielt er den Ehrenpreis des Alternativen Nobelpreises.

Sture Linnér
Geboren 1917 in Schweden. Dozent für altgriechische Sprache und Literatur in Uppsala. 1944/1945 Mitarbeiter beim Roten Kreuz in Griechenland. Danach Generalvertreter von Elektrolux für Mittelamerika, später in Italien. 1957 Leiter einer Entwicklungsgesellschaft für Liberia. 1960 von Dag Hammarskjöld zum Chef der Zivilaktionen der UN im Kongo berufen. 1962 von U Thant als Unterhändler für Fragen der technischen Hilfe für den Kongo nach Brüssel entsandt. 1965–1977 in verschiedenen Funktionen für die UN tätig in Tunesien, New York, Ägypten und Rom.

Hildegard Lüning
Geboren 1936 in Hamburg, 1966–1970 Pressereferentin bei Adveniat, seit 1970 Redakteurin beim Süddeutschen Rundfunk; zahlreiche Lateinamerika-Reisen und Veröffentlichungen zum Thema Lateinamerika in Funk, Presse, Zeitschriften und Sammelwerken.

Ger van Roon
Geboren 1933, Universitätsprofessor für Neueste Geschichte an der Vrije Universiteit Amsterdam.

Hansjörg Nikolaus Schultz
Geboren 1953 in Hamburg. Journalist, Herausgeber eines Bandes über Martin Luther King und über Kriegsdienstverweigerung und Zivildienst: ›Grundrecht nach Bedarf‹.

Carola Stern
Redakteurin im Westdeutschen Rundfunk, Köln, seit 1970. Geboren 1925, Studium in Berlin (West), anschließend Lektorin; Mitbegründerin von Amnesty International. Veröffentlichungen: ›Ulbricht. Eine politische Biographie‹ (1964), Mitherausgeberin des ›Lexikon zur Ge-

schichte und Politik des 20. Jahrhunderts‹ (1971), ›Willy Brandt‹ (1975), Mitherausgeberin von ›Wendepunkt deutscher Geschichte 1848–1945‹ (1979), Mitherausgeberin der Zeitschrift ›L 80‹ zusammen mit Heinrich Böll und Günter Grass.

WOLFGANG STERNSTEIN
Politologe, Friedens- und Konfliktforscher, geboren 1939, lebt in Stuttgart. Von 1974 bis 1977 wissenschaftlicher Mitarbeiter der Berghof-Stiftung für Konfliktforschung, Berlin, von 1976 bis 1980 Vorstandsmitglied des Bundesverbandes Bürgerinitiativen Umweltschutz e. V. Veröffentlichungen unter anderen: ›Marx, Lenin, Mao‹ (1978), ›Überall ist Whyl‹ (1978), ›Gewaltfreiheit als revolutionäres Prinzip‹ (1982).

ROGER WILLIAMSON
Geboren 1952, 1971–1974 Studium der Politik, Philosophie und Ökonomie in Oxford, 1974–1976 Studium der Sozialwissenschaften und der Theologie in Hamburg, Promotion 1980 über die Reaktionen der Kirchen in der Bundesrepublik und der DDR auf das Antirassismus-Programm des Weltkirchenrates 1969–1975. Seit 1978 Referent für Menschenrechtsfragen beim Britischen Kirchenrat, Mitglied bei Amnesty International.

Brücken zum Menschen-
Bücher vom
Kreuz Verlag

Hans Jürgen Schultz im Kreuz Verlag

»Der natürliche Zweck der Angst ist Rettung«, schreibt Hans Jürgen Schultz. Aber neben der natürlichen, unvermeidbaren und notwendigen Angst gibt es auch künstlich erzeugte Ängste, hervorgerufen durch Macht und Unterordnung. Individuelle und kollektive Angst, ihre Deutung und der Umgang mit ihnen sind das Thema dieses besonders aktuellen Buches.

260 S., 25 Porträtfotos, kart., DM 29,80
ISBN 3-7831-0873-X

Die Zahl der alten Menschen wächst, die Lebenserwartung steigt. In den nächsten Jahrzehnten werden 33 Prozent der Bevölkerung zu den Älteren und Alten zählen. Führt das zu einer »Ergrauung« der Gesellschaft, oder besteht die Chance, daß die »neuen Alten« ihr neue Impulse geben?
Erfahrungen aus dem Unruhestand von prominenten Autoren geben dieser Zukunftsvision von einer kommenden Altenkultur Gewicht.

264 S., 20 Porträtfotos, kart,. DM 28,–
ISBN 3-7831-0776-8

Kreuz Verlag

Postfach 80 06 69
7000 Stuttgart 80